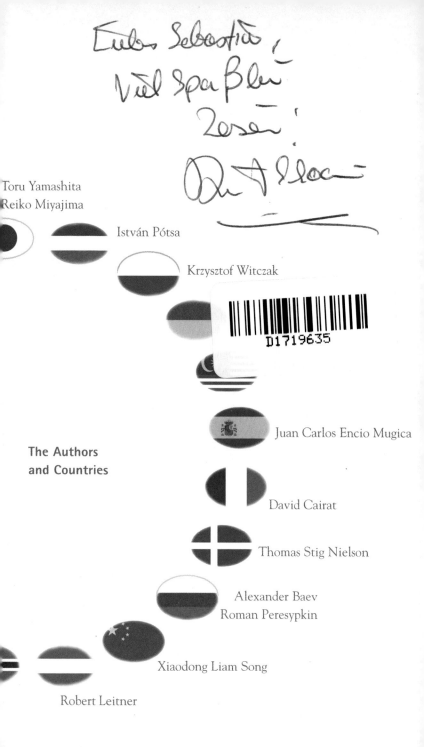

Toru Yamashita
Reiko Miyajima

István Pótsa

Krzysztof Witczak

Juan Carlos Encio Mugica

**The Authors
and Countries**

David Cairat

Thomas Stig Nielson

Alexander Baev
Roman Peresypkin

Xiaodong Liam Song

Robert Leitner

Helden für den Mittelstand
– weltweit

Business Heroes
– worldwide

Business Heroes

– worldwide

Edited by

Herbert Vogel

and

Dieter Schoon

Helden
für den Mittelstand

– weltweit

Herausgegeben von

Herbert Vogel

und

Dieter Schoon

itelligence

axel dielmann – verlag
Kommanditgesellschaft in Frankfurt am Main

Contents

Dieter Schoon
Global Head of Human Resources itelligence AG
**Business Heroes Worldwide –
The Story So Far ...** *page 10*

Herbert Vogel
Chairman of the Board of itelligence AG
The Conquest Of America – Part 2 *page 20*

Juan Carlos Encio Mugica, Spain
**If Something Can Go Wrong
It Goes Wrong – So You Will Fix It!** *page 36*

Jean-Yves Popovich, Canada
Old World And New World – One World *page 48*

Alexander Gebhard, Malaysia
The Quest For The New *page 64*

Reiko Miyajima, Japan
The Plastic Disc *page 78*

Tom Saeys, Netherlands
KAUST – A World Within A World *page 96*

Ina Baum, Germany
**Intercultural Intermission: The Long Run –
And Lots Of Short Cuts** *page 108*

Krzysztof Witczak, Poland
Business Cards *page 126*

Inhaltsverzeichnis

Dieter Schoon
Personalleiter der itelligence AG
Helden für den Mittelstand weltweit –
Seite 11 **Was bisher geschah ...**

Herbert Vogel
Vorstandsvorsitzender der itelligence AG
Seite 21 **Die Wieder-Eroberung Amerikas**

Juan Carlos Encio Mugica, Spanien
Wenn etwas schiefgehen kann, dann geht es
Seite 37 **schief – und wir biegen es gerade!**

Jean-Yves Popovich, Kanada
Seite 49 **Alte Welt, neue Welt – eine Welt**

Alexander Gebhard, Malaysia
Seite 65 **Die Suche nach dem Neuen**

Reiko Miyajima, Japan
Seite 79 **Das Plastik-Scheibchen**

Tom Saeys, Niederlande
Seite 97 **KAUST – Eine Welt in der Welt**

Ina Baum, Deutschland
Interkulturelles Intermezzo: Die große Reise
Seite 109 **– und die vielen kurzen Wege**

Krzysztof Witczak, Polen
Seite 127 **Visitenkärtchen**

David Cairat, France
„Lost In Translation" – Found In Japan   *page 136*

Armin Frei, Switzerland
Convincing Or Headstrong?   *page 146*

Toru Yamashita, Japan
President and CEO of NTT Data Group
An Interview:
The Marvellous Parts Of IT Industry   *page 160*

Hans Schlegel, Germany
Former Member of the Board SAP AG
The First Ten Years
Of The Internationalization Of SAP   *page 178*

Jennifer Roach, USA
It's The Culture   *page 204*

Xiaodong Liam Song, China
Way Out! – Earthquake In Japan
And My Way Up   *page 226*

Rajmund Pavla, Czech Republic
Dealing With Bicycles And Bytes   *page 238*

Thomas Stig Nielson, Denmark
IT Evolves With Your Business
– Choose It!   *page 246*

Roman Peresypkin, Russia
Starting Signals   *page 254*

Alexander Baev, Russia
Our Understanding Of „Meeting"   *page 268*

David Cairat, Frankreich
„Lost In Translation" – in Japan gefunden
Seite 137

Armin Frei, Schweiz
Überzeugend hartnäckig
Seite 147

Toru Yamashita, Japan
President und CEO der NTT Data Group
Ein Interview:
Zu den schönen Seiten der IT-Industrie
Seite 161

Hans Schlegel, Deutschland
Ehemaliges Vorstandsmitglied der SAP AG
Die ersten zehn Jahre
der Internationalisierung bei SAP
Seite 179

Jennifer Roach, USA
Die Kultur macht's
Seite 205

Xiaodong Liam Song, China
Raus hier! – Erdbeben in Japan
und mein Aufstieg
Seite 227

Rajmund Pavla, Tschechien
Software- und Fahrrad-Handel
Seite 239

Thomas Stig Nielson, Dänemark
IT wächst mit Deinem Geschäft
– Leg' los!
Seite 247

Roman Peresypkin, Russland
Startschuss
Seite 255

Alexander Baev, Russland
Unsere Vorstellung von „Geschäftstermin"
Seite 269

Leanne Gregson, Great Britain
Well, This Is It *page 278*

Robert Leitner, Austria
**A Day's Long Journey
On My Way To Austrian SMBs** *page 288*

István Pótsa, Hungary
„There Is No Cold!" *page 302*

The Editors *page 316*

Imprint *page 320*

*This book has been gathered
from the employees of itelligence AG
and is dedicated to all go-betweens
amongst the cultures of our world.*

Leanne Gregson, England
Das war's dann

Seite 279

Robert Leitner, Österreich
**Eines Tages lange Reise
über Land und zu der Kundschaft**

Seite 289

István Pótsa, Ungarn
„Nein, es ist nicht kalt!"

Seite 303

Seite 317   Die Herausgeber

Seite 320   Impressum

*Die Buchbeiträge sind von den Herausgebern
bei den Mitarbeitern und Freunden der itelligence AG
gesammelt worden und sind allen Vermittlern
zwischen den Kulturen der Welt gewidmet.*

Business Heroes Worldwide –
The Story So Far

Communication does play such a major role for all of us in everyday life as well as in business life – since we take this fact for granted, we tend to forget about it:

But communication will not work well, unless we have thoroughly understood our business partners' attitude. Only if we are willing to understand each other more and more while communicating, we will truly be able to talk to each other.

Communication can neither be dealt with on the surface only – nor superficially.

Only if communication is applied with intensity, it will lead everyone concerned towards the same path and reach a certain depth and lasting effect.

IT-consultants strive daily to fulfil this goal – in more than one way. On the one hand we are craftsmen and know the techniques and instruments of communication by heart – that is, hardware and software. AND on the other hand we have to be able to understand our business partners' values and attitudes – otherwise we will not be able to suit their structures of communication, their data flow, their systems of information to their actual needs to keep everything moving smoothly.

If you will not cooperate right from the start, you will talk nonsense. If you do not listen to each other, you will not be able to hear the truth. Itelligence and our staff therefore provide a real treasure chest of communication. We can communicate with very different people and business cultures, we at itelligence are masters of this art!

That was our reason for publishing our first book „Helden für den Mittelstand" in 2010. In this book we cast an image of ourselves. It was a real presentation of the exceptionable cul-

Helden für den Mittelstand weltweit – was bisher geschah

Über der großen Selbstverständlichkeit, mit der das Kommunizieren zu einem zentralen Lebensmoment für uns alle und alle unsere Geschäfte geworden ist, vergessen wir es oft: Kommunizieren geht nur dann wirklich gut, wenn wir den Gesprächspartner in seinen Grundhaltungen verstanden haben. Wir reden nur dann richtig miteinander, wenn wir entschlossen sind, den anderen im Kommunizieren immer besser zu verstehen.

Kommunizieren ist keine Sache der Oberfläche, gar Oberflächlichkeit. Sie führt nur dann auf einen gemeinsamen Weg, hat nur dann Reichweite und Nachhaltigkeit, auch im geschäftlichen Sinne, wenn Kommunikation mit einer gewissen Tiefe betrieben wird. – Um genau das zu leisten, treten wir IT-Berater jeden Tag aufs Neue an. Und zwar in einem zweifachen Sinn.

Wir verstehen handwerklich sehr viel von den Techniken und Instrumenten des Kommunizierens, das heißt von Hard- und Software. UND wir müssen täglich in der Lage sein, die Werte und Haltungen unserer Geschäftspartner zu verstehen – denn nur so vermögen wir es, ihre Kommunikationsstrukturen, ihre Datenflüsse, ihre Informationssysteme so an ihre Bedürfnisse anzupassen, dass alles fließt, was fließen soll. – Wer sich nicht in der Wurzel versteht, redet Unfug. Wer sein Gegenüber nicht angehört hat, hört die falschen Dinge heraus.

Itelligence und seine Leute stellen in dieser Hinsicht eine wahre Schatzkiste des Kommunizierens dar: Wir können uns austauschen mit den unterschiedlichsten Menschen und Unternehmenskulturen, wir verstehen bei itelligence eine Menge von dieser Kunst!

Deshalb auch hatten wir 2010 unser erstes Buch „Helden für

ture of itelligence and their staff – experts in the matter of exchange and communication.

People who know how to listen to others and who are used to express their opinion as consultants, made contributions to this book, writing about their work and their lives, they constructed a human frame for the business of consulting. That was a lot of work, but also a pleasant task for everyone who participated.

While we were working on this first book, we were already wondering about questions like: What is it like in all the other countries? What is business life like, what kind of life do the employees lead abroad – wherever itelligence is working on new and foreign ground? How do we deal with these tasks: listening and comparing, emphasizing und responding, if we have to work as consultants with international colleagues and clients?

On top of these questions we were faced with the keen interest of the colleagues and branches abroad, who had received our bilingual book with a certain amount of curiosity.

Finally our business associates from Japan showed their interest in paying for the right to download the English parts of our book. They wanted to make it available to their employees – and even more than that: they were planning to publish the stories in a special Japanese edition. This was the moment when we realised that we had started a much bigger project than we had bargained for originally.

All of a sudden we had to collect those stories from different countries and different cultures, which for the first volume we had recorded for Germany only.

Now we felt more and more that it would be a great idea to capture the whole range of consultants' worlds – ranging from Malaysia to France, from Holland to China, from the USA to Czech. We wanted to show the wide range of the different worlds of consulting and forms of communication, the approach and the attitudes towards life, the values and goals.

den Mittelstand" aufgelegt. Wir haben darin ein Selbstbild entworfen. Eine echte Darstellung der außergewöhnlichen Kultur der itelligence und ihrer Mitarbeiter – als Experten in Sachen Austausch und Kommunizieren.

Menschen, die das Zuhören beherrschen und als Berater Klartext zu reden gewohnt sind, hatten in dem Buch erzählt, wie ihre Arbeit und ihre Biographien aussehen, sie formulierten einen menschlichen Rahmen des Beratergeschäfts. Das war eine aufwendige, aber auch eine schöne Arbeit für alle Beteiligten. Und schon während dieser Arbeit mit dem ersten Buch kam die Frage auf: Wie sieht das alles eigentlich in den anderen Ländern aus? Wie erzählen sich Arbeitsleben und Mitarbeiter-Biographien im Ausland, dort, wo itelligence auf fremdem Terrain tätig ist? Wie gelingt dieses Anhören und Abgleichen, das Einfühlen und Austauschen, wo wir mit internationalen Kollegen und Kunden beraterisch unterwegs sind?

Zu diesen Fragen kam das Interesse der ausländischen Kollegen und Niederlassungen hinzu, die unser zweisprachiges Buch mit Neugierde aufgenommen hatten. Als obendrein auch noch unsere Geschäftsfreunde aus Japan interessiert waren, eine Download-Lizenz der englischen Buchhälfte zu erwerben, um es den eigenen Mitarbeitern zugänglich zu machen, und mehr noch: die Erzählungen sogar in einer eigenen japanischen Buchausgabe verlegen wollten – da wurde klar, dass wir ein weit größeres Projekt angestoßen hatten, als ursprünglich geplant.

Wir hatten es plötzlich damit zu tun, für verschiedene Länder, aus unterschiedlichsten Kulturen jene Geschichten einzufangen, die wir im ersten Band nur für Deutschland aufzeichneten. Nun schien es reizvoll, die ganze Bandbreite der Beraterwelten einzufangen – von Malaysien bis Frankreich, von von Niederlanden bis China, von den USA bis Tschechien. Die große Vielfalt von Beratungswelten und Kommunikationsformen wollten wir sichbar machen, ihre Arbeitsweisen und Lebenshaltungen, ihre Wertesysteme und Zielvorgaben.

For this was the reason why the Japanese colleagues thought our book so intriguing and this was the matter that does reveal so much about our entire business life.

The Japanese wanted to see how itelligence deals with issues of integration, how we build bridges between different cultures, how we connect (and use these connections) between company cultures and philosophies which at first might seem peculiar. In a nutshell, they wanted to learn about and understand our basis of communication. Our book provided a sort of manual of cooperation for many readers.

The „Business Heroes" book was a little primer of working together, of consulting in general. From this primer one could gain information about integration and cooperation – and first and foremost about emotions and motivation behind the networking.

At the same time our first book showed that in consulting we had developed a new formula and extended it so that we would be able to adapt to the future.

For capturing a story, one has to listen to others – to others telling their stories, which someone else will be writing down – someone, who is willing to hand them on, who talks about these stories as about his very own experiences and journeys through life. Here, only those who do basic consulting will succeed; those people who will connect the personal to the general in a confidential sort of atmosphere.

Of all people, the secluded, allegedly introverted IT consultants, who frequently had been ridiculed as „nerds", were supposed to reveal their innermost secrets and personal experiences? This would never have worked but for the fact that they were working in a company culture based on exchange. Probably we understood some basic truth about the consulting job while working on the first volume of „Business Heroes": As a consultant you want to be self-relying, yet at the same time you are dependent on your clients and mixed up in their schedules and needs.

Denn das war es ja, was die Kollegen in Japan an unserem ersten Buch so spannend fanden und was so aufschlussreich für unser gesamtes Geschäftsleben ist: Sie wollten sehen, wie wir bei itelligence mit Integration umgehen, wie wir die Brücken schlagen zwischen den Kulturen, wie wir Verbindungen schaffen und Nutzen zwischen zunächst fremden Unternehmenskulturen und Denkwelten. Kurz, sie wollten die Grundlagen unseres Kommunizierens kennenlernen und verstehen.

Unser Buch hatte für viele seiner Leser eine Art Logbuch der Zusammenarbeit geliefert. Die „Helden für den Mittelstand" waren eine kleine Fibel des Zusammenarbeitens, generell des Beratens. Integration und Kollaborationsformen waren daraus ablesbar geworden. Und vor allem die Emotionalitäten, die Motivationen, die hinter diesen Netzwerk-Bildungen stehen.

Gleichzeit zeigte unser erstes Buch, dass wir in unserer Beratungstätigkeit etwas ganz Zentrales verlängert hatten. Um nämlich Geschichten einzufangen, muss man sie jemandem ablauschen. Jemand, der seine Geschichte erzählt, die dann ein anderer aufzeichnet. Und der sie sogar weiterreicht, von ihnen spricht wie von seinen eigenen Erlebnissen und Lebenswegen. Das gelingt nur dem, der etwas basal Beraterisches unternimmt: der in vertraulicher Umgebung das Persönliche mit dem Allgemeinen verbindet.

Ausgerechnet die abgeschotteten, die angeblich in sich gedrehten und oft als „Nerds" karikierten IT-Berater sollten ihren Lebensnerv offenlegen und persönliche Erlebnisse aus sich herauskitzeln lassen? – Das hätte nie und nimmer funktioniert, wenn sie nicht ganz selbstverständlich in einer Unternehmenskultur lebten und arbeiteten, die das Austauschen verinnerlicht hat.

Es wird wohl so sein, dass wir während der Arbeit am ersten Buch „Helden für den Mittelstand" etwas Grundlegendes über den Beraterberuf an sich verstanden haben: Als Berater will man möglichst selbständig sein, ist aber gleichzeitig abhängig von seinen Kunden und mit ihren Terminkalendern und Be-

Therefore one is always under the obligation to watch and to listen, to play a rather more passive part, yet at the same time to give directions and to steer the affairs of others, to work for the mutual success.

This image of a consultant as someone who delves deeply into matter, who keeps an eye on the whole picture, who will move between restraint and impulse – this image was something special which we wanted to explore.

So we went for the international league. By publishing another volume, we wanted to produce a sequel, but at the same time, leaving borders of country and culture behind, we wanted to explore how to overcome boundaries and differences in general.

„The conquest of America", written from the view of Herbert Vogel, the managing director of itelligence himself, presented one of those stories – a riveting story about itelligence's first journey into a seemingly well-known, yet very different sort of business culture. This of course would make a great story for the second volume.

But never mind, we are not talking about hierarchy, but about story-telling! And telling stories means more than anything: to be curious while exploring the world and regarding connections, to be interested in interfering here and there, in optimising; it means to give directions, to be willing to work – and that is the perfect job description for every consultant.

It applies to the managing director of a consulting company as well as to the „newbie" on the consulting team. This rule applies to all topics concerned, it applies to the mega-university that has been conjured up out of nothing as a highest-tech-location in the Saudi-Arabian desert. There we implemented SAP software, so already over the next ten years several tens of thousands of students and professors will be able to study and teach there. The rule also applies to the boss of a medium-sized company employing a few hundreds of employees in a quiet little town in the Swiss Alps. It applies to the

langen verstrickt. So ist man ständig gezwungen, zu beobachten und Dinge herauszuhören, sprich eher zurückhaltend bis passiv zu sein, muss aber gleichzeitig Leitfäden geben und die Angelegenheiten des anderen mitsteuern, also für das gemeinsame geschäftliche Wohl aktiv werden. – An diesem Bild des Beraters als einem in die Tiefe gehenden Menschen, der zugleich das Ganze im Blick behält, der Phasen der Zurückgenommenheit mit denen des Impulsgebers wechselt, war etwas besonderes – das wollten wir weiter ausloten.

So gingen wir nun in die internationale Runde. Mit dem zweiten Band wollten wir das erste Buch fortsetzen, aber zugleich jenseits der eigenen Landes- und Kulturgrenzen das Überwinden von Grenzen und von Unterschieden erkunden.

Die Eroberung Amerikas aus der Sicht von Herbert Vogel, dem Vorstand der itelligence selbst, war eine dieser Geschichten, eine spannende Geschichte eines ersten Ausflugs von itelligence in eine scheinbar recht vertraute, aber doch sehr andere Wirtschaftskultur – das war ohne Frage eine schöne Story für Band 2.

Aber weiter, die Hierarchie sollte keine Rolle spielen: sondern das Erzählen! Und Erzählen heißt vor allem: neugierig in der Welt unterwegs sein, Zusammenhänge beobachtet haben, Lust bekommen haben, hier und da einzugreifen, zu optimieren, mitzulenken, etwas unternehmen zu wollen – und das ist die Job-Description für alle Berater. Und es gilt vom Vorstand einer Beratungsfirma bis zum „Frischling" im Berater-Team. Es gilt für alle Themen, die dabei anfallen, es gilt für eine Mega-Universität, die als Highest-Tech-Location in der Saudischen Wüste aus dem Boden gestampft und mit SAP-Software versehen und von uns implementiert wird, so dass allein schon über die nächsten zehn Jahre etliche zehntausend Studenten und Professoren dort lehren und lernen können, bis hin zum Mittelständler, der einige wenige Hundert Mitarbeiter im beschaulichen Örtchen in den Schweizer Alpen beschäftigt. Es gilt für den alten Hasen, der seit bald 15 Jahren und in

old hand who has worked for itelligence in different countries for about fifteen years as to the newbie on the worldwide team who has been working for six months in cosy Austria (though having had more than twenty years of wide-awake experience in other IT areas.)

When we started our work on the second volume, we would never have dreamed that Hans Schlegel, the former managing director of SAP and our great co-founder and forerunner of itelligence Swizzerland Armin Frei contributed to our book with great retrospectives and visions of the future.

In this second volume we were able to show that „consultant" is a mental image of the global player: everyone who believes himself a global player has to learn all the features of cooperation, of building bridges, of crossing borders and merging cultures by heart. For „global" does not just mean „as big as the globe". It means that one has to be trans-continental, meta-cultural and able to connect one's mind to others – on a professional level.

„Global" then does not have to mean big and confusing. It should stand for an open approach. A „global" approach should be open-minded about various ways of living and working and curious about ways of communicating and thinking – and yet at the same time it should stay alert and active, able to transfer information and to interfere.

With this in mind, crossing the borderlines of IT consulting, we would like to rephrase the old saying „Think global, act local" in our second book. On one hand to bear in mind the big picture with all the different aspects – but on the other hand to stay alert and prepared for exchange with your local partners while remaining ready to act.

In my view the portmanteau „glocal" contains it all: the *glo-bal* big picture, the *lo-cal* exchange and consulting cooperation.

With this in mind, I would like to add my „glocal" regards and best wishes to this book.

---

diversen Ländern für itelligence arbeitet, ebenso wie für den Neuling im weltweiten Team, der vor einem halben Jahr im heimeligen Österreich tätig war – wenn auch mit über 20 Jahren hellwacher Berufserfahrung in anderen Feldern der IT-Branche. – Dass schließlich noch Hans Schlegel, Ex-Vorstand der SAP, und unser großer Mitgründer und Vorreiter von itelligence Schweiz Armin Frei mit wundervoll klaren Rück- und Vorausblicken zu unserem Buch beitrugen, war weit mehr, als wir am Anfang von Band 2 erwarten durften!

Wir können mit diesem Band 2 zeigen, dass „Berater" ein Mentalitätsmodell des Global Players ist: Jeder, der sich als globaler Mitspieler versteht, muss diese Features des Miteinanders, des Brückenschlagens, des Grenzüberquerens, des Kulturenüberschrittes verinnerlicht haben. „Global" heißt nämlich nicht einfach nur „groß wie der Globus". Es heißt vor allem, dass man transkontinental, metakulturell, intermental sein muss – und dies auch professionell beherrscht.

Dieses „global" muaa nicht groß und unübersichtlich bedeuten. Es muss offen bedeuten, aufgeschlossen für die diversen Lebensformen und Arbeitswelten und neugierig auf Kommunikationsweisen und Denkfiguren – dabei handlungsfähig und „sendefähig" zugleich zu sein und mitzuhandeln.

Insofern möchten wir mit dem zweiten Buch – weit über die Branchengrenzen des IT-Beratens hinaus – das Sprichwort „Think global, act local" noch einmal neu formulieren. Das große Ganze mit allen seinen Unterschiedlichkeiten im Auge haben einerseits, aber zugleich im wachen Austausch mit dem jeweiligen Gegenüber vor Ort handlungsfähig bleiben.

Für mich ist das in dem Kunstwort „glocal" zusammengepackt: glo-baler Blick aufs Ganze, lo-caler Austausch und beraterisches Mithandeln. – In diesem Sinne stelle ich diesem Buch glocale Grüße voran.

Herbert Vogel
Chairman of the Board of itelligence AG

The Conquest Of America – Part 2

When Columbus lost his way in the year of 1492 and landed not in India but on the American continent, disappointment at first was huge. The man from the Old World didn't sense yet how powerfully and independently his discovery would develop itself.

Columbus fought all his life against the realization that he didn't discover a sea route to the *Indianos*, as he called them, with their fabled treasures of spices and silk, but instead just added another unknown white spot to the globe. But it did not take long for his false discovery to pay off. American gold became the most important source of European wealth and formed the basis of the influence of European thinking. Following this, some centuries later, another enormous chapter in the economic, scientific and cultural history began with the United States.

Several gold miner sentiments have since then repeatedly made their way from Europe to America, full of promise. But when in the 80's and 90's some IT-companies, experiencing their heyday and start-up boom, went to the USA, there was nothing to discover in America anymore by Going West. Or was there?

What glittered like gold in the end of the 80's and drew me to the USA on a first trip in 1992 was a totally different temptation. In January 1992 I was on holiday in the USA, and of course I wanted to meet, along the way, the American president of SAP. First contacts with SAP in Philadelphia were already made, which intensified during the meetings, and I wouldn't be an entrepreneur if in the back of my mind the question didn't arise if it would be possible to work for SAP in the land of endless possibilities.

Herbert Vogel
Vorstandsvorsitzender der itelligence AG

Die Wieder-Eroberung Amerikas

Als Columbus sich im Jahr 1492 verirrt hatte und mit seinem Schiff nicht in Indien landete, sondern auf dem amerikanischen Kontinent, da war die Enttäuschung zunächst groß. Der Mann aus der alten Welt Europa ahnte noch nicht, wie wuchtig und eigenständig sich seine Entdeckung entwickeln würde. Columbus wehrte sich zeitlebens gegen die Einsicht, dass er nicht den Seeweg zu den *Indianos*, wie er sie nannte, mit ihren sagenumwobenen Schätzen an Gewürzen und Seide gefunden hatte, und stattdessen nur einen weiteren unbekannten weißen Flecken auf dem Globus eintragen durfte. Aber schon bald zahlte sich die falsche Entdeckung aus, das amerikanische Gold wurde zum Quell des europäischen Reichtums und zur Grundlage des Einflusses der europäischen Denkweisen, und weitere Jahrhunderte später begann mit den Vereinigten Staaten von Amerika ein neues riesiges Kapitel der Wirtschafts-, Wissenschafts- und Kulturgeschichte.

Diverse Goldgräberstimmungen haben seither immer wieder den Weg von Europa nach Amerika verheißungsvoll gemacht. Aber als in den 1980er- und 90er-Jahren einige IT-Firmen, die gerade ihre Hochphasen und ihren Gründungsboom hatten, in die USA gingen, da konnte man mit „Go West" längst nicht mehr Amerika entdecken. Oder doch?

Was da Ende der 80er-Jahre wie Gold schimmerte und mich im Jahr 1992 zu einem ersten Ausflug in die USA zog, war eine ganz andere Verlockung. Im Januar 1992 führte mich zunächst ein Urlaub in die USA, und natürlich wollte ich, ganz nebenbei, die amerikanische Präsenz von SAP kennenlernen. Erste Kontakte zur SAP in Philadelphia gab es bereits, sie intensivierten sich durch die Begegnungen. Und ich wäre kein Unternehmer, hätte sich nicht in meinem Hinterkopf die

It seemed increasingly promising to sell licenses and projects here. There was also the search for an additional implementation partner in parts of the USA. Then I learned that one of our colleagues at itelligence was happy to go from Germany to the USA. Ralf Sürken was a born decision maker, one of those people that would just put on his backpack one day and go out – to enter adventurous new territory, to test his limits, to escape from the known and the ordinary, to exchange his old world for a new one. That could be a start, with him a foundation could be laid in America. And didn't I also sense this desire to explore myself?

That much was clear on my first visit: the dream of limitless freedom that we know in Europe as a myth and movie cliché is still palpable. It can be felt. The days of rising from rags to riches were gone, for sure, but someone who would bring in solid knowledge and skills into a niche of the economy could achieve something different, far higher living standards for himself then was possible in Germany after the times of the economic miracle.

It seemed courageous to us, but also completely understandable, that Ralf would go to the USA. If he could gain a foothold in the industry it would certainly make his fortune. American SAP consultants, as people were saying, were not just highly-paid people – their daily rates seemed almost astronomically high from a German perspective.

Should we perhaps only support it? Wasn't there in fact a middle way?

Apart from this I was very much aware of the fact that the old tag of being „Made in Germany" stood for the quality of German engineering since the days before the first World War, not only in Great Britain but also in the USA – where German products were, and still are, valued. Technical, but also logistical expertise is highly esteemed and valued in 21th century America. Clearly this was advantageous for the company from Walldorf when they started up SAP America. And

Frage formuliert, ob es nicht möglich sein könnte, für SAP im Land der unbegrenzten Möglichkeiten tätig zu werden.

Und es schien zunehmend vielversprechend, hier Lizenzen und Projekte zu verkaufen. Zudem wurde ein zusätzlicher Implementierungspartner in Teilen der USA gesucht. Dann erfuhr ich, dass einer unserer Mitarbeiter bei der itelligence gerne von Deutschland in die USA gehen wollte. Ralf Sürken war der Typus des geborenen Machers, einer von denen, die eines Tages ihren Rucksack schnüren und einfach losziehen müssen – um unternehmungslustig Neuland zu betreten, um sich ausprobieren zu können, um dem Bekannten und Gewohnten zu entfliehen, um seine alte gegen eine neue Welt einzutauschen. Das konnte ein Anfang sein, mit ihm könnte eine Basis in Amerika gelegt werden. Und spürte ich diese Lust am Aufbruch nicht selbst?

So viel war schon bei meinem ersten Besuch klar gewesen: Der Traum von der grenzenlosen Freiheit, den wir in Europa als Mythos und Film-Cliché kennen, ist hier nach wie vor greifbar. Vom Tellerwäscher zum Millionär konnte hier zwar niemand mehr werden, diese Zeiten waren vorbei, aber wer solides Wissen und Können in eine Nische der Wirtschaft einbrachte, der konnte ganz andere, weit höhere Lebensstandards für sich erreichen, als das in Deutschland möglich war.

Es kam uns zwar mutig, wenn nicht gar mutwillig vor, dass Ralf in die USA gehen wollte. Nachvollziehbar schien es aber durchaus. Wenn er in der Branche würde Fuß fassen können, so würde er gewiss sein Glück machen. Denn SAP-Berater in Amerika, so hörte man allenthalben, waren nicht einfach nur sehr gut bezahlte Leute – ihre Tagessätze schienen geradezu astronomisch aus deutscher Sicht.

Sollte man das vielleicht nicht einfach nur unterstützen? Gab es da nicht vielmehr einen gemeinsamen Weg?

Daneben war mir sehr bewusst, dass das alte „Made in Germany" die Wertarbeit deutscher Ingenieurskunst seit den Tagen vor dem Ersten Weltkrieg gerade in England und eben auch den

wasn't this vicinity of SAP, and the „Made in Germany", or even better the „Thought and engineered in Germany" a huge bonus for itelligence In the US?

Suddenly a fascinating potential customer moved into focus: Procter & Gamble, with its headquarters in Cincinnati! – I grabbed a stack of business cards, and was on my way! We were with 40 people at that time in Bielefeld – a solid base – but was it sufficient for the journey across the Atlantic? It cannot exactly be identified anymore, but there certainly was a mix of pioneering spirit and overconfidence at play here. But why not?

Immediately a series of very concrete questions presented themselves: What were the legal forms in this country? How much starting capital should be invested? How do we deal with a situation in which you only get a green card for 3 months? – Yes, an office with 400 people that today makes about 100 million dollars in sales in the United States was at that time a daunting prospect.

Immediately we noticed more cultural differences. A company of German origin came to America: Some of the first employees moved over from Germany in the truest sense of the word, they were proud to work there. About 10 to 15 % of the German employees ended up working at the new location. This certainly was due to the fact that the net earnings were noticeably higher, but America, the land and the idea, had a completely different draw than the beautiful Switzerland, where from the then 100 German employees, only one or two moved over. In the branch in Malaysia, almost all employees were sourced locally at the time of start-up, and hardly any German made the move with Alexander Gebhard to the South Seas to develop itelligence Malaysia. Our attraction as itelligence USA however was strong – it was the attraction of America!

This was true the other way round however; we were just as attractive for our American colleagues. They immediately saw

USA auszeichnete – und noch immer galten und gelten in den USA deutsche Produkte viel. Technischer, aber auch logistischer Sachverstand wird im Amerika auch des 21. Jahrhunderts äußerst hoch eingeschätzt und geschätzt. Eindeutig war das auch jener Bonus gewesen, der schon den Walldorfern zu Gute gekommen war, als sie mit SAP America angetreten waren. Und wäre nicht die SAP-Nähe und das „Made in Germany", nein, vielmehr das „Thought and engineered in Germany" ein riesiger Bonus für itelligence in den USA?

Da rückte plötzlich ein faszinierender potentieller Kunde in den Fokus: Procter & Gamble mit seiner Firmenzentrale in Cincinnati! – Ich schnappte mir einen Stapel Visitenkarten, und los!

40 Leute waren wir damals in Bielefeld – das war ein solider Stützpunkt – aber war das auch ein ausreichendes Basislager für die Atlantik-Überquerung?

Es ist nicht mehr richtig auszumachen, sicher ist aber, dass Pioniergeist und sogar eine Portion Übermut im Spiel waren. Aber warum nicht?

Sofort tauchten ganz handfeste Fragen auf: Welche Rechtsformen gab es hierzulande? Mit welchem Stammkapital sollte man antreten? Wie damit umgehen, wenn man eine Green Card für gerade einmal 3 Monate erhielt? – Ja, eine Niederlassung, die heute mit 400 Leuten rund 100 Mio. Dollar Umsatz in den USA macht, war damals eine kecke Gründung.

Umgehend bekamen wir weitere kulturelle Unterschiede zu spüren. Da kam eine deutschstämmige Firma und trat in Amerika an. Einige erste Mitarbeiter aus Deutschland zogen im wahrsten Sinne mit, sie waren stolz darauf, dort zu arbeiten. Phasenweise waren es 10 bis 15 % der Mitarbeiter am neuen Standort, die aus Deutschland kamen. Das lag gewiss daran, dass die Nettoverdienste empfindlich höher waren, aber Amerika, das Land und die Idee, begeisterte einfach insgesamt ganz anders als etwa die schöne Schweiz, wohin von den damals 100 deutschen Mitarbeitern nur einer bis zwei gingen, als es

a serious difference with US employers because we were not a hire & fire company, like so many in America, there were better social benefits, boss and employees worked side by side , and so all were directly in contact with each other. It helped that after a short time, our landmark project P & G turned out to be a first class reference in the new market. We managed a highly successful execution with a good profit. We had opened our office in downtown Cincinnati. And it went on. A second, then third, then fourth customer was added. In 1997, we received official status as an SAP partner; we became more global and then became Gold Partner of SAP. When in 1999 we announced the acquisition of Missana Co. in Chicago, we were firmly in the saddle. For a short while we dreamed the dream of a second office in Atlanta – but then came the financial crisis of 2000, and we closed again and focused on our headquarters in Cincinnati. And it was good that way. We had to deal with the two to three-year decline of the stock market and economy to survive, but in the years 2000 and 2001, when the going got really tough in Germany, business in the United States was strong, and yes, America even served as an example and strengthened the home base. Today we make about 100 million dollars in our own building with its own computer center.

Could we really say that the culture and its differences were ultimately just as alluring as the business opportunities? That it was easy going? We could!

To afford a house in America was, of course, easy going! The tax conditions were shown to be extremely friendly ...easy going!

Whoever had an open mind, looked around and knew how to take his chances, was still able to find paradise. Easy going!

This has fundamentally shaped our business – after the third and fourth customer we targeted and won over the American middle class. And learned a lot of other, more deep-seated differences in dealing with business and personal matters.

um die dortige Gründung ging, oder die Niederlassung in Malaysia, wo jeweils fast ausschließlich Mitarbeiter von vor Ort bei der Gründung eingestellt wurden, und kaum ein Deutscher ging mit Alexander Gebhard in die Südsee, um itelligence Malaysia aufzubauen. Unsere Attraktivität als itelligence USA hingegen war groß – durch die Attraktivität Amerikas!

Das galt aber auch umgekehrt, wir waren genauso anziehend für unsere amerikanischen Mitarbeiter. Sie sahen sofort einen gravierenden Unterschied zu US-Arbeitgebern, denn wir waren keine hire & fire company, wie in Amerika üblich, es gab mehr Sozialleistung, man konnte den Chef quasi anfassen, so direkt waren wir alle im Kontakt miteinander.

Das trug dazu bei, dass nach kurzer Zeit unser Meilenstein-Projekt P&G eine erstklassige Visitenkarte im neuen Markt wurde. Es gelang uns eine höchst erfolgreiche Abwicklung mit gutem Gewinn. Wir hatten unser Büro in Downtown Cincinnati eröffnet. Und es ging weiter. Ein zweiter, dann dritter, dann vierter Kunde kam hinzu.

1997 erhielten wir den offiziellen Status als SAP-Partner, wurden globaler und dann Gold-Partner von SAP. Als wir 1999 die Übernahme von Missana Co. in Chicago ankündigten, saßen wir stabil im Sattel. Kurz träumten wir den Traum von einer zweiten Niederlassung in Atlanta – aber da kam die Krise des Jahres 2000, und wir schlossen sie wieder und konzentrierten uns auf unsere Zentrale in Cincinnati. Und das war gut so, wir mussten eine zwei, drei Jahre dauernde Talfahrt von Börse und Wirtschaft überstehen, aber in den Jahren 2000 und 2001, als es in Deutschland richtig schwierig war, lief das Geschäft in den USA stark, ja Amerika hat sogar als Vorbild gedient und die Homebase gestärkt. Heute machen wir dort rund 100 Mio. Dollar, sind in einem eigenen Gebäude, verfügen über ein Rechenzentrum.

Kann man also sagen, dass die andere Kultur, der Kulturunterschied letztlich genauso verlockend waren wie die geschäftlichen Möglichkeiten? Easy going? Man kann!

A single customer was (and is) given full-time care in America. This is not really so „easy going", and is based partly on the large distances that are covered in this vast country. While in Europe a consultant usually has two, three or four customers in his area he can support, this is rather rare on the U.S. market, where one usually has to focus and limit oneself to *one* customer because of the long distances. The geography here affects the way of life quite directly: travelling to the customer on a Monday, three or four days there working on site advising, sleeping in a hotel or apartment building, and late Thursday or early Friday back home. By plane, of course, because the distances are so great. A work situation that seems fantastic: taking a flight to work …

Of course, this impacts family life, private life and social life, and overall this formulates a cultural difference, which concerns the whole of life and work. If you are out at one of your customers for up to five days you are not visiting the office or headquarters in between. This creates completely different, namely thinner colleague contacts and ties to the company. These contacts are handled differently in the USA. Employee days are extremely important, and act as a bind between colleagues, team leaders and employers. All internal communication is different, and needs other bonds and connections. The daily gossip at the water cooler is no community here – and that could quickly lead to a questionable anonymity of the consultants. An annual and international employee day with 90 percent of employees in attendance in Germany would be hard to imagine. In Cincinnati, the employee day is a 2 day get-together for all 400 people that isn't only easy-going, but necessary because the staff and consultants see each other there. This is where they focus their exchange, confirm their commitment, and reaffirm their links. – Let someone say again that cultural differences are not important. The impact of cultural factors is of eminent importance!

There are also moments that describe the development oppor-

Sich in Amerika ein eigenes Haus zu leisten, war selbstverständlich, easy going! Die Steuerverhältnisse wurden als extrem freundlich dargestellt, easy going!

Wer offen war, sich umschaute, Chancen zu ergreifen verstand, konnte hier noch immer sein Eldorado finden. Easy going!

Das hat unser Geschäft sehr grundlegend geprägt. Nach dem dritten und vierten Kunden eroberten wir uns gezielt den amerikanischen Mittelstand. Und lernten dabei noch ganz andere, tiefersitzende Unterschiede im Umgang mit geschäftlichen und privaten Dingen.

Ein einzelner Kunde wurde (und wird) in Amerika fulltime betreut. Das ist nun nicht so ganz „easy going!" und hat seinen Grund unter anderem in den großen Distanzen, die im Land der unbegrenzten Möglichkeiten zurückzulegen sind. Während es in Europa meist zwei, drei oder vier Kunden sind, die ein Berater in seinem Umkreis betreuen kann, ist dies auf dem US-Markt eher sehr selten, und man muss sich in Amerika meist auf *einen* Kunden konzentrieren und beschränken wegen der langen Anfahrten. Da wirkt sich die weitläufige Geografie ganz direkt im Way of Life aus: Montags hin zum Kunden, drei, vier Tage dort vor Ort gearbeitet und beraten, nachts im Hotel oder Appartment-Building, und donnerstags spät oder am Freitag früh wieder nach Hause. Im Flieger natürlich, weil die Distanzen so groß sind. Eine ganz fantastisch anmutende Arbeitssituation: mit dem Flieger zur Arbeit …

Natürlich hat das Auswirkungen auf das Familienleben, das Privatleben, den Freundeskreis. Und insgesamt formuliert sich da ein kultureller Unterschied, der das ganze Leben und Wirken betrifft: Wer drei bis fünf Tage „draußen" bei seinem einen Kunden sitzt, der sitzt eben nicht zwischendurch immer wieder im Büro und in der Zentrale. Der hat deshalb auch ganz andere, nämlich „dünnere" Kollegen-Kontakte und Bindungen an seine Firma.

Diese Kontakte müssen in den USA anders geleistet werden. Mitarbeiter-Tage etwa werden extrem wichtig als Bindemittel

tunities. There is the customer structure: itelligence had only large customers until 1999. Through the acquisition of Missana we developed a middle class customer base. A business model that over time began to show overlap between USA and Germany, and includes both small and medium-sized enterprises and large clients. The sale of licenses, implementations and the full range of services and trade, maintenance, application management and hosting is still at its center. But in the USA, customers are 30 to 40 % larger compared than in Germany.

In addition, customer behavior is slightly different: The IT budgets are a little higher and there is more money spent in general. People are turned away, but there is more reliance on externals – people do not want to do everything themselves in the U.S., as is the case at home according to the go-live tradition. Long-term contracts are more common, which is also a mentality thing, just like the do-everything-yourself attitude in Germany. The customer relationships are more stable, the length of stay is longer, stretching sometimes to ten, even 15 years. On the other hand the new-customer acquisition in the U.S. market is characterised by tremendously intense competition.

SAP in the U.S. is not as well established as in Europe, so one has to deal a lot more with competing products of competitors. There is Oracle, there is MS Axapta, while in Europe a quick decision for anything in the SAP environment is made. This is better described as different, not easy going!

One difference that I personally enjoyed very much, was that as a founder AND member of the board, one is viewed in the U.S. market quite differently than in Europe. In the United States this creates a popular myth. This is not about me being vain, but about the communicative impact of it on our business and the company. I am also very PROUD of that reputation, because it is still something special to be the Head of an „American Company", who is also a German co-founder. You

zu Kollegen, Teamleitern und Arbeitgebern. Die gesamte interne Kommunikation läuft anders, braucht andere Verbindlichkeiten und Verbindungen. Der tägliche Schwatz am Kaffee-Automaten bildet hier keine Gemeinschaft aus – und das könnte rasch zu einer bedenklichen Anonymität der Berater führen. Ein jährlich stattfindender Mitarbeiter-Tag mit 90 Prozent der Beschäftigten wäre in Deutschland kaum vorstellbar. In Cincinnati findet der Mitarbeitertag ganz selbstverständlich so statt. Zweit Tage für dieses Fest? In Europa würde man das für eine Verrücktheit halten – in den USA ist es dagegen ein zweitägiges Come-together für alle 400 Leute nicht nur easy going, es ist nachgerade nötig, weil die Mitarbeiter und Berater sich hier sehen, weil sie hier ihren Austausch verankern, hier ihre Zugehörigkeit bestätigen und ihre Rückbindung bekräftigen. – Da soll noch einer sagen, Kulturunterschiede seien weiche Faktoren. Die Wucht kultureller Faktoren prägt eminent! Hinzu kommen Momente, welche die Entwicklungsmöglichkeiten beschreiben. Da ist die Kundenstruktur: itelligence hatte bis 1999 nur Großkunden. Durch die Übernahme von Missana kamen Mittelständler als Kunden hinzu. Das Geschäftsmodell hat sich heute in den USA und der BRD ziemlich angeglichen, sowohl kleine Kunden als auch Mittelständler und Großkunden. Es geht auch noch immer um den Verkauf von Lizenzen, um Implementierungen, um die ganze Palette der Dienstleistungen und des Handels, um Maintenance, Application Management und Hosting. Aber in den USA sind die Kunden im Verhältnis zu denen in der BRD um 30 bis 40 % größer.

Zusätzlich ist das Kundenverhalten ein leicht anderes: Die IT-Budgets sind etwas höher und man gibt insgesamt mehr Geld aus. Man stellt Leute ab, greift aber mehr auf Externe zurück – man will in USA nicht alles selber machen, wie das bei uns zuhause nach dem Go-Live Usus ist. Man schließt auch eher langfristige Verträge, was ebenfalls eine Mentalitätssache ist, eben wie das Alles-selber-machen in Deutschland.

Die Kundenbeziehungen sind stabiler, die Verweildauer ist

are regarded as a Pioneer, and this gives the company a good, reputable status.

In a sense, this feedback in turn inspired the „home" business and had an effect on the whole firm. Originally, I didn't place the „American Daughter" of itelligence so much in the foreground in Germany. Because, for a long time not many people knew me at home in Bielefeld as an entrepreneur, with the exception of industrial and business clubs and a few other institutions. Gradually, however, the buildings did grow, along with the wiring looms and hard drives – and this started to attract attention. We managed for instance to finish second place in the most beautiful building in Bielefeld contest with our chic new building.

And so slowly it became appropriate to strengthen our branding. In addition to our longstanding handball commitment we also had our itelligence racing catamaran Elli, who recently won the 91st Cento Miglia, the great regatta on Lake Garda which lasts for eight and a half hours. The boat is now docked again in its home port of Travemünde, but like the logo on the sails of the catamaran, which sails significantly faster than the caravel of Christopher Columbus once sailed, the name itelligence shall be seen and read more often. In the U.S the power of imaging is in the legend. The image of a pioneer, as an American company with roots in good old Germany. A subsidiary in the USA did not belong to the „vision" of the establishment, if it was even present in those early days. It was more fun to take this step than chance. It was about the joy of own courage and the exploration of what was possible. It was a step towards the continuous building and expansion of the company, to the order of, say 100 million in sales. Until then, everything went reasonably smoothly and was being developed in stages. But from 200 million turnover on, one must think strategically, and consider how in the various lines of development a unity can be found, whilst thinking ahead about aspects that are valid for all countries.

größer, kann durchaus bei zehn, gar 15 Jahren liegen. Dagegen findet die Neu-Kunden-Akquise im US-Markt in einem ungeheuer viel schärferen Wettbewerb statt.

Zudem ist ja SAP in den USA nicht so gesetzt wie in Europa, so dass man sich mit den Wettbewerbsprodukten der Konkurrenten stärker auseinander setzen muss, da sind Oracle, da gibt es MS Axapta, während in Europa eine schnelle Entscheidung zu allem im Umfeld von SAP stattfindet. – Das hat nun meistens nichts mehr mit einem Easy going zu tun, wohl aber mit einem Different-going!

Einen Aspekt dieses Different-going habe ich persönlich sehr genossen. Als Gründer UND Vorstand nämlich wurde man im US-Markt ganz anders angesehen, als dies in Europa geschehen ist. In Amerika schafft das einen Mythos, der beliebt ist und sich gut weitererzählt. Nein, nicht um Eitelkeit geht es hier, sondern um die kommunikative Wirkung für das eigene Geschäft und für die Firma. Ich bin durchaus auch STOLZ auf dieses Ansehen, denn es ist auch heute noch etwas Besonderes, Head einer „amerikanischen Company" zu sein, die jedoch aus Deutschland mitgegründet ist. Man gilt dann als „Pionier", und das gibt dem Unternehmen einen guten, angesehenen Status.

In der Rückkoppelung gewissermaßen beflügelt dies wiederum das „heimische" Geschäft und wirkt auf die ganze Unternehmung. Ursprünglich hatte ich zwar die „amerikanische Tochter" von itelligence auch in Deutschland nicht so sehr in den Vordergrund gestellt. So wie auch ich selbst lange zuhause, in Bielefeld, nur wenigen als Unternehmer bekannt war, mit Ausnahmen des Industrie- und Handels-Clubs oder bei wenigen anderen Institutionen. Allmählich aber sind die Gebäude doch größer geworden, nicht nur die Kabelbäume und Festplatten sind gewachsen – und das fällt natürlich irgendwann auf. So schafften wir es beim Wettbewerb des schönsten Gebäudes in Bielefeld mit unserem schicken Neubau auf den zweiten Platz.

So war es ganz langsam passend, unser Branding zu verstärken.

There, on the one hand, the individual, personal presence of the American years gains a very different importance. But even that great subject, namely the different cultures and their impact on the whole, gets new momentum. The independent life of the country offices with their own cultures is of the utmost importance in the mesh of the entire corporate culture. This is the next challenge, the upcoming Go West!

Neben unserem langjähren Handball-Engagement etwa durch unseren itelligence-Renn-Katamaran Elli, der jüngst die 91. Centomiglia, die große Regatta auf dem Gardasee, nach acht-einhalb Stunden gewann. Das Boot liegt nun wieder in Trave-münde im Heimathafen, aber so wie das Logo auf den Segeln des Kat, der deutlich flotter unterwegs ist als einst die Cara-velle von Christoph Columbus, soll allmählich auch der Company-Name itelligence öfter gesehen und gelesen werden. – In den USA geht vieles von dieser Art nach wie vor über die Legendenbildung, über den Nimbus des „Pioniers", über die American Company mit Wurzeln in good old Germany.

Eine Niederlassung in den USA gehörte nicht zur „Vision" bei der Gründung, wenn es derlei in den frühen hitzigen Tagen überhaupt gab. Es war eher der Spaß daran, diesen Schritt zu wagen, diese Chance zu ergreifen. Es ging um die Freude am eigenen Mut und das Ausloten des Möglichen.

Es war ein Schritte in einem kontinuierlichen Geschäftsauf- und -ausbau bis zu einer Größenordnung von, sagen wir 100 Mio. Euro Umsatz. Bis dahin verläuft alles halbwegs linear und kann in Schritten entwickelt werden. Aber ab 200 Mio. Euro Umsatz spätestens muss man sich strategisch aufstellen, muss überlegen, wie in der Vielfalt der Entwicklungsstränge eine Einheit erhalten bleibt, muss für alle Länder geltende Aspekte vordenken.

Da wird nun einerseits die individuelle, persönliche Präsenz der amerikanischen Jahre nochmals ganz anders wichtig. Aber auch jenes große Thema, nämlich die verschiedenen Kulturen und ihre Auswirkungen auf das Ganze, bekommt neue Wucht. Das Eigenleben der Landesniederlassungen mit ihren eigenen Kulturen wird im Geflecht der gesamten Unternehmenskultur von größter Bedeutung. Das ist die nächste Herausforderung, das anstehende Go West!

Dabei werden wir noch viele Columbus-Reisen unternehmen. Und ganz sicher werden wir ständig neue Welten entdecken.

If Something Can Go Wrong
It Goes Wrong – So You Will Fix It!

It was my first job as the responsible project manager. Even though I had gathered experiences in the business already, I learned lessons about the temper of Spanish taxi drivers, the convincing moment of Cerveza, and a nerve-racking way to quit smoking. „That's my last cigarette!" said Alejandro. He was one of our most important customers in those days, and to confirm his statement he simply threw away the packet of cigarettes, that, as literally everybody knew, had always been in his jeans pocket.

Alejandro Rios was the IT manager of La Vajilla Eneriz, at that time a Spanish family business in Zaragoza with 250 employees and a turnover of 16 million Euros per year. All the management was part of the family and they were quick decision makers – perfect to work with. Their business was the distribution of glassware, crockery and household goods, which they did successfully. In 2003 the French Arc International became curious about them and acquired the company. In 2002 they grew extensively and decided to implement SAP to streamline their processes. Alejandro was my main contact at the customer's side in charge of that migration. When he threw away his cigarettes, it was his most difficult day. Everything had to be extracted from his legacy system to go to SAP. In the beginning we implemented ten SAP users in Finance and Controlling. Later on 14 more users were on the plan and we had designed the system accordingly. With Alejandro's intention to stop smoking all the people in the room smiled – although there wasn't much reason for smiling in that moment. Of course we couldn't avoid saying: „That's it – if you really want to stop smoking, today is the day!" 365 days a year, and plenty more years to come – but he decided to link

Wenn etwas schiefgehen kann, dann geht es schief – und wir biegen es gerade!

Es war mein erster Job als verantwortlicher Projektmanager. Obwohl ich in diesem Bereich schon Erfahrungen gesammelt hatte, lernte ich eine Lektion in Bezug auf die Laune spanischer Taxifahrer, die überzeugenden Aspekte von Cerveza und eine nervenzerfetzende Art, das Rauchen aufzugeben, kennen. „Das ist meine letzte Zigarette!" sagte Alejandro. Er war einer unserer wichtigsten Kunden zu dieser Zeit. Und um seine Aussage zu unterstreichen, warf er einfach das Zigarettenpäckchen weg, das er, wie wirklich jeder von uns wusste, immer in seiner Jeanstasche bei sich getragen hatte.

Alejandro Rios war der IT-Manager von La Vajilla Eneriz, zu dieser Zeit ein spanisches Familienunternehmen in Zaragoza, das über 250 Mitarbeiter und einen Umsatz von 16 Millionen Euro pro Jahr verfügte. Das gesamte Management war Teil der Familie und man traf dort schnelle Entscheidungen – das bedeutete für uns eine perfekte Zusammenarbeit. Das Unternehmen vertrieb Glaswaren, Keramik und Haushaltsgegenstände – und zwar sehr erfolgreich. 2003 begann French Arc International, sich für sie zu interessieren – und kaufte die Firma auf.

2002 wuchs das Unternehmen rasant und man entschied sich, SAP einzuführen, um seine Arbeitsprozesse zu beschleunigen. Alejandro war kundenseitig mein Hauptkontakt, der für den Übergang verantwortlich war. Als er seine Zigaretten wegwarf, erlebte er gerade seinen schwersten Tag. Alles musste vom bisherigen System abgekoppelt und an SAP überstellt werden. Zunächst führten wir zehn SAP-Nutzer in Finanzen und Controlling ein. Später würden vierzehn weitere Nutzer einbezogen und das System entsprechend angepasst werden.

Als Alejandro seine Absicht verkündete, mit dem Rauchen aufhören zu wollen, lächelten alle Anwesenden – obwohl es

his last cigarette to the day „D" and hour „H" in an extremely large SAP project that marked up the real cut over from the old system to the new system in his company. It was 7 am on a sunny Friday morning in April, which was when we had planned to go live. At that moment he had to recover full data. Saturday and Sunday were thought to be the safety net for any emergency brake. On Monday, all company activities and business should continue smoothly. It's the same story with both hard- and software and smoking: it's a one-way-ticket, no capacity to go back. If things don't work out – nerves would appear on the table, and pressure would mount on us to accomplish our goal. It was six weeks before, that we went through the actual moment of truth. When something can go wrong it goes wrong. To fully get that day and its atmosphere, one has to imagine the following:

The year before, the company had invested in a very expensive three disk hardware system from IBM Spain, with mirroring included, three disks at a time with a guaranteed liability of 99 % per disk. They had invested into such an expensive system to be on the safe side. With a family business you do not have capacity and resources to take a second run. It has to work from the start. Looking at the basic idea you have to admit, that it sounds foolproof. Data is stored in two different places simultaneously. In the unlikely event, that one disk crashes, the third disk is supposed to do its job. In an ideal world the „solidarity" within the disk-team would have gone that way. In our case we experienced the unbelievable. Four weeks prior to go-live, two out of the three disks crashed without any chance of being repaired. The probability of 0,01 x 0,01 occurred to the team, the probability of 0,01 x 0,01 = 0,0001, and all of this in that fluttery moment, where we had to confirm: „Yes, we will go live in four weeks." This entire situation was so surprising that our customer asked for a notary solicitor to write it down, so they could go to the disk manufacturer. Someone said that if we were to die and get born

damals wirklich keinen Grund zum Lächeln gab. Und natürlich konnten wir es uns nicht verkneifen zu rufen: „Genau – falls du wirklich mit dem Rauchen aufhören willst, ist heute der richtige Tag dafür!"

365 Tage pro Jahr und viele dieser Jahre, die vor ihm lagen – aber er entschied sich, seine letzte Zigarette an den Tag „T" und an die Stunde „S" zu knüpfen, die in einem extrem umfangreichen SAP-Projekt in seiner eigenen Firma den entscheidenden Schritt vom alten zum neuen System markierten. Es war ein sonniger Freitagmorgen im April, früh um sieben Uhr, für den wir das „Go-live" angesetzt hatten. zu diesem Moment musste er die vollen Datensätze neu bereitstellen.

Samstag und Sonntag waren als Puffer gedacht, um eventuell die Notbremse ziehen zu können. Am Montag sollten alle Vorgänge des Unternehmens reibungslos weiterlaufen.

Wenn etwas schiefgehen kann, geht es auch schief. Um diesen Tag und die dort herrschende Stimmung richtig nachvollziehen zu können, stellen Sie sich folgendes vor: Ein Jahr zuvor hatte die Firma in ein sehr teures Three-Disk-Hardware-System (IBM Spanien) investiert, das sogar ein „disk mirroring" beinhaltete – drei Disks sollten simultane Datensicherung betreiben, jede war garantiert zu 99 % verlässlich. Die Firma hatte in ein solch teures System investiert, um hundertprozentig sicher zu gehen. Als Familienunternehmen hat man nicht den Spielraum und die Ressourcen, einen zweiten Anlauf zu nehmen, alles muss beim ersten Mal funktionieren.

Wenn man sich die grundsätzliche Idee anschaut, die dahintersteckt, muss man zugeben, dass das Ganze narrensicher klingt. Daten werden zeitgleich an zwei verschiedenen Orten gespeichert. Falls unwahrscheinlicherweise eine Disk abstürzt, muss die dritte Disk ihre Aufgabe übernehmen. Schön – aber wir erlebten, was niemand erwartet hatte. Vier Wochen vor dem Go-live stürzten zwei der drei Disks ab – und es gab keine Chance, sie zu reparieren. Die Wahrscheinlichkeit von 0,01 x 0,01 stieß unserem Team zu – die Wahrscheinlichkeit von 0,01

twenty times, we would never again see something like that. No one was really wondering any more, when in addition to the disks crashing, the back-up copy was corrupted, and the only available back-up without any damage was dated from six weeks earlier. Six weeks old data as the basis to make everything run perfectly! Looking at the SAP implementation it meant, that all input, testing, and programming from those six weeks – basically our main focus time – were gone and with that the vital precondition for cut over. Would such a situation interfere with our schedule? One has to consider, at that time we had only four weeks until going live! There was no time for thinking back and forth. The discs had to be replaced and the process to be continued. The disc manufacturer reacted straight away. The only available material throughout Spain was stored in their operation close to Madrid – at least a two hour drive to the region of Zaragoza. In order to reduce the damage IBM didn't hesitate: They hired a taxi. The driver apparently ignored traffic regulations and gave proof of his Mediterranean driving. Two hours later the disc drive started to work again. Meanwhile a steering committee had met and discussed how to proceed. Previous to the disk crash the situation back in December had allowed us to plan going live one month earlier. Shortly before Christmas everything was in the right place, on time, and thoroughly tested. Why wait for another month? The customer had reacted right away and gone into further projects that had become possible. But now everything was different – was it really? The steering committee seriously considered changing the schedule. However, too many other problems and issues would have occurred, since the slots were already closed and we had no flexibility to reactivate our original schedule. I stood up and said „Yes, we can go live." Alejandro looked at me and probably declared me completely mad. Did we really promise to redo within three or four days what we had done in the last six months? He didn't believe it, nor did anyone else in the room – besides me.

x 0,01 = 0,0001 – und all das in dem sensiblen Moment, da wir bestätigen mussten: Ja, wir werden in vier Wochen den Go-live durchführen. Diese ganze Situation kam so überraschend, dass unser Kunde einen Notar anforderte, um alles schriftlich niederzulegen und sich an den Disk-Hersteller halten zu können. Jemand meinte, dass wir sterben und zwanzig Mal wiedergeboren werden könnten, ohne so etwas noch einmal mitzuerleben. Niemand wunderte sich mehr, als obendrein nach dem Absturz der Disks die Backupkopie fehlerhaft und das einzig verfügbare Backup schon sechs Wochen alt war. Sechs Wochen alte Datensätze als Grundlage, um alles perfekt in Gang zu bringen! Mit Hinblick auf die SAP-Ausführung bedeutete es, dass der ganze Arbeitsaufwand, die Tests und die Programmierungen dieser letzten sechs Wochen – im Grunde unsere Hauptarbeitszeit – verloren waren und damit auch die essentiellen Voraussetzungen für den Übergang zwischen altem und neuem System. Würde diese Situation unseren Zeitplan durcheinanderbringen? Dabei muss man im Auge behalten, dass wir zu dieser Zeit nur noch vier Wochen bis zum Go-live übrig hatten!

Wir hatten keine Zeit, lange hin und her zu überlegen. Die Disks mussten ersetzt werden und der Vorgang musste weiterlaufen. Der Disk-Hersteller reagierte sofort. Das einzige verfügbare Material in ganz Spanien wurde in seiner Niederlassung nahe Madrid aufbewahrt – mindestens zwei Stunden Fahrtzeit bis Zaragoza. Um den Schaden zu minimieren, zögerte IBM nicht lange. Sie mieteten ein Taxi. Den Fahrer kümmerten keine Verkehrsregeln, und er stellte seine mediterranen Fahrkünste unter Beweis. Zwei Stunden später war das neue Laufwerk eingesetzt und funktionierte.

Inzwischen hatte sich ein Leitungskomitee getroffen und über das Procedere diskutiert. Vor dem Disk-Absturz hatten wir unter den Umständen, die im Dezember herrschten, planen können, das Go-live einen Monat früher durchzuführen. Kurz vor Weihnachten war alles unter Dach und Fach und gründlich getestet. Warum sollten wir noch einen Monat warten?

As the project manager I had to agree and commit to do our best. My feeling told me: It was easier for us to start from zero and redo everything. Additionally we didn't have a clear picture about the exact situation when the last back up was done. Therefore I decided to go back to the beginning. It was possible. When you implement a system, most of the time is taken by explanations, discussions and decisions. We went through the system, customising and programming everything from scratch, and this was easier. All the data was already prepared. You may compare this situation to writing a book. It takes a long time to work out the idea, develop the story, and to logically line up everything – when you have all that done and clearly set up in your mind, it's just writing it down. In the steering committee we agreed on the action plan for the next two weeks: prepare go-live cut-over, without adding more resources to the project. After another steering committee during dinner time, I had to convince the project team, that we could do it. Needless to say, all of them were upset and rather confused. Several beers later we all committed to the goal. We had two days off till hardware was in place – but that didn't mean any holidays, as we were all quite keyed up. Then we re-started. Basically we had to redo all the systems within ten working days. We asked for pizzas, ordered Cokes by the crate, took out our written notes and computers and dived down into the massive work load.

In the last weeks we had thoroughly documented and reported all our steps. Never again would I be so grateful for such disciplined and supposedly redundant procedures, that enabled us to just go through the list and say „Let's go! Step one, step two etc." We retyped customising tables, re-wrote ABAP programs, re-implemented OSS notes, re-loaded data, re-tested the system, and re-tested the system, and re-tested the system … In the room were five people from the customer and five from my team. If not long before, in that moment we all became colleagues. Each of us was working focused and con-

Der Kunde hatte damals reagiert und sich anderweitigen Projekten zugewandt. Aber nun war alles anders – war es das wirklich?

Das Leitungskomitee hatte ernsthaft in Erwägung gezogen, den Zeitplan zu ändern. Aber dadurch wären zu viele andere Probleme entstanden, weil die Zeitfenster schon belegt waren und wir nicht genug Flexibilität zur Verfügung hatten, um unseren ursprünglichen Zeitplan wieder zu aktivieren. Ich erhob mich und sagte: „Ja, wir können das Go-live durchführen."

Alejandro sah mich an und hielt mich wahrscheinlich für völlig verrückt. Hatten wir wirklich versprochen, in drei oder vier Tagen noch einmal das zu bewältigen, was wir in den letzten sechs Monaten geschafft hatten? Er glaubte es nicht und auch kein anderer im Raum – außer mir. Als Projektmanager blieb mir nichts anderes übrig, ich musste dafür Sorge tragen, dass wir unser Bestes gaben.

Mein Gefühl sagte mir: es war für uns leichter, von Null zu beginnen und alles noch einmal zu machen. Außerdem hatten wir keine klare Vorstellung von der genauen Situation zum Zeitpunkt, als das letzte Backup erstellt wurde. Daher entschied ich, noch einmal von vorn zu beginnen.

Es war möglich. Wenn man ein System einführt, nehmen Erklärungen, Diskussionen und Entscheidungen die meiste Zeit in Anspruch. Das hatten wir hinter uns und waren zudem in der Lage, alles von Grund auf anzupassen und zu programmieren – das war leichter. Alle Daten waren bereits vorbereitet. Man könnte diese Situation mit dem Schreiben eines Buches vergleichen. Es dauert lange, die Idee auszuarbeiten, die Geschichte zu entwickeln und alles logisch anzuordnen – wenn man das alles getan und klar vor Augen hat, geht es nur noch ums Aufschreiben …

Im Leitungskomitee waren wir uns einig in Bezug auf den Aktionsplan für die nächsten zwei Wochen: den Go-live-Übergang vorzubereiten, ohne dem Projekt mehr Ressourcen zuzuführen. Nach einem weiteren Treffen des Leitungs-

centrated. I knew what everyone was doing and coordinated things to work swiftly. E.g. when one finished something, two others were already waiting for his results because they needed to upload the charts. No one looked at the watch; stopping was out of the question. People were depending on each other to be able to accomplish the project. Two and a half weeks later, our test system was rebuilt, and all tests were O.K. – only one and a half weeks before go-live; now trainings to end-users, productive system preparation ... we were all doing four things at a time. No chance to stop anything. We couldn't lose a day. The owner family closely watched us during that time. One of them showed up in between and expressed his astonishment with a completely different connotation: „Hmm, you have been able to recover everything within two or three weeks. And the project is nine months? If you were able to redo everything within such a short time frame what have you been doing in nine months?" My answer? „247 accounts to create. That's it." Fortunately he didn't follow up on his attempt and our plan B was done. We were able to handle all of the training with just a one week delay. The whole team where determined to make it happen. Then D-day came. During those internal responsible ten minutes before the „real" data migration started, Alejandro all of a sudden said: „Now, I stop smoking! That's my last cigarette!" We all smiled. Certainly, we thought he was a little (or a little more) mad after all, and that he could not manage the troubles to come without smoking. Even with his announcement, the excitement in the room was palpable. If errors occur or questions arise they happen in the first hours and therefore we were waiting, and waiting, and waiting. No calls came in – and this is exactly what you want. You know that everything has worked out and you can take a breath. Apparently all our work and dedication from those last weeks was worth the effort. That was a hell of a stressful time, but it was great to work with those people. I am still in contact with them.

komitees am Abend musste ich mein Projektteam davon überzeugen, dass wir es schaffen konnten. Man muss wohl nicht extra erwähnen, dass alle von ihnen beunruhigt und ziemlich verwirrt waren. Aber einige Gläser Bier später fühlten wir uns alle bereits dem gemeinsamen Ziel verpflichtet.

Wir hatten zwei Tage Zeit, bis die Hardware installiert war – aber das bedeutete nicht, dass wir frei hatten, da wir alle ganz schön aufgedreht waren. Dann begannen wir erneut. Im Grunde mussten wir alle Systeme in zehn Arbeitstagen wieder von vorn erstellen. Wir baten um Pizza, bestellten kistenweise Cola, holten unsere Notizen und Computer heraus und tauchten in diese enorme Menge an Arbeit ein. In den letzten Wochen hatten wir alle unsere Schritte gründlich dokumentiert und in einen Bericht aufgenommen. Noch nie zuvor war ich für solch disziplinierte und (eventuell) überflüssige Prozeduren so dankbar. Das machte es uns möglich, einfach die Liste durchzugehen und zu sagen: „Lasst uns anfangen! Schritt eins, Schritt zwei etc." Wir tippten die Anpassungstabellen erneut, schrieben ABAP-Programme ein zweites Mal, führten die OSS-Notizen wieder ein, luden Dateien hoch, testeten das System erneut, testeten das System erneut, testeten das System erneut ...

Im Raum waren fünf Leute aus dem Kundenteam und fünf aus meinem Team. Soweit es zuvor noch nicht geschehen war, wurden wir jetzt alle zu Kollegen. Jeder von uns arbeitete fokussiert und konzentriert. Ich wusste, was jeder tat, koordinierte alles, das heißt, sobald einer etwas fertig gestellt hatte, warteten zwei andere schon auf seine Ergebnisse, weil sie die Tabellen hochladen mussten. Keiner sah dabei auf die Uhr; aufzuhören stand nicht zur Debatte. Die Leute waren alle voneinander abhängig, um das Projekt durchführen zu können.

Zweieinhalb Wochen später war unser Testsystem wieder hergestellt, und alle Tests waren in Ordnung – nur eineinhalb Wochen, bevor das Go-Live beginnen sollte; nun mussten wir die Endnutzer ausbilden, das Productive System vorbereiten ... wir alle erledigten vier Dinge gleichzeitig. Es gab keine Chan-

Alejandro retired some years ago. He quit the IT business and is now managing a luxury hotel on a hill looking over the bay of Pollensa at Mallorca ...

I guess it is a non-smokers hotel!

ce, mit irgendetwas aufzuhören. Wir durften keinen Tag verlieren … Und die Familie der Firmenbesitzer beobachtete uns während dieser Zeit. Zwischendurch tauchte einer von ihnen auf und brachte sein Erstaunen mit einem ganz anderen Unterton zum Ausdruck: „Hmm, Sie waren in der Lage, alles innerhalb von zwei oder drei Wochen wiederherzustellen. Und das Projekt dauert neun Monate? Wenn Sie alles innerhalb eines so knappen Zeitrahmens wiederherstellen konnten, was haben Sie in den neun Monaten zuvor gemacht?" – Meine Antwort? „247 Accounts erstellt. Das war's." Glücklicherweise setzte er seinen Versuch nicht fort, und unser Plan B war vollendet. Wir waren in der Lage, die Schulung mit nur einer Woche Verzögerung durchzuführen. Das ganze Team war ungeduldig, unsere Pläne in die Tat umzusetzen.

Dann kam der Tag der Entscheidung. Während dieser zehn Minuten voller Anspannung, bevor die „echte" Datenwanderung begann, sagte Alejandro plötzlich: „Jetzt höre ich mit dem Rauchen auf! Das ist meine letzte Zigarette!" Wir alle lächelten. Wir waren sicher, dass er doch ein bisschen verrückt war und dass er die Probleme, die auftauchen würden, ohne Glimmstengel nicht meistern würde.

Auch nach seiner Ankündigung war die Aufregung im Raum noch spürbar. Falls Fehler auftreten oder Fragen aufkommen, dann passiert das in den ersten Stunden, und daher warteten wir alle und warteten und warteten. Es kamen keine Anrufe – und das ist genau das, was man sich wünscht. Denn dann funktioniert alles und man kann durchatmen. Anscheinend war unsere ganze Arbeit und Hingabe während der letzten Wochen den Aufwand wert gewesen. Es war ein unglaublicher Stress, aber es war wunderbar, mit diesen Leuten zu arbeiten. Ich habe immer noch Kontakt zu ihnen. Alejandro hat vor einigen Jahren aufgehört. Er hat das IT-Business verlassen und leitet nun ein Luxushotel auf einem Hügel, der über der Bucht von Pollensa auf Mallorca liegt.

Ich stelle mir vor, es ist ein Nichtraucher-Hotel!

Old World, New World – One World

My first encounter with the exciting world of IT took place in the early 80s when a friend of mine bought a new Mac. I realised the potential of IT systems and the influence they could have on everyone's life.

Yet as a young student, not really knowing what I wanted to do with my life, I decided at first to study engineering, while I kept up a lively interest in computers and a keen interest in travelling. I had graduated in „Materials and Technological Innovations" and in „Quality Management", then did some Quality Control system implementations during my apprenticeship in the automotive industry (at Timken, major roller bearing manufacturer and coincidentally an early SAP customer). I had to physically build a workstation (metal frame), to put up a PC, and configure the system (PC based), to perform statistical process control.

In 1992, with my engineering degree fresh in my pocket, I left for Canada to work as a technical sales representative for a manufacturer of pneumatic systems for railway equipment. With next to zero business experience, I travelled the Northeast of the USA and eastern Canada selling bolts and valves to train manufacturers and transit authorities. Seduced by Montreal and Canada, I decided to settle. What I loved most about my new home was the Canadian way of life. The friendly attitude and the nice way of interacting was striking, especially after I had just spent six years studying in Paris where people seemed generally moody as well as stressed out. Canadians on the other hand were always helpful, always smiling, so I decided that Montreal would be the place for me. It has all the advantages of a big city, but none of the inconveniences: There is space everywhere, everything is large, houses, parks, streets, and yet one can leave the city

Alte Welt, neue Welt – eine Welt

Meine erste Begegnung mit der aufregenden Welt der IT fand schon in den frühen Achtzigern statt, als einer meiner Freunde sich einen neuen Mac kaufte. Mir wurde bereits damals klar, welches Potential IT-Systeme haben, welchen Einfluss auf das Leben der Menschen sie nehmen können.

Als junger Mann wusste ich allerdings noch nicht, was ich wirklich mit meinem Leben anfangen wollte, daher beschloss ich, zunächst Ingenieurswissenschaften zu studieren, bewahrte mir aber ein lebhaftes Interesse an Computern und am Reisen. Ich bestand mein Examen in Materialkunde und Technologischer Innovation und im Qualitätsmanagement.

Während meiner Lehrzeit in der Automotive-Industrie, bei Timken, einem größeren Kugellager-Hersteller und einem der frühen SAP-Kunden, befasste ich mich mit Qualitätskontrollsystemen. Ich musste damals selbst einen PC-Arbeitsplatz aufbauen (vom Metallrahmen aufwärts), einen PC ausrüsten und das PC-basierte System konfigurieren, um statistische Arbeitsprozess-Kontrollen durchführen zu können.

1992 hatte ich gerade mein Ingenieursdiplom in der Tasche, als ich nach Kanada aufbrach, um als technischer Vertreter für einen Hersteller pneumatischer Systeme zur Ausstattung von Zügen zu arbeiten. Natürlich hatte ich damals noch keinerlei Berufserfahrung, als ich den Nordwesten der USA und den Osten von Kanada bereiste, um Bolzen und Ventile an Zughersteller und den Transitverkehr zu verkaufen.

Montreal und Kanada erwiesen sich als so verlockend, dass ich mich dort niederlassen wollte. Am besten gefiel mir der Lebensstil der Kanadier. Ihre freundliche Einstellung, ihr netter Umgang miteinander waren umwerfend, besonders nachdem ich gerade sechs Jahre in Paris verbracht hatte, wo die meisten Menschen launisch und gestresst schienen.

behind in half an hour to go for a walk in the woods or go ski-
ing – a big plus for people like me who enjoy running, swimming or biking, and with triathlon being one of my main
interests.

For me Canada is an ideal country since it mixes European
flavour with the spaciousness of the United States and thus
combines the best of the Old World with the best of the New
World.

Coming from a multicultural background myself, stemming
from a Yugoslavian-French family and having studied in
London as well as in Paris, I felt right at home from the start
in the multicultural francophone/anglophone community of
Montreal. Although the city is home to many immigrants
from more than 70 different nations, there are no immigration
problems as you might find in Europe. Everyone gets a chance
in Montreal and I was determined to seize mine.

After a transition period to the French Chamber of Com-
merce in Canada – I did advisory services to businesses, my
first experience in services – I returned to the industry, at
L'Oreal production facility in Montreal, in Quality management first, then in packaging, then in production planning.
That's when I rediscovered the passion that the encounter
with the early Apple MacIntosh had raised in me, the passion
for information systems and business applications. I spent
more and more time working on systems like excel and database and started to feel the use of IT.

The main attraction for me was to witness computers becoming a tool to help people in their daily life, specifically their
business life. L'Oreal at that time was using an old system and
I started to work on it, trying to get more efficiency out of it.
During that time, SAP experienced a huge boom and I discovered I did not want to be a developer but, realising what
amazing things those machines could do, I wanted to help
people get the most out of them.

I love being the interface between the machine and its users –

Die Kanadier dagegen waren stets hilfsbereit und lächelten immer, also beschloss ich, dass Montreal genau der richtige Ort für mich war. Die Stadt hat alle Vorteile einer Großstadt, aber keine der Nachteile: Überall viel Platz, alles ist groß und weit gehalten, die Häuser, die Parks, die Straßen – trotzdem kann man innerhalb einer halben Stunde die Stadt hinter sich lassen, um in den Wäldern zu wandern oder Ski zu fahren – ein großes Plus für Menschen, die gerne joggen, schwimmen, Rad fahren – vor allem diejenigen, für die der Triathlon eine große Bedeutung hat (so wie für mich!) ...

Für mich ist Kanada das ideale Land, weil es europäische Lebensart mit der Großzügigkeit der USA vermischt und so das Beste aus der Alten und aus der Neuen Welt kombiniert. Da ich selbst einen multikulturellen Hintergrund habe (ich stamme aus einer halb jugoslawischen, halb französischen Familie und habe in London und Paris studiert), fühlte ich mich gleich von Anfang an in der multikulturellen französisch-englischen Umgebung von Montreal zu Hause. Obwohl die Stadt für so viele Einwanderer aus mehr als 70 Nationen eine neue Heimat bietet, gibt es keine Integrationsprobleme wie in Europa. In Montreal bekommt jeder seine Chance und ich war damals schon fest entschlossen, die meine zu nutzen.

Nach einer kurzen Übergangszeit bei der Französischen Handelskammer in Kanada, wo ich als Unternehmensberater tätig war (meine ersten Erfahrungen im Dienstleistungsbereich) kehrte ich zur Industrie zurück: ich arbeitete für die L'Oreal Produktion in Montreal – zunächst im Qualitätsmanagement, dann bei der Verpackung, dann bei der Produktionsplanung. Damals entdeckte ich die Leidenschaft wieder, die der frühe Apple MacIntosh in mir geweckt hatte: die Leidenschaft für Informatiksysteme und Business-Anwendungen.

Ich verbrachte immer mehr Zeit mit der Arbeit mit Systemen wie Excel und Database und merkte immer mehr, welch großen Nutzen IT haben konnte. Die hauptsächliche Anziehungskraft lag für mich darin, mitzuerleben, wie Computer

and that's what I've been doing these past 15 years. So I became a SAP PP consultant, working for an SAP retailer and integrator in the SME market, Small and Medium Enterprises. I got involved in SAP R/3 integration projects (FI/CO, MM,SD, PP, small teams, war room mode, intimacy with the business), which was the ideal environment for learning SAP R / 3 both vertically and horizontally – vertically in covering an entire module, horizontally with integration and functionality of other modules including MM, SD and CO. And these days I'm starting to wonder whether I am the kind of person who always enjoys this exciting combination of two opposites: old and new, man and machine, verticality and horizontality, sales and planning, etc.

I also had the opportunity to work in pre-sales, a fantastic position between sales and technical. There I was tasked with persuading customers to buy through performing demos which I enjoyed greatly. Like Montreal linking the best of the Old World and of the New World together, I found my job linking the best of my personal interests: it is technical, since you have to know how the systems and the machines work, yet personal, as you have to make the machine do what people want and need it to do – and sometimes show your customers what they need to be done!

Now and again this can be a bit frustrating. People can become emotionally attached to and dependent on a system they are familiar with even if it is less than effective. You need a lot of tact to deal with this kind of situation. I believe having this tact is an important skill needed to be able to do this job.

Still passionate about planning systems, I joined i2 technologies, back then the leader in advanced planning systems – SAP APO was still in its infancy as a supply chain consultant. It was an interesting period. The era of the Internet bubble, and i2 was one of the „gorillas" in the industry. I participated in supply chain planning projects in the U.S., in distribution

den Menschen in ihrem täglichen Leben helfen können – besonders im Businessbereich. Damals nutzte L'Oreal ein altes System, ich arbeitete daran, es effizienter zu machen.

Zur gleichen Zeit erlebte SAP einen großen Boom und ich entdeckte, dass ich kein Programmentwickler sein wollte, sondern, da mir klar war, welch unglaubliche Leistung Computer erbringen konnten, dass ich Menschen helfen wollte, das Beste aus diesen Geräten herauszuholen.

Ich liebe es, als Mittler zwischen der Maschine und ihren Nutzern zu fungieren – das ist es, was ich seit fünfzehn Jahren tue.

Ich wurde also SAP-PP-Consultant, arbeitete als SAP-Reseller und Integrator auf dem SME (Small and Medium Enterprises) Markt. Dann wurde ich in SAP R/3-Integrationsprojekte einbezogen (FI/CO, MM, SD, PP – mit kleinen Teams und persönlichen Beziehungen innerhalb des Business).

Dies war die ideale Umgebung, um SAP R/3 gründlich kennenzulernen – sowohl im vertikalen als auch im horizontalen Sinne: vertikal, indem man sich mit einem kompletten Modul vertraut machte, horizontal, indem man Integration und Funktionalität anderer Module wie MM, SD und CO berücksichtigte.

Heute frage ich mich, ob ich vielleicht die Art von Persönlichkeit bin, die immer diese aufregende Verbindung aus zwei Gegensätzen braucht: alt *und* neu, Mensch *und* Maschine, Vertikalität *und* Horizontalität, Verkauf *und* Planung, etc.

Außerdem hatte ich die Gelegenheit, im Pre-Sales-Bereich zu arbeiten – einer fantastischen Position zwischen technischer Arbeit und Verkauf – in enger Zusammenarbeit mit dem Kunden, die viel Überzeugungskraft erfordert. Demonstrationsveranstaltungen waren für mich dabei immer die Highlights.

So wie Montreal die besten Eigenschaften der Alten und der Neuen Welt miteinander verknüpft, so verbindet, meiner Ansicht nach, mein Job auch die besten Seiten meiner persönlichen Interessen: Er ist einerseits technisch orientiert, da man die Systeme und die Geräte und ihre Funktionen kennen muss; andererseits eben nicht nur eine rein technische Tätig-

of Barnes & Noble booksellers, and Aerospace & Defence at Bell Helicopter – the good old book keeping you centred and down to earth, and the fantastic new contraption that was the helicopter, to lift you up time and again. When the bubble deflated, the party was over and the lights came back on. i2 was in decline and few projects remained. Back in the SAP world, I joined a consulting firm in Montreal as a SAP pre-sales consultant which allowed me to expand my knowledge horizontally, including SAP-LE.

And then I found Adelante … a friend had forwarded to me an announcement of a job search that had aroused my curiosity: Adelante was a young French SAP consulting-services company, specialising exclusively on SAP Logistics Execution applications (mainly Warehouse Management and Transportation Management).

Back then, most SAP consulting firms were generalists. The strategy rested upon the fact that many large SAP customers that had implemented core ERP/R/3 (finance, sales, purchasing, inventory) would now seek to replace the ageing Logistics systems (WMS, TMS) and that SAP would be a prime option, because of integration and the fact they had invested and developed heavily in supply chain applications. This proved to be a sound strategy, because it happened exactly as predicted.

A few weeks later, on my way to meet Adelante's partners, I was expecting to meet a typical French entrepreneur – i.e. arrogant and talkative, ready to teach you a lesson and explain his 3-point strategy to win the North American market in 6 months … Just kidding – but after all I spent half of my life in France, so I know that you can indeed bump into people who fulfil every cliché. What a surprise!

After three hours of exciting discussions, I discovered Adelante's values: a passion for logistics and consulting, respect for people, and professionalism. In a professional environment with so many „bullshitters" – again, excuse my French – what

keit, da man die Geräte dazu bringen muss, das zu erledigen, was die Kunden möchten und brauchen – und da man manchmal sogar den Kunden zeigen muss, was genau sie eigentlich wirklich brauchen!

Manchmal kommt dabei auch durchaus etwas Frustration auf, besonders, weil Menschen sich gefühlsmäßig an ein System binden und von ihm abhängig machen, mit dem sie vertraut sind – selbst wenn es nicht besonders effektiv ist. Man braucht viel Taktgefühl, um mit dieser Art Situation umzugehen – ich glaube, diese Art Takt ist ein dritter wichtiger Teil meiner Persönlichkeit, der sich in meiner Arbeit manifestiert!

Da ich immer noch mit viel Leidenschaft an das Planen von Systemen heranging, wechselte ich als Supply-Chain-Consultant zu i2 technologies – damals *der* Marktführer in der fortgeschrittenen Systemplanung, denn SAP APO steckte damals noch in den Kinderschuhen. – Es war eine sehr interessante Zeit, die Ära der Internet-Blase, i2 war damals eines der größten Unternehmen in diesem Zweig. Ich nahm an Supply-Chain-Planungen teil, arbeitete im Verteilerbereich für Barnes & Noble-Buchhändler und für die Luftfahrt und Verteidigung bei Bell Helicopter – eine ideale Ergänzung: das gute alte Medium des Buches, um mit beiden Füßen auf dem Boden zu bleiben, und die phantastische neue Technik der Hubschrauber, um einen immer wieder zu Höhenflügen zu führen!

Als die Internet-Blase die Luft verlor, die Party vorbei war und man sich die Überreste bei Tageslicht besah, war i2 im Niedergang begriffen und wenige Projekte blieben übrig. Zurück in der Welt des SAP wechselte ich zu einer Consulting-Firma in Montreal als SAP-Pre-Sales-Consultant. Dies erlaubte mir, mein Wissen zu erweitern, bis hin zu SAP-LE. – Und dann traf ich auf Adelante …

Ein Freund hatte mir ein Jobangebot weitervermittelt, das mich neugierig machte: Adelante war damals ein junges französisches SAP-Consulting-Service Unternehmen, das sich ausschließlich auf SAP-Logistic-Execution Anwendungen

a breath of fresh air! The vision and niche strategy – leading expertise in Supply Chain applications in SAP – finally convinced me to get involved with this adventure and challenge. Maybe it's because I am a family man – father of four with a fifth child on the way and a man with a passion for cooking and treating friends to great French food and wine – anyway, supporting and helping people is my main motivation.

I count myself lucky that I got the chance to work daily in a job that I feel passionate about, improving people's business life by dealing effectively with the challenges their business might come up with and providing solutions for their respective computer systems. This is my personal form of what people now call man-machine-interface and again the exciting combination of the old and the new – if backing up people might be looked upon as an old-fashioned virtue and computing and organising your activities properly as a new – fangled feature. So it wasn't such a hard decision to quit my comfortable and interesting position to start our practice in Montreal in 2005.

Today, itelligence Canada is established and recognised for its deep expertise in SAP Supply Chain applications, particularly in Logistics Execution in Warehouse and Transportation Management.

We have enjoyed an average annual growth of 40% since 2005. Our team is made up of 20 skilled professionals, dedicated to our customers' satisfaction. Our offices are located in the Old Town district of Montreal, in the francophone province of Québec. Twenty years ago the Old Town was practically abandoned except for a few tourists, now it has revived. European flavour clings to the massive old buildings and the little cobblestone streets. Montreal is in fact one of the oldest cities on our continent – it was already big when New York was still a village.

Nowadays, the Old Town district is brimming with energy, crammed with offices, teeming with young people heading for

spezialisiert hatte (hauptsächlich Lagerungs- und Transport-management). Damals waren die meisten SAP-Consulting-Firmen Generalisten. Die Strategie beruhte auf der Tatsache, daß viele große SAP-Kunden, die ERP/R/3-Systeme (Finanzen, Verkauf, Einkauf, Inventarisierung) verwendeten, sich darum bemühen wollten, ihre veralteten Logistik-Systeme (WMS, TMS) zu ersetzen, und dass SAP dabei die erste Wahl darstellte – wegen der erleichterten Integration und weil SAP viel Wert auf Investitionen und Entwicklungen bei Supply-Chain-Anwendungen gelegt hatte. Dies erwies sich als eine sichere Strategie, da die Entwicklung genau so ablief, wie sie vorhergesagt worden war.

Einige Wochen später, als ich unterwegs war, um die Partner von Adelante zu treffen, erwartete ich eine Begegnung mit einem typischen französischen Unternehmer – also einem arroganten und wortgewandten Menschen, der jedem eine Lektion erteilen wollte und bereitstand, seine Drei-Punkte-Strategie zur Übernahme des nordamerikanischen Marktes binnen eines halben Jahres zu präsentieren … Nur ein Scherz – aber immerhin habe ich mein halbes Leben in Frankreich verbracht, also weiß ich, dass man tatsächlich über Leute stolpern kann, die jedes Klischee erfüllen.

Was für eine Überraschung! Nach drei Stunden anregender Diskussionen hatte ich die Wertvorstellungen Adelantes erkannt: Eine Leidenschaft für die Logistik und das Consulting-Wesen, eine respektvolle Haltung Menschen gegenüber und große Professionalität. In einer beruflichen Umgebung, die so viele „Schlauscheißer" (Pardon!) anlockte, war der frische Wind bei Adelante eine überraschende Abwechslung!

Die Vision des Unternehmens und seine Nischenstrategie – der führende Experte für Supply-Chain-Anwendungen im SAP-Bereich zu sein – überzeugten mich schließlich, mich auf dieses Abenteuer und diese Herausforderung einzulassen.

Vielleicht liegt es auch daran, dass ich ein Familienmensch bin – ich habe vier Kinder und Nummer Fünf ist bereits unter-

trendy bars and nice restaurants; people work, live and party here. Though we get two metres of snow in winter, summers with their bright blue sky might remind one of California. This is the home base of our offices where we serve mostly Large Enterprise customers, located in Québec and Ontario, among whom we can proudly name L'Oréal, Bombardier, Molson Coors and Cirque du Soleil. The Cirque du Soleil especially, is one of the most fun, dynamic environments I've worked in on a project. The people there are young, enthusiastic and proud to be working for „Cirque". They absolutely embody the „Work Hard, Party Hard" tagline. Their business, being entertainment, means

they know how to throw a staff party, which they do twice a year, and this is NOT your typical office party (here I must stop, because what happens at Cirque's Party stays at Cirque's Party …) We had a go-live occurring the same weekend as their Christmas party, and nobody would have wanted to miss it. A lot of aspirin was required! I remember having to do some LSMW upload, at 2am after the party, it was supposed to be 5 minute thing, but turned out to be a 4 hours work. Their cafeteria could be a 5 star restaurant, as they have hired famous chefs: artists and athletes need to be well fed! So you walk into the cafeteria, and you are among these short muscular semi-naked Russian gymnasts, or these little Chinese girls (expert jugglers), who are sometimes wearing costumes because of an upcoming dress rehearsal. Now and again they would have a performance dress rehearsal after lunch in one of the gymnasiums.

Go-lives are always exciting moments, it's a make-or-break sort of time, especially in Logistics Execution systems, where things happen in real-time. Things happen fast, decisions have to be made quickly. and because of this you usually don't sleep much for a couple of days. In this hectic, yet always exciting environment, I had my heroic moments, justified or not: we jumped into a go-live, on a project that we did not

wegs; ich liebe es zu kochen und Freunde mit großartigen französischen Leckereien und Weinen zu bewirten – auf jeden Fall bilden Unterstützung und Hilfe für andere Menschen meine Hauptmotivation. Ich schätze mich glücklich, dass ich die Chance habe, täglich einem Beruf nachzugehen, der mich mit Leidenschaft erfüllt, indem ich das berufliche Leben vieler Menschen verbessere, da ich mich den Herausforderungen stelle, die ihr jeweiliger Beruf bereithält, und Lösungen für die jeweiligen Computersysteme anbiete.

Dies ist meine persönliche Variante der Zusammenarbeit zwischen Mensch und Maschine – und wieder die aufregende Kombination des Alten mit dem Neuen (will man Unterstützung von Menschen als althergebracht und Einrichtung von Computersystemen und Organisation verschiedenster Aktivitäten als neumodisch ansehen). So war es für mich nicht schwer, meinen angenehmen und interessanten Job aufzugeben, um 2005 in Montreal unsere Zweigstelle zu begründen.

Heute ist itelligence Kanada längst fest etabliert und für seine profunden Expertenkenntnisse bei SAP-Supply-Chain-Anwendungen bekannt – besonders im Logistics-Execution-Bereich des Lager- und Transportmanagements.

Seit 2005 ist unser Unternehmen jährlich um durchschnittlich 40 % gewachsen. Unser Team besteht aus 20 gut ausgebildeten Profis, die sich dem Ziel verschrieben haben, unsere Partner zufrieden zu stellen. Unsere Büros befinden sich im Altstadtbezirk von Montreal, in der frankophonen Provinz Quebec.

Vor zwanzig Jahren hatte man die Altstadt praktisch aufgegeben – außer einem Rest Touristik; nun aber hat sie sich wiederbelebt. Die großzügigen alten Gebäude und mit Kopfsteinen gepflasterten Gassen umgeben ein europäisches Flair. Montreal ist eine der ältesten Städte auf unserem Kontinent – es war schon eine große Stadt, als New York noch ein Dorf war. Heutzutage ist der Altstadtbezirk energiegeladen, mit Büros geradezu vollgestopft, und es wimmelt nur so von jungen Leuten, die

lead. It was panicky, totally out of control, the management had no idea what was going on. It was as if they had bought a new car, were driving it blindly, could not see through the windshield and had no dashboard, but it was running, not crashing. So they were asking: „Are we still on the road? Are we running at normal speed?" They did not know if invoicing was correct (they hired accountants to audit the system for a week to validate that billing in SAP was correct! It was standard SD Billing, one of the most robust and reliable things in SAP!).

Thanks to my team on the floor, we were able to find out that the system was working fine, it was just that because of lack of training and change management, users were simply panicking, having lost all their references. We had to fine-tune some things here and there, but basically did not change anything.

We are still, up to this day, considered their heroes, every time I meet them, even now, years later, they thank us and praise us as their „saviours" and remind us of the time when we „saved them" But – apart from exotic and extraordinary encounters, most of all, the most satisfying and gratifying moment of all in this business, is when you hear a user (whether it's a forklift driver in the warehouse or an accounting manager) say: „Look here, let me show what I can do with the system, this is really good, I love it." It does not happen a lot, since people tend to whine and criticise systems, not praise them.

Today we all bitch against MS Word, or Internet Explorer, or one thing or the other, but put yourself back to where we were before, and remember the first time you used a mouse and opened Excel or Word, and remember the awe. Looking into the future is even more riveting than looking back at those special moments.

Currently, we operate primarily in Quebec, and our short term goal is to expand westward, towards Ontario. Our expansion into an anglophone and culturally different market will prove

in die angesagten Bars und gemütlichen Restaurants strömen; die Menschen arbeiten, leben und feiern hier.

Obwohl im Winter der Schnee zwei Meter hoch liegt, erinnern die Sommer mit ihrem strahlend blauen Himmel an Kalifornien. Hier ist die Zentrale unserer Büros angesiedelt, wo wir hauptsächlich mit Large-Enterprise-Kunden arbeiten, die in Quebec und Ontario angesiedelt sind. Zu diesen gehören auch – darauf sind wir stolz! – L'Oréal, Bombardier, Molson Coors und Cirque du Soleil.

Um einige Eindrücke bemerkenswerter Go-life-Erlebnisse in diesem Zusammenhang zu vermitteln: Der Cirque du Soleil ist eine der lebhaftesten und dynamischsten Umgebungen, in denen ich je Projektarbeit geleistet habe. Die Mitarbeiter dort sind jung, enthusiastisch, stolz darauf, für den Cirque zu arbeiten. Sie verkörpern das Motto „Hart arbeiten, heftig feiern" vollkommen. Ihr Business ist das Entertainment; daher wissen sie genau, wie man eine Mitarbeiterparty feiern muss – dies geschieht zweimal im Jahr und es ist KEINE typische Mitarbeiterparty! (Mehr darf ich nicht verraten, denn was auf einer Cirque-Party passiert, dringt nicht nach draußen …) An dem Wochenende, als der Cirque seine Weihnachtsfeier abhielt, hatten wir gerade ein Go-live angesetzt, aber natürlich wollte niemand die Party verpassen – also brauchten wir eine Menge Aspirin! Ich erinnere mich noch, dass ich ein LSMW upload durchführen musste (gegen zwei Uhr morgens nach der Party) – an sich eine 5-Minuten-Angelegenheit – die diesmal aber vier Stunden dauerte … Und dann ab in die Cirque-Cafeteria, die als Sterne-Restaurant durchgehen könnte, weil es dort berühmte Chefköche gibt: Artisten und Athleten müssen gut essen! Man geht in diese Cafeteria, wo die kleinen, aber muskulösen russischen Turner halb-nackt sitzen oder die zierlichen chinesischen Jonglage-Expertinnen. Herrlich!

Go-lives sind immer aufregende Momente, wo es um Alles oder Nichts geht, besonders bei den Logistik-Execution-Systemen, wo alles in Echtzeit vonstatten geht. Alles geschieht so

a new challenge which I am looking forward to immensely. I am keen on watching our business grow and change as well as our old, and yet so young city, Montreal.

schnell, Entscheidungen müssen rasch gefällt werden. Normalerweise schläft man einige Tage lang kaum.

In diesem hektischen, immer aufregenden Umfeld hatte auch ich schon meine heldenhaften Momente: Zum Beispiel klinkten wir uns kurzfristig bei einem Go-live ein, das nicht unserer Leitung unterlag. Alles lief panisch ab, praktisch außer Kontrolle, das Management hatte keine Ahnung, was eigentlich vorging. Es war, als ob sie sich ein neues Auto zugelegt hätten und es blind fuhren, ohne durch die Windschutzscheibe sehen zu können oder ein Armaturenbrett zu haben, aber das Auto fuhr unfallfrei. Also wollten sie wissen: „Sind wir noch auf der Straße? Fahren wir mit Normalgeschwindigkeit?" Sie wussten nicht einmal, ob ihre Rechnungsstellung korrekt war – sie hatten Wirtschaftsprüfer angeheuert, um eine Woche lang zu überwachen, ob die Rechnungsstellung mit SAP korrekt lief – mit Standard SD Billing, einem der robustesten und verlässlichsten Elemente bei SAP …! – Wir mussten noch einige Feinabstimmungen durchführen, aber das führte nicht zu wesentlichen Änderungen. Bis heute sind wir für diese Kunden Helden – jedes Mal, wenn ich ihnen begegne – selbst heute noch, Jahre später, danken sie uns, nennen uns ihre „Retter".

Abgesehen von den exotischen und außergewöhnlichen Begegnungen – der absolut beste Augenblick in diesem Job ist es, wenn ein Nutzer – ob Gabelstablerfahrer im Lager oder Accounting Manager – etwas sagt wie: „Schauen Sie, ich zeige Ihnen, was ich alles mit dem System anstellen kann, das ist wirklich toll!"

Momentan arbeiten wir hauptsächlich in Quebec und unser Ziel ist es, in nächster Zeit nach Westen, nach Ontario, zu expandieren. Diese Expansion in einen anglophonen, kulturell anders geprägten Markt wird eine ganz neue Herausforderung sein, auf den ich mich freue: unser Unternehmen weiter wachsen und sich wandeln zu sehen – so wie unsere alte und doch so junge Stadt Montreal.

The Quest For The New

It is always amazing, where the desire for something new leads.
What was initially the vision of an individual now connects
many people within a new community. Whether at work or in
ones personal life – it all comes down to athletic performance
and personal happiness. Milestones are set, achieved and
moved.

Finally landed. Dresden – Frankfurt – Kuala Lumpur. After a
good 17 hours of travel time in a Boeing 777-200 I took my
first step on Malaysian soil. Immediately the moist, warm
weather strikes us – that feels nice. It is almost a shame when
a few steps later the automated doors open, and we march into
the air-conditioned terminal building. The people at the baggage carousel all look a bit sleepy. Intuitively, all my senses are
switched on.

It was 31 May 2008, and together with my colleague Oliver
Schreiber, I looked at the potential location of Malaysia. We
had three countries on the shortlist for the Outsourcing
Services of itelligence in Asia: Singapore, Malaysia and
China.

I had never been in Asia before in my life. My knowledge of
English was ready for improvement, to put it mildly, or virtually non-existent. And Russian, which I spoke, wouldn't get
me very far either. There was something, however, which I
had: curiosity and the desire to put something new again up
on its feet. In the previous 13 years I had built up the central
worldwide data centre of itelligence as Managing Director in
Bautzen, my home region. 120 people were there at that time.
They had made the outsourcing unit into a success story and
professionally handled maintenance and service of SAP and
IT systems for customers. A great team. With Mirko Kruse I
had a replacement that allowed me to develop a vision and at

Die Suche nach dem Neuen

Es ist immer wieder erstaunlich, wohin die Lust auf Neues führt. Was anfangs die Vision einzelner war, verbindet bald viele Menschen zu einer neuen Gemeinschaft. Ob im Beruf oder Privatleben – es geht um sportliche Leistung und persönliches Glück. Meilensteine werden gesetzt, erreicht und verschoben. Endlich gelandet. Dresden – Frankfurt am Main – Kuala Lumpur. Nach alles in allem 17 Stunden Reisezeit aus einer Boeing 777-200 heraus den ersten Schritt auf malaysischen Boden gesetzt. Sofort schlägt uns das feucht-warme Wetter entgegen – das fühlt sich gut an. Beinahe schade, als wenige Schritte später sich die vollautomatischen Türen öffnen und wir in ein klimatisiertes Flughafengebäude marschieren. Die Menschen am Gepäckband sehen alle noch ein bisschen verschlafen aus. Intuitiv stellen sich bei mir alle Antennen auf Empfang. Es war der 31. Mai 2008, und zusammen mit meinem Kollegen Oliver Schreiber sah ich mir den potenziellen Standort Malaysia an. Wir hatten für die Outsourcing Services der itelligence AG drei Länder in die engere Wahl für das asiatische Standbein gezogen: Singapur, Malaysia und China.

Ich war noch nie im Leben in Asien gewesen. Mein Englisch war gelinde gesagt ausbaufähig, also kaum vorhanden. Mit Russisch, das ich sprach, würde ich hier keinen Blumentopf gewinnen. Eines jedoch hatte ich: Neugier und die Lust wieder etwas Neues auf die Beine zu stellen. In den vorangegangenen 13 Jahren hatte ich in Bautzen, meiner Heimatregion, als Managing Director das weltweit zentrale Rechenzentrum der itelligence AG aufgebaut. 120 Mitarbeitende waren es damals. Sie hatten die Oursourcing Unit zu einer Erfolgsgeschichte gemacht und kümmerten sich um die professionelle Pflege und Wartung der SAP- und IT-Systeme bei Kunden. Ein klasse Team. Mit Mirko Kruse hatte ich einen Stellvertreter, der es

the same time expand what has been achieved. We cultivated a reliable relationship with our customers and constantly saw new worthwhile goals. One was the Asian market. That's where I wanted to go. When I grabbed my suitcase that last Saturday in May from the baggage carousel, went through customs and started to look for a taxi, my excitement grew to immeasurable heights. It was done with discussions in the safe surroundings of well-tempered meeting rooms, on the familiar ground of our home base; it was time for the real life. How I had been waiting for it! That first trip brought us the desired information, and soon it became clear: it was Malaysia – Malaysia should be our location in Asia. The plan was for me to alternate between Germany and Malaysia, spending two weeks in each country before travelling 1,500 km across the South China Sea to the other location. On 13 September 2008, I landed again at Kuala Lumpur International Airport, this time alone and with the mission to establish our office, in the west part of the country with its far larger share of 25 million inhabitants.

The long flight provided an opportunity to reflect on the events. To distract myself I listened to the Safety Instructions. How often would the flight attendant have explained these already? During take-off, when the driving force pushes me into the seat, the machine gains in altitude and the Earth is farther away than ever, I always feel like my inner distance is growing. That 13 September was for me the dawn of a new world.

A different Sunday stroll

There would be an infinite amount of work out here. Flexibility was required. Whether it would work could be seen only after nine to twelve months. But was this situation really new for me? For years I have completed the Ironman and other individual marathons. Anyone who rides 180 kilometres on

mir ermöglichte, Visionen zu entwickeln und dabei gleichzeitig das bisher Erreichte weiter auszubauen. Wir pflegten verlässliche Beziehungen zu unseren Kunden und sahen ständige wieder neue lohnende Ziele vor Augen. Eines davon war der asiatische Markt. Dort wollte ich hin. Als ich an jenem letzten Samstag im Mai am Gepäckband meinen Koffer schnappte, durch den Zoll lief und mir ein Taxi suchte, stieg meine Aufregung ins Unermessliche. Waren es bislang Überlegungen im sicheren Terrain wohltemperierter Meetingräume, auf dem vertrauten Boden unserer Homebase gewesen, so setzte nun das echte Leben ein. Wie hatte ich darauf gewartet! Dieser erste Trip brachte uns die gewünschten Informationen und bald stand fest: Malaysia war es – Malaysia sollte unser Standort in Asien werden. Für mich war geplant, dass ich im Wechsel zwei Wochen in Deutschland und zwei Wochen in dem asiatischen Land verbringen würde, dessen zwei Hälften durch das Südchinesische Meer getrennt werden und rund 1500 km weit auseinanderliegen. Am 13. September 2008 landete ich erneut am Kuala Lumpur International Airport; dieses Mal alleine und mit dem Auftrag, hier, auf der westlichen Landeshälfte mit dem weit größeren Anteil der 25 Millionen Einwohner, unsere Niederlassung zu gründen. Der lange Flug bot Gelegenheit, über die Geschehnisse nachzudenken. Um mich abzulenken hörte ich den Safety Instructions zu. Wie oft die Stewardess diese wohl schon erklärt haben mochte? Jedes Mal, wenn mich beim Start die Schubkraft in den Sitz drückt, die Maschine an Höhe gewinnt und die Erde sich immer weiter entfernt, spüre ich wie mein innerer Abstand wächst. So auch am 13. September. Aufbruch in eine neue Welt.

Ein Sonntagsspaziergang sähe anders aus

Es würde unendlich viel Arbeit werden. Flexibilität war über die Maßen gefordert. Ob es funktionieren würde, ließ sich frühestens nach neun bis zwölf Monaten sagen. Aber war mir

his bike after he has swam 3.8 km and after that voluntarily runs 42,195 km, is looking for a challenge in other areas of life. This sport provides a solid feel for how long the route may be and how much energy it will take to arrive safely at the goal. At the same time it provides a profound sense of humbleness regarding accomplished achievements. The special blend of perseverance, patience and determination has preserved me both in sports and in business time and again. Immediately after landing in Kuala Lumpur the wow factor gripped me. This time I was travelling alone and the return flight was due to leave in just two weeks. I was excited as I stepped inside a taxi with suitcase and notebook in hand. The road to the hotel led us past modern office buildings and streets filled with an international audience. Sounds, smells and always the look of strange faces – I was thrilled. In the preparatory phase I informed myself about the country, and learned about the high level of industrialization and globally competitive infrastructure. At this moment however, all these impressions hit me in real time.

On your marks, get set, go ... itelligence Malaysia

In the coming weeks and months the creation of the company was the central point of focus. Only with an independent, regionally based firm name could I attract customers. So I set off at full speed. Mr. Ho was very important in this for me.

Mr. Ho and his team of three belonged to NTT Com, an international telecommunications company, which also holds shares in itelligence AG. This allowed for a sort of family connection from the start and provided me a first business address in their local data centre. The experienced Mr. Ho was there for me, the European, with valuable advice, and guided the way through the jungle of the companies' founding. From him I learned a lot about the business rituals, that delays here ...

denn diese Situation neu? Seit Jahren absolvierte ich den Ironman und zwischendurch einzelne Marathons. Wer an einem Tag 180 Kilometer auf dem Fahrrad zurücklegt, nachdem er 3,8 Kilometer geschwommen war und als nächstes freiwillig 42,195 Kilometer läuft, der sucht auch in anderen Leben die Herausforderung. Dieser Sport vermittelt ein solides Gefühl dafür, wie lange die Strecke sein darf und welche Energie es braucht, um sicher im Ziel anzukommen. Gleichzeitig stellt sich eine tiefe Demut vor erbrachter Leistung ein. Und die spezielle Mischung aus Ausdauer, Geduld und Zielstrebigkeit hatte sich bei mir sowohl im Sport wie auch im Beruf immer wieder bewährt. Unmittelbar nach der Landung in Kuala Lumpur setzte der Wow-Effekt ein. Dieses Mal war ich alleine unterwegs und der Rückflug war erst auf zwei Wochen später gebucht. Die Aufregung packte mich, als ich mit Koffer und Notebook in der Hand am Flughafen ins Taxi stieg. Der Weg ins Hotel führte vorbei an modernen Bürokomplexen und die Straßen waren voll mit internationalem Publikum. Geräusche, Gerüche und immer wieder der Blick in fremde Gesichter – ich war begeistert. In der Vorbereitungsphase hatte ich mich über das Land informiert, wusste unterdessen um den hohen Industrialisierungsgrad und die weltweit wettbewerbsfähige Infrastruktur. In diesem Augenblick aber stürmten all diese Eindrücke in Echtzeit auf mich ein.

Auf die Plätze, fertig, los ... itelligence Malaysia

In den nächsten Wochen und Monaten stand die Firmengründung im Zentrum. Erst mit einem eigenständigen, regional verankerten Unternehmensnamen konnte ich Kunden ansprechen. Also legte ich mit Hochdruck los. Dabei spielte Mister Ho eine wichtige Rolle für mich.
Mister Ho und sein dreiköpfiges Team gehören zu NTT Com, einem internationalen Telekommunikationsunternehmen, das auch Anteile der itelligence AG hält. Dies ermöglichte mir auf

well … are part of daily life. I kept on learning new things about the importance of relationships, and if anything: Bersekutu Bertambah Mutu – unity is strength; the motto of Malaysians!

Until not so long ago I had believed the Germans to be world champions of bureaucracy, but here I learned a new dimension of nitpicking. While the necessary signatures were obtained, all the laws fulfilled, and countless stamps were placed on forms, half a year went by. Several golden rules were learned along the way – and patiently Mister Ho explained relevant regulations, laws and attitudes. He was highly suitable as a „peacemaker" and was aware of the differences between cultures. I probably made a lot of unwanted mistakes in those first few weeks, something that he would never admit to however. Instead, he took advantage of my impatience and channelled it into meaningful actions. A hearty and smart person.

The team sprints off

Mr. Ho also accompanied me, when exactly a year after my arrival in Malaysia I had my first job interview – in English! Was my stomach pain visible for everyone? The founding of the firm was finally in the bag and we had a separate address in a prestigious professional data center, so I had high hopes to inspire the right colleagues. But what kind of impression would I make as a German with bumpy language skills?

Cindy Megasari luckily cared little about such things. The IT expert was aware of the reputation of SAP in Asia and saw her opportunity in our corporate vision. In September 2009 she signed the contract. To this day we laugh about this situation because of course she had felt that the European wanted to say more than he could verbally. Two weeks later the Malaysian Chinese Chong Sin Shean, Lake Sui Ni and Wei Tan Kean came to us. Now we were a team on site, the launch finally happened and we were highly motivated to finally convince

Anhieb eine Art Familienanschluss und gewährte mir im dortigen Rechenzentrum eine erste Firmenadresse. Der erfahrene Mister Ho stand mir, dem Europäer, mit wertvollen Ratschlägen zur Seite und begleitete den Weg durch den Dschungel der Firmengründung. Von ihm lernte ich viel über Geschäftsrituale, dass hier Verspätungen … nun ja … zum täglichen Leben gehören, lernte immer wieder Neues über die Bedeutung von Beziehungen, und überhaupt: Bersekutu Bertambah Mutu – Einheit ist Stärke, der Wahlspruch der Malaysier!

Hatte ich allerdings bislang die Deutschen für Weltmeister in Sachen Bürokratie gehalten, erfuhr ich nun eine neue Dimension von Erbsenzählerei. Bis die nötigen Unterschriften eingeholt, alle Gesetze erfüllt und unzählige Stempel auf Formulare gesetzt waren, ging ein halbes Jahr ins Land. Diverse „goldene Regeln" wollten unterwegs beachtet sein – und geduldig erklärte mir Mister Ho Vorschriften, Gesetze und Einstellungen. Er eignete sich hervorragend als „peacemaker" und spürte die Unterschiede der Kulturen. Wahrscheinlich machte ich in diesen ersten Wochen ohne es zu wollen viele Fehler, was er mich jedoch nie spüren ließ. Vielmehr nutzte er meine Ungeduld und kanalisierte sie in sinnvolle Aktionen. Ein herzenskluger Mensch.

Das Team spurtet los

Er begleitete mich auch, als ich genau ein Jahr nach meinem Antritt in Malaysia das erste Einstellungsgespräch führte – auf Englisch! Ob man mir meine Bauchschmerzen ansah? Die Firmengründung war endlich in trockenen Tüchern, unsere eigenständige Adresse in einem renommierten Rechenzentrum wirkte professionell, und so hatte ich gute Hoffnung, die richtigen Kolleginnen und Kollegen zu begeistern. Welchen Eindruck würde ich wohl als Deutscher mit holprigen Sprachkenntnissen hinterlassen?

Cindy Megasari kümmerte sich zum Glück wenig um solche

local customers. I'm in no doubt, that my sporting background helped me in this time jump many hurdles. The regular training helped me to process the constant change between the time and climate zones. Apart from that it was pleasant to network after a session of badminton. How was it again? Bersekutu Bertam …? As always, sport unites people. Not to mention that with the daily private or semi-commercial contacts my English skills improved, and thus my sphere of activity increased. In the end what mattered from the beginning on was to position the outsourcing services and generate business. Lectures and presentations for potential customers or at events, were in some way part of everyday life.

Endorphins create feelings of happiness
– also in business

As in endurance sports where after a period of physiological stress the release of endorphins create elation, we experienced a corresponding boost in business in January 2010. Would the excellent reputation of SAP be sufficient to establish a new business model? We managed to become a certified SAP Global Hosting Partner. However, the outsourcing of computing services to this region presented a new topic. With the first mandates for itelligence Malaysia the uncertainty disappeared. The feelings of joy increased when, in August 2011, two major Japanese customers signed long-term contracts and we realised that the market had accepted us. Our team grew and grew. Initially, a small office with five workstations in the computer center of NTT Com was sufficient. It was narrow, the desks were close to each other and the information flow continued uninterrupted. Looking back, this almost family-like situation now feels like the good old days. But with a growing number of employees it quickly became too small there. What followed was move after move after move. Recently our landlord began to plan a new data center for March

Gedanken. Die IT-Expertin wusste um den guten Ruf von SAP in Asien und erkannte ihre Chance in unserer Unternehmensvision. Im September 2009 unterschrieb sie den Vertrag. Noch heute schmunzeln wir über diese Situation, denn natürlich hatte sie gespürt, dass der Europäer mehr sagen wollte als er sprachlich konnte. Zwei Wochen später stießen die malaysischen Chinesen Chong Sin Shean, See Sui Ni und Tan Kean Wei zu uns. Nun waren wir ein Team vor Ort, der Startschuss endgültig gefallen und wir bis in die Haarspitzen motiviert, endlich hiesige Kunden zu überzeugen. Keine Frage, der Sport hob mich in dieser Zeit über viele Hürden hinweg. Das regelmäßige Training half mir, den ständigen Wechsel zwischen den Zeit- und Klimazonen zu verdauen. Außerdem ließ es sich nach einer Session Badminton gut networken. Wie war das noch gleich? Bersekutu Bertam ...? Wie auch immer, Sport verbindet die Menschen. Ganz zu schweigen davon, dass sich mit dem täglichen privaten oder halb-geschäftlichen Umgang meine Englischkenntnisse verbesserten und damit mein Aktionsradius zunahm. Schließlich galt es von Anfang an, die Outsourcing Services zu positionieren und Geschäft zu generieren. Präsentationen und Vorträge bei potenziellen Kunden oder auf Veranstaltungen gehörten irgendwann zum täglichen Leben.

Endorphine erzeugen Glücksgefühle – auch im Geschäft

Wenn im Ausdauersport nach einer Weile der Belastung die Ausschüttung von Endorphinen für Hochgefühle sorgt, so erlebten wir einen entsprechenden unternehmerischen Schub im Januar 2010. Sollte das ausgezeichnete Standing von SAP genügen, um ein neues Geschäftsmodell einzuführen? Wir hatten es geschafft, als SAP-Global-Hosting-Partner zertifiziert zu werden. Dennoch stellte das Outsourcing von Rechenleistung für diese Region ein neues Thema dar. Mit den ersten Mandaten für intelligence Malaysia wich die Ungewissheit. Die Glücksgefühle verstärkten sich, als im August 2011 zwei große japani-

2012, and we reserved room for 60 working places. Theoretically, this should last for a year or two. We shall see.

This all sounds too good to be true? Since 13 September 2008, I have been aware every day that I am a Central European, and thus a stranger. There is an incredible diversity of cultures and nationalities here. We work with leading, highly innovative technologies and live in an ancient country with a long tradition. Of course also blunders are inevitable. Did I expect that close to Chinese New Year people would work? For two weeks nothing was possible. Today I know that. Today I also know that in a team meeting I should not introduce a Chinese Malaysian as a Malay. Even if he has a Malaysian passport, he feels Chinese – there still are certain limits for the beautiful Bersekutu Bertambah Mutu. My young team of IT experts responded with a great outcry on the one hand and a big smile on the other: Yes, yes, those Europeans, they never learn!

The question of the chicken or the egg

The many sides of learning a language, and especially learning this language has changed my life completely: After studying it for long periods of time, I enrolled in a Language Exchange. This involves two people getting together and teaching one another their mother tongue. I wanted to improve my English, and my partner would learn German from me. What a fascinating woman I met through this venture. Sharifah Anum Zainal! My ambition to learn mingled with the feeling of butterflies in my stomach. The sympathetic Malaysian fascinated me from the start, and I waited impatiently for the next appointment. This date came – and then many others, and with them a lot of really nice lessons. We are now married. *Bersekutu Bertambah Mutu.* To get married there was not easy. We needed each 18 stamps on two separate forms before we were able to tie the knot in the traditional way. I was able to seal the marriage in the Malaysian language, Bahasa Malay.

sche Kunden langfristige Verträge unterschrieben und es beleg-
te: Der Markt akzeptierte uns. Unser Team wuchs und wuchs.
Anfangs hatte uns ein schmales Büro mit fünf Arbeitsplätzen in
dem Rechenzentrum von NTT Com gereicht. Es war eng gewesen, die Schreibtische standen nahe beieinander und der Infor-
mationsfluss lief nahtlos. Die beinahe familiäre Situation fühlt
sich rückblickend an wie eine „gute alte Zeit". Mit wachsender
Mitarbeiterzahl aber wurde es dort bald zu klein. Seither folgte
Umzug auf Umzug auf Umzug. Als jüngst unser Hausherr für
März 2012 ein neues Rechenzentrum zu planen begann, reser-
vierten wir uns Raum für 60 Arbeitsplätze. Theoretisch sollte
dies für ein oder zwei Jahre reichen. Wir werden sehen.

Fettnäpfe gibt es, um sie zu treffen

Klingt das alles zu glatt um wahr zu sein? Seit dem 13. September 2008 spüre ich täglich, dass ich Mitteleuropäer und damit
ein Fremder bin. Hier herrscht eine unvorstellbare Vielfalt der
Kulturen und Nationalitäten. Wir arbeiten mit hochaktuellen
Technologien und leben in einem uralten Land mit langer Tradition. Da lassen Fettnäpfe nicht auf sich warten. Dachte ich,
dass rund um das chinesische Neujahrsfest gearbeitet würde?
Zwei Wochen ging gar nichts. Heute weiß ich das. Heute sehe
ich auch, dass ich einen chinesischen Malaysier im Team-
meeting nicht als Malay vorstellen darf. Selbst wenn er einen
malaysischen Pass besitzt, fühlt er sich als Chinese – da gab es
gelegentlich doch gewisse Grenzen für *Bersekutu Bertambah
Mutu*. Mein junges Team aus IT-Experten jedenfalls reagierte
mit großem Aufschrei einerseits und breitem Grinsen auf der
anderen Seite: Ja, ja, diese Europäer, die lernen es nie!

Die vielen Seiten einer Sprache

Das Lernen schließlich, ausgerechnet das Lernen dieser fremden Sprache sollte mein Leben vollends verändern: Nachdem

Partaking in an Ironman competition while Anum's waiting at the finish line is indeed a great feeling. It is nevertheless something I should not get used to. When will she run her first marathon? She is very enthusiastic and we often train together. This is the best way for me to get to know my new home, which is part of the city of Puchong. I still commute, but now I spend only a quarter of my time in Europe and three quarters in Asia. Due to this change, I can feel Malaysia has had an impact on my attitude. Today I have a different view on the notions on flexibility and openness. Meetings, naturally start on time. However, if for some reason they are postponed by one or two hours, we are still able to achieve the desired results.

It is important to be patient while keeping your eye on the prize – living with different cultures feels familiar.

ich mir die Sprache über lange Phasen hinweg selbst angeeignet hatte, schrieb ich mich in einem Language-Exchange-Kurs ein. Es arbeiten hierbei immer zwei Studierende zusammen und unterrichten sich jeweils in der Sprache des anderen. Ich wollte mein Englisch ausbauen, und mein Gegenüber sollte von mir Deutschunterricht erhalten. Was für eine faszinierende Frau betrat in der ersten Stunde den Raum – Sharifah Anum Zainal! Schulischer Ehrgeiz mischte sich mit einem Schwarm von Schmetterlingen im Bauch. Die sympathische Malaysierin faszinierte mich, von der ersten Stunde an, und ungeduldig wartete ich auf den nächsten Termin.

Dieser Termin kam – und dann viele weitere und mit ihnen viele wirklich schöne Unterrichtsstunden. Inzwischen sind wir verheiratet. Bersekutu Bertambah Mutu …

Auch das war nicht so ganz einfach zu bewerkstelligen. Es brauchte pro Person ganze 18 Stempel auf einem Formular, bevor wir uns auf traditionelle Weise das Ja-Wort geben konnten. Das konnte ich übrigens dann schon auf Bahasa Malay, der malaysischen Sprache.

Dass Anum im Ziel steht, wenn ich einen Ironman mitmache, ist zwar ein tolles Gefühl, jedoch darf ich mich daran nicht gewöhnen. Wie lange es wohl dauern wird, bis sie selbst ihren ersten Marathon läuft? Sie ist mit Begeisterung dabei und oftmals trainieren wir zusammen. Auf diese Weise lerne ich meine neue Heimat rund um die Stadt Puchong am besten kennen. Nach wie vor pendle ich, aber inzwischen verbringe ich nur noch ein Viertel meiner Zeit in Europa und drei Viertel in Asien. In diesem Wechsel spüre ich, wie Malaysia meine Haltung geprägt hat. Heute buchstabiere ich Flexibilität und Offenheit anders. Sicher beginnt ein Meeting pünktlich. Sollte es sich jedoch um ein oder zwei Stunden verschieben, kommen wir auch zu den gewünschten Ergebnissen. Geduld und gleichzeitig das Ziel im Auge behalten – das Leben mit den verschiedenen Kulturen fühlt sich vertraut an.

The Plastic Dics

The blooming of the flowers, subtle hues, a flower's length and the way in which it leans – the combinations create a unique expression. Reiko never imagined she would become this absorbed in Japanese traditional flower arrangement, which she took lightly when she first started. The flowers that represent the beautiful Japanese four seasons inflate the creative imagination. The completed pieces express the mood of the occasion. Reiko is passionate about the time she spends on the flowers. It relieves stress from tough IT projects.

Being an SAP implementation project manager for major Japanese corporations never bores Reiko and provides many challenges. Why did she choose to work on SAP? To this day, she clearly remembers. With college graduation coming up, it was time to think about her career. Reiko studied information mathematics that utilised computation models and computers, so it was only natural for Reiko to become interested in IT; which was a rapidly growing industry at the time.

She spoke to different graduates from her college. One time, a gentleman who was flourishing as a consultant for SAP that was gaining attention in Japan took out a CD-ROM from his bag and explained, „This plastic disk only costs a few dollars, but the software in it is worth tens of millions of yen. It's important software that supports IT systems of large companies and it's being developed by a German enterprise called SAP". Even with regards to the celebrated IT industry, Reiko only knew about personal computers and mainframe computers in air-conditioned rooms. She couldn't even imagine what corporate information systems were like.

However, Reiko took a liking to the sound of SAP, and was fascinated by the possibilities. Hard to imagine this thin

Das Plastik–Scheibchen

Die Blüten der Blumen, die zarten Farbtöne, die Länge einer
Blume und ihre Art, sich zu neigen – die Kombinationen kre-
ieren einen einzigartigen Ausdruck. Reiko hätte nie gedacht,
dass sie von traditionellen japanischen Blumenarrangements
derart gefesselt werden würde. Doch die Blumen, die Japans
wunderschöne vier Jahreszeiten repräsentieren, entfachen ihre
Kreativität. Die fertigen Gestecke drücken ihre Stimmung im
Augenblick der Entstehung aus.

Reiko ist mit Leidenschaft bei der Sache, wenn sie ihre Zeit
den Blumen widmet. Es hilft, den Stress abzubauen, den sie
durch schwierige IT-Projekte hat. Ihr Beruf als Managerin für
die Durchführung von SAP-Projekten bei großen japanischen
Firmen langweilt sie nie und hält viele Herausforderungen
bereit. – Warum fiel ihre Wahl auf SAP? Sie erinnert sich genau. Reiko studierte Informatik, man hat mit Modellrechnun-
gen und Computern zu tun, da lag IT nahe – die zu dieser Zeit
eine rasant wachsende Branche war.

Sie sprach mit vielen verschiedenen Absolventen von ihrem
College. So kam es, dass einmal ein Herr, der erfolgreich als
Berater für SAP arbeitete und die gerade dabei waren, in
Japan Aufmerksamkeit zu erlangen, eine CD-Rom aus seiner
Tasche holte und erklärte: „Diese Plastikscheibe kostet nur ein
paar Dollar, aber die Software darauf ist mehrere zehn Millionen Yen wert. Es ist eine wichtige Software, die IT-Systeme
von riesigen Firmen unterstützt, und sie wurde von einem
deutschen Unternehmen namens SAP entwickelt.“

Selbst im Hinblick auf die gefeierte IT-Branche wusste Reiko
nur etwas von Kleincomputern und Zentralcomputern in klimatisierten Räumen. Sie konnte sich nicht einmal vorstellen,
wie Informationssysteme von Firmen überhaupt aufgebaut
sind. Doch Reiko gefiel, was sie von SAP hörte, und sie war

disk is so valuable, she reflected. Reiko wanted to work with SAP, whatever it took. And so her job search began.

There is a recruitment recommendation system for scientific students in Japanese universities. Companies provide universities with a recommendation allotment to secure talented engineers. The company Reiko chose was NTT DATA. NTT DATA is a company that provides many crucial systems that support the Japanese economy, such as postal savings, social insurance, satellite information, and the „zengin" banking network. In the latter half of the 1990s, the SAP business at the company was still small scale. In a company with over 8,000 employees, the SAP section only had thirty. During her employment interview, in her training report for new employees, and every chance she had; Reiko repeated, „I want to work with SAP". The 400 colleagues who entered the company at the same time as Reiko, found it strange. The most sought after project in the company at the time was a supergiant systems project to support the country. Because of her enthusiasm, Reiko was assigned to the small section with only thirty employees. The senior manager in charge of this section was the current NTT DATA President, Mr. Toru Yamashita.

NTT DATA has its origin in the data communication department of NTT, which used to be a public company. Accordingly, it had superb achievements in the public and financial sectors. In 1988, the company spun off and became publicly listed. At the time when Reiko entered the company, there was still plenty of room for growth in businesses geared towards private enterprise. She never had a chance to speak with Mr. Yamashita directly. However, one of the strategies presented by Mr. Yamashita, a person who was god-like for a new employee in a large organisation, was the expansion of the ERP business. It was the period of emergence of the ERP business and three ERP's (NTT DATA's own ERP, Oracle, and SAP) were at the core.

fasziniert von den Möglichkeiten. „Kaum vorstellbar, dass diese dünne Scheibe so wertvoll ist", dachte sie. Reiko wollte unbedingt mit SAP arbeiten – und so begann ihre Jobsuche.

Ein Empfehlungssystem zur Einstellung von Studenten der Naturwissenschaften an japanischen Universitäten stellt den Unternehmen Kontingente an talentierten Ingenieuren sicher. Das Unternehmen, das Reiko auswählte, war NTT DATA. Es ist ein Betrieb, der der japanischen Wirtschaft viele unterstützende Systeme bereitstellt – Postsparen, Sozialversicherungen, Satelliteninformationen und das „Zengin"-Bankennetzwerk. In den späten 1990ern war das SAP-Geschäft in diesem Unternehmen immer noch sehr bescheiden. In dem Betrieb mit über 8 000 Beschäftigten hatte die SAP-Abteilung nur 30 Mitarbeiter. Beim Bewerbungsgespräch, im Übungsbericht für neue Arbeitskräfte und überhaupt bei jeder Gelegenheit wiederholte Reiko: „Ich möchte mit SAP arbeiten." Die 400 Kollegen, die zeitgleich mit Reiko antraten, fanden das seltsam. Das begehrteste Firmenprojekt zu dieser Zeit war ein gigantisches Systemvorhaben zur Unterstützung des Landes. Aufgrund ihres Enthusiasmus' wurde Reiko der kleinen Abteilung mit nur 30 Beschäftigten zugewiesen.

Im Führungsstab dieser Abteilung war der jetzige NTT DATA-Vorsitzende, Herr Toru Yamashita. NTT DATA hat seinen Ursprung in der Abteilung für Datenkommunikation von NTT, das in öffentlicher Hand war. Es hatte gewaltige Erfolge im öffentlichen und im Finanzsektor. 1988 wurde das Unternehmen ausgegliedert und an der Börse notiert. Als Reiko eintrat, gab es noch große Wachstumspotenziale für die Privatwirtschaft. Reiko hatte keine Gelegenheit, persönlich mit Herrn Yamashita zu sprechen. Doch eine der Strategien, die von Herrn Yamashita – einer Person, die für einen neuen Angestellten in einer riesigen Organisation einem Gott gleichkam – präsentiert wurden, war die Ausweitung des ERP. In jener Zeit kam die ERP-Wirtschaft gerade auf und drei ERPs (NTT DATAs eigene ERP, Oracle und SAP) standen im Zentrum.

Reiko's first job was technical engineer for a SAP implementation project consisting of 50 people in the field of BASIC. Reiko chose the mathematics department in high school because she took an interest in statistics after hearing that the position and quantity of corners of „konpeito" (a Japanese sugar candy with irregular shape) can be derived mathematically. She made full use of this curiosity by becoming absorbed in the fascinating aspects of open system technology. She never grew tired of the progress in servers, networks, relational networks; where new technology continued to emerge.

After spending an enriching two years, Reiko's boss called her in to tell her, „Miyajima-san, is starting next month, I want to assign you to one of NTT DATA's subsidiaries". This was an IT subsidiary that NTT DATA acquired from a famous Japanese electrical machinery manufacturer six months before. It was expanding outside sales by leveraging knowledge gained through SAP implementation at their parent company (which was expanding globally).

In Japanese society, being assigned to a subsidiary can be considered a demotion. It was a place where someone who could not compete at the head office goes with no hope of return. Of course, this was the old way of thinking, but it still left a poor impression on her parents. They worried and said, „Reiko, did you do something wrong? What a terrible company. Sending a promising, young, third year employee to a subsidiary". However, Reiko had no apprehension at all. She felt that as long as she can gain experience in the SAP business, it didn't matter what company she went to. In contrast to the parent company NTT DATA, whose target was large enterprises, this subsidiary's main clients were SMEs. The scale of projects was smaller and everything had to be handled by the project members themselves. There was no company support function established such as purchasing. As Reiko was assigned to a project team with only five people, she truly realised how privileged

Reikos erster Job war eine Stelle als technische Ingenieurin für ein SAP-Einführungsprojekt, 50 Leute im Bereich von BASIC. Reiko wählte in der High School den mathematischen Zug, interessierte sich für Statistik, nachdem sie gehört hatte, dass die Position und Anzahl der Ecken von „konpeito" (eine japanische Süßigkeit mit unregelmäßiger Form) mathematisch hergeleitet werden könne. Ihre Neugier entzündete sich an den faszinierenden Erscheinungen der offenen Systemtechnologie, konnte gar nicht genug bekommen vom Fortschritt der Server, der Netzwerke, der relationalen Datenbanken, wo ständig neue Technologien auftauchten.

Nachdem zwei bereichernde Jahre vergangen waren, rief Reikos Chef sie zu sich und teilte ihr mit: „Miyajima-san. Es beginnt nächsten Monat – ich möchte dich in einer der NTT DATA-Tochtergesellschaften anstellen." Es war eine IT-Tochtergesellschaft, die NTT DATA sechs Monate zuvor von einem bekannten japanischen Elektromaschinenhersteller erworben hatte. Es erweiterte sich jenseits des Vertriebs, indem es das Wissen, welches durch die SAP-Einführung im Mutterunternehmen (das global expandierte) gewonnen wurde, zu seinem Vorteil nutzte.

In der japanischen Gesellschaft kann es als Degradierung angesehen werden, wenn man zu einer Tochtergesellschaft abbestellt wird. Es ist ein Ort, an den jemand geht, der im Hauptunternehmen nicht mit der Konkurrenz mithalten kann und der keine Hoffnungen auf eine Rückkehr zu hegen braucht. Natürlich ist das veraltetes Denken, aber es hinterließ bei ihren Eltern dennoch einen schlechten Eindruck. Sie machten sich Sorgen und sagten: „Reiko, hast du etwas falsch gemacht? Was für ein schreckliches Unternehmen – schickt einfach eine vielversprechende junge Arbeitskraft im dritten Jahr zu einer Tochterfirma." Reiko hatte jedoch keinerlei Befürchtungen, solange sie Erfahrungen mit SAP sammeln konnte.

Im Gegensatz zur Muttergesellschaft NTT DATA mit großen Unternehmen als Kunden waren die Kunden dieser Tochter

she was to have worked in the environment she had for the last two years. She also wondered whether she was merely fulfilling a role assigned by her boss in a large environment.

The project plan given by the manager was clearly understaffed. In addition, the installation site was located three hours by train from Tokyo and this commute time put pressure on the project schedule. All project members worked hard in these conditions.

Reiko fulfilled her role diligently without complaint. She ordered expensive servers on her own which cost millions of yen. Of course she was nervous, as she had never made such a large purchase for herself. Once the servers arrived, she unpacked them, activated them, and then performed the setup on her own. She installed the development network, and performed installation and configuration of dozens of client PCs on her own. After countless tests and checks, it was ready for shipment. She carefully packed the servers she spent dozens of hours working on, and loaded them on to a truck headed for her client. She then boarded the Shinkansen train from Tokyo to Nagoya. About an hour later, the magnificent Mt. Fuji came into view. She then took a bite of a cutlet sandwich, her favourite. It was a moment of rest as she prepared for field work. Just as she loaded the servers onto a server rack in an air-controlled machine room, the client's IT manager intervened, „Not there, we need them over here please". But the rack sizes were different, making storage impossible.

Being an emergency situation, she called the manager immediately. Her mistake created a crisis in the project everyone worked so hard on, but there was no time to be discouraged. She doesn't remember getting any sleep for several days after. It was one of the most difficult experiences she can remember.

In her current position as manager, she cannot fall apart no matter how difficult the situation. She is grateful for her expe-

hauptsächlich Mittelständler. Die Projekte waren kleiner und alles musste von den Beteiligten selbst in die Hand genommen werden. Es gab keine vom Unternehmen eingerichtete Unterstützerfunktion wie Hilfe bei Beschaffungen. Als man Reiko einem Team mit gerade einmal fünf Leuten zuteilte, wurde ihr klar, wie privilegiert ihr voriges Arbeitsumfeld gewesen war.

Im Projektplan, welcher ihnen der Manager vorgab, waren deutlich zu wenige Mitarbeiter einkalkuliert. Zusätzlich war der Installationsort drei Zugstunden von Tokio entfernt und diese Pendlerzeit erhöhte den Zeitdruck bei der Projektumsetzung.

Unter diesen Bedingungen arbeiteten alle Projektteilnehmer hart. Auch Reiko erfüllte ihre Aufgabe sorgfältig und ohne Grund zu Beanstandungen. Sie bestellte selbstständig teure Server, die Millionen von Yens kosteten. Selbstverständlich war sie nervös, da sie noch nie alleine solch einen großen Kauf getätigt hatte. Als die Server ankamen, packte sie sie alleine aus, aktivierte sie und machte dann alleine das ganze Setup. Sie installierte das Netzwerk und führte die Installationen und Konfigurationen von Dutzenden von Kunden-PCs selbstständig durch. Nach zahllosen Testdurchläufen und Prüfungen waren sie versandbereit.

Vorsichtig verpackte sie die Server, mit denen sie dutzende Stunden Arbeit zugebracht hatte, und lud sie auf den Transporter, der zu ihrem Kunden fahren sollte. Anschließend bestieg sie den Shinkansen-Zug von Tokio nach Nagoya. Etwa eine Stunde später kam der großartige Mount Fuji in Sichtweite. Danach nahm sie einen Bissen von einem Schnitzelbrötchen, ihrem Lieblingsbrötchen. Es war ein Augenblick der Ruhe, in dem sie sich für den Außendienst vorbereitete.

Gerade als sie die Server auf ein Regal im klimatisierten Raum stellte, unterbrach sie der IT-Manager des Kunden: „Nicht dort, wir brauchen sie hier drüben, bitte." Aber die Größe der Regale war anders und machte das Aufstellen unmöglich. Da sie sich in einer Notsituation befand, rief sie ihren Manager an. Ihr Fehler verursachte eine Krise des Projekts, an dem jeder so hart

rience early in her career that taught her there is always a solution to every problem. One experience led to another and she gained experience through many SAP projects. Around the time she attained confidence as an engineer, she was teamed with a young engineer dispatched by a subcontractor she had worked with for many years. He was a quiet and serious-minded engineer that would tend not to follow her directions. Reiko did not react immediately and just observed for a while, and then one day she confronted him using a strong tone. Maybe now he will finally change, she hoped. But the end result was different. The sub-contractor's department manager one day asked to speak to her. He was a humble man around the same age as her father. Reiko expected him to say something to the effect of, „I apologize on behalf of my employee for the problems caused. I will tell him to devote himself more"; but what the manager said took Reiko by suprise. „He wants to quit. We can no longer work with someone who emotionally corners our important employee. We're going to have to ask you to withdraw from this project," said the manager. Cooperation from this business partner who had vast experience was essential in completing this media industry project.

However, more than this business-oriented reasoning, it irritated Reiko that her casual remark would hurt someone's feelings. Everyone has to exert high performance in order to achieve difficult tasks. At least I made many efforts and have committed to this project. This is what Reiko thought was the norm, but was she wrong?

IT service work is thought of as being very technical, as it makes full use of computers and software; but it is the assembly of tens of people that carry it out. Success can't be achieved unless the expertise, experience, knowledge, and capabilities of individual members are put to full use. Excellent negotiating ability is needed to define requirements with clients. Convincing presentations and workshops are required to gain

gearbeitet hatte, doch es war keine Zeit, sich entmutigen zu lassen. Sie kann sich nicht erinnern, dass sie in den Tagen danach schlief. Es ist eine der bittersten Erfahrungen, an die sie sich erinnern kann. In ihrer heutigen Position als Managerin haut sie nichts um, egal wie schwierig es wird. Sie ist dankbar für ihre Erfahrung, die sie früh in ihrer Karriere gemacht hat und die sie gelehrt hat, dass es zu jedem Problem eine Lösung gibt.

Auf ein Erlebnis folgte das nächste, und so gewann sie durch viele SAP-Projekte an Erfahrung. In der Zeit, in der sie als Ingenieurin Selbstbewusstsein erlangte, war sie im Team mit einem jungen Ingenieur, der von einem Zulieferer, mit dem sie seit vielen Jahren zusammengearbeitet hatte, gesandt worden war. Er war ein zurückhaltender und ernster Ingenieur mit einem Hang dazu, ihre Anweisungen nicht zu befolgen. Reiko reagierte nicht sofort, sondern beobachtete das Ganze eine Weile. Dann, eines Tages, ging sie auf Konfrontation, indem sie einen harschen Ton anschlug. „Vielleicht wird er sich jetzt endlich ändern", hoffte sie. Aber der Effekt war ein anderer.

Der Abteilungsleiter der Zuliefererfirma bat sie eines Tages um ein Gespräch. Er war ein bescheidener Mann im ungefähr gleichen Alter wie ihr Vater. Reiko erwartete, dass er etwas in die Richtung sagte wie: „Ich entschuldige mich im Namen meines Angestellten für die entstandenen Probleme. Ich werde ihm klarmachen, dass er sich mehr fügen muss." Aber was der Manager sagte, verschlug ihr die Sprache. „Er möchte kündigen. Wir können nicht länger mit jemandem zusammenarbeiten, der einen wichtigen Arbeiter von uns emotional in die Enge treibt. Wir müssen Sie bitten, sich aus dem Projekt zurückzuziehen", sagte der Abteilungsleiter.

Eine Kooperation mit diesem Geschäftspartner, der beträchtliche Erfahrungen hatte, war unabdingbar für das Gelingen dieses Auftrags aus der Medien-Branche. Mehr als diese geschäftsorientierte Argumentation irritierte Reiko jedoch, dass ihre flüchtige Bemerkung jemandes Gefühle verletzt hatte. „Jeder muss höchste Professionalität aufbringen, um eine schwierige

the support of departments that tend to resist new system implementation. During emergencies, all project members must work together to resolve the problem. It is definitely a „people business".

Projects succeed because project members think it is rewarding, are able to think individually, make the best efforts, and deliver results. Projects will not succeed if any individual's strength is lacking. In the end, project members praise each other's hardships and efforts and clients show appreciation. Also, you feel a strong bond with other members with whom you went through thick and thin. As more projects are completed, you gain more of these „colleagues". This is the reason Reiko is fascinated by IT projects.

Reiko thought, I wonder what will happen to the career of that engineer who lost confidence due to my words and actions. If unsatisfied with the role given, just change jobs. Maybe this is how European and American IT engineers think. Regardless, he lost confidence in his abilities as an engineer. A career change while young is not favourable in Japanese society where long-term

employment is still predominant. There may be significant negative effects on him personally, as even professionals have parents and family. More important than being a professional engineer, we are one person that lives in a large society. There is no value to jobs or companies that do not respect this idea. Maybe it is difficult for our European and American colleagues to understand, but I feel this is very important because I work in a Japanese company where there is high job stability. Among my colleagues who entered NTT DATA the same year as I did, 80% are still with the company. I know everyone in this company who is involved in the SAP business and have worked with almost half of them. I know a lot about their strengths and weaknesses, how they deal with people, their actions and ideas when facing a difficult situation. Every time a new project is launched, I am excited about the grouping of

Aufgabe angehen zu können. Ich zumindest gab mir sehr viel Mühe und habe mich voll für dieses Projekt eingesetzt." Reiko dachte, dass dies die Norm sei, aber lag sie falsch?

IT-Dienstleistungen werden als sehr technische Arbeiten angesehen, insofern, als sie den Gebrauch von Computern und Softwares voraussetzen. Aber es handelt sich dabei um das Zusammenspiel von zehn oder mehr Leuten, die das Ganze durchführen. Erfolg kann sich nur einstellen, wenn Expertise, Erfahrung, Wissen und Fähigkeiten einzelner Mitarbeiter voll ausgenutzt werden. Hervorragende Verhandlungsfähigkeiten sind notwendig, um Aufträge mit den Kunden festzulegen. Es bedarf überzeugender Präsentationen und Workshops, um die Unterstützung von Abteilungen zu erhalten, die dazu neigen, sich gegen den Einsatz neuer Systeme zu wehren. Bei Notfällen müssen alle Projektteilnehmer zusammenarbeiten, um das Problem zu lösen. Es ist definitiv ein „Menschengeschäft". Projekte haben Erfolg, weil Projektteilnehmer der Meinung sind, dass es sich lohnt, weil sie selbstständig denken können, weil sie sich alle Mühe geben und weil sie Ergebnisse abliefern. Projekte scheitern, wenn irgendwelche Kräfte eines einzelnen fehlen. Am Ende loben die Projektmitglieder den Fleiß und die Anstrengungen der anderen. Auch Kunden zeigen ihre Wertschätzung. Man fühlt eine starke Bande mit den anderen Teilnehmern, mit denen man durch dick und dünn gegangen ist. Wenn mehrere Projekte abgeschlossen sind, hat man mehr solcher Kollegen gewonnen. Das ist der Grund, weshalb Reiko so fasziniert von IT-Projekten ist.

Reiko dachte: „Ich frage mich, was aus der Karriere dieses Ingenieurs wird, der aufgrund meiner Worte und Handlungen das Selbstvertrauen verlor. Falls man mit der vorgegebenen Rolle unzufrieden ist, wechselt man einfach den Job. Vielleicht ist das die Art und Weise, wie europäische und amerikanische IT-Ingenieure denken. Ungeachtet dessen verlor er das Vertrauen in seine Fähigkeiten als Ingenieur. Ein Karrierewechsel in diesem jungen Alter ist ungünstig in der japani-

its members. I see he is the manager for this project. He has a certain personality, so I will complement him in these areas. We cooperate with each other this way to take on large projects that take hundreds of working hours. When the mission is accomplished, we gain colleagues with who we experienced joys and hardships.

The department manager who yelled at her is now one of Reiko's important coworkers. Reiko is currently a manager of a thirty person project. There are many types of managers. Reiko places utmost importance on communication among team members. Not only communication at work; but also friendly relations and atmosphere, as well as the spirit of concern and helping each other. E-mailing each other while sitting next to each other is unfathomable. Reiko confronts her boss and clients vehemently to avoid being misled by ambiguous instructions and indecisive requirements from clients; as well as being forced to adhere to an impossible schedule. Even with such efforts, easy projects do not exist. The leader's role is not only to accomplish the task. They must also pay attention to the maintenance of the group's human relations in which the members rely on and help each other. It is because of these bonds that members work together and produce the best results. In retrospect, what instilled this thinking in Reiko might be baton twirling from her junior high and high school days.

As a child, Reiko always ran around and played with boys. But once she entered junior high and began to enter womanhood, she took up baton twirling. This sport is a rhythmic gymnastics team competition that uses a 12 inch baton. Approximately twenty team members execute synchronised dance and baton handling, and is judged based on its beauty. Some members are better at dance and some are brilliant at handling the baton; some are good at both, some are not good at either. The overall routine's beauty and brilliance is achieved by matching each other's breathing and rhythm

schen Gesellschaft, in der Langzeitbeschäftigung immer noch überwiegt. Es könnte entscheidende negative Auswirkungen für ihn persönlich haben, denn selbst Experten haben Eltern und Familie. Wichtiger als ein professioneller Ingenieur zu sein, ist, zu erkennen, dass jeder ein Individuum ist, das in einer großen Gesellschaft lebt. Jobs und Unternehmen, die diese Ansicht nicht teilen, sind nicht von Wert. Vielleicht mag es für europäische und amerikanische Kollegen schwierig sein, das zu verstehen, aber ich habe das Gefühl, dass dies sehr wichtig ist, weil ich in einem japanischen Unternehmen arbeite, in dem eine hohe Arbeitsplatzstabilität herrscht. Von meinen Kollegen, die im gleichen Jahr zu NTT DATA kamen wie ich, sind immer noch 80 % in der Firma. Ich kenne jeden in dieser Firma, der mit SAP zu tun hat und ich habe nahezu mit der Hälfte von ihnen schon zusammengearbeitet. Ich weiß eine Menge über ihre Stärken und Schwächen, darüber, wie sie mit Menschen umgehen, und über ihre Reaktionen und Ideen, wenn sie mit einer schwierigen Situation konfrontiert werden. Jedes Mal, wenn ein neues Projekt ansteht, bin ich auf die Zusammenstellung seiner Teilnehmer gespannt. Ich schaue mir an, wer der Manager des Projekts ist. Er hat einen bestimmten Charakter, das heißt, ich muss ihn auf diesem Gebiet vervollständigen. Wir kooperieren auf diese Weise miteinander, damit wir riesige Projekte stemmen können, für die Hunderte von Leuten Monate brauchen. Wenn der Auftrag bewältigt ist, gewinnen wir Kollegen, mit denen wir Erfolge und Durststrecken erfahren haben.

Der Abteilungsleiter, der Reiko angebrüllt hat, ist jetzt einer ihrer wichtigen Mitarbeiter. Momentan ist Reiko Managerin eines 30-Mann-Projekts. Es gibt viele Managertypen. Reiko hält Kommunikation der Teamkollegen untereinander für äußerst wichtig. Aber nicht nur Kommunikation beim Arbeiten, sondern auch freundschaftliche Beziehungen und eine freundliche Atmosphäre sowie Teamgeist, was bedeutet, dass man sich umeinander kümmert und sich gegenseitig hilft,

while complementing each other. As vice-captain, Reiko felt that her role was to create a good atmosphere for her members. She continued diligently almost every day for six years during her teens. Even as an adult, this work ethic remains with her.

One of the project managers Reiko admires is Koichi Miyazaki. After many years of experience in the SAP business, Reiko recently began receiving the lead role for major projects. Doing this type of work without knowledge of SAPs is inconceivable. However, Mr. Miyazaki was appointed the person in charge to lead a SAP project with no prior SAP business experience whatsoever. Everyone expected him to have a difficult time. But he went against this expectation and succeeded in this large project with a scale of over sixty people.

This wasn't magic. He was very adept at negotiating with clients, risk readiness, and team management that made full use of individual member characteristics and strengths. All project members want to work with him again. He is a genuine project manager that can likely manage projects outside of IT systems as well. Reiko hopes to be like him one day.

Reiko's favorite moment in her busy daily schedule is when she returns home late and finally has a calming moment to herself. On weekends, she partakes in her favourite hobby of cooking. She makes enough food for the week so she can concentrate on work on weekdays. She also enjoys underground theatre and thinks about the project which may be supported by the behind-the-scenes effort of theatre members. Perhaps she is comfortable in her time alone because she is constantly thinking about her team members. After some time off, it's time again to go compete as a professional. She looks forward to meeting more colleagues at the company she is so passionate about.

A project can be thought of like a flower arrangement. In that sense, Reiko enjoys her lifelong hobby of flower arrangement

sind ausschlaggebend. Sich gegenseitig E-Mails zu schreiben, während man nebeneinander sitzt, ist nicht begreiflich.

Reiko begegnet ihrem Chef und ihren Kunden energisch, um zu vermeiden, dass sie sich von mehrdeutigen Anweisungen und unklaren Kundenaufträgen irreführen lässt, und auch, um zu vermeiden, dass sie sich auf einen unmöglichen Zeitplan einlässt. Selbst bei solchen Anstrengungen gibt es so etwas wie leichte Projekte nicht.

Die Rolle der Leiter ist es nicht nur, den Auftrag zu erfüllen. Sie müssen auch auf die Aufrechterhaltung der menschlichen Beziehungen innerhalb der Gruppe achten, damit die Mitglieder sich aufeinander verlassen und gegenseitig helfen. Es liegt an diesen Beziehungen, dass Teamkollegen zusammenarbeiten und die besten Ergebnisse erzielen.

Rückblickend mag der Twirling-Sport an der Junior High School und an der High School Reiko diese Denkweise eingegeben haben. Als Kind tobte und spielte Reiko immer mit Jungs. Aber als sie in die Junior High School kam und weiblicher wurde, ging sie zum Baton Twirling. Diese Schulsportart ist ein der rhythmischen Sportgymnastik ähnlicher Mannschaftssport mit 12-Inch-Stäben. Ungefähr 20 Teammitglieder führen synchrones Tanzen und Stabwirbeln aus, und beim Wettkampf wird das Urteil anhand des ästhetischen Gesamtausdrucks gefällt. Einige Teamkollegen sind beim Tanzen besser, andere sind im Umgang mit dem Stab brillant, wieder andere sind in beidem gut und manche können weder das eine noch das andere richtig. Die Schönheit des Gesamtbildes wird erreicht, indem man die Atmung und den Rhythmus aneinander anpasst und sich ergänzt. Als Vize-Kapitän fühlte sich Reiko dafür verantwortlich, eine gute Atmosphäre für ihre Teamkollegen zu schaffen. Sie trieb diesen Sport pflichtbewusst fast jeden Tag und das für sechs Jahre ihrer Jugend. Sogar als Erwachsene behielt sie diese Arbeitsmoral bei.

Einer der Projektmanager, die Reiko bewundert, ist Koichi Miyazaki. Nach vielen Jahren Erfahrung mit SAP begann

with her company colleagues as they work together on projects. Many years from now, when Reiko sees a picture of the flowers she arranged last week, we can only wonder what feelings the flowers will be expressing.

Reiko neulich, die Führungsrolle für große Projekte zu erhalten. Es ist unvorstellbar, diese Art der Arbeit ohne SAP-Wissen zu machen. Mr. Miyazaki jedoch wurde dazu ernannt, als verantwortliche Person ein SAP-Projekt zu leiten, obwohl er keine frühere SAP-Erfahrung oder Ähnliches hatte. Jeder erwartete, dass er eine schwere Zeit haben würde. Aber entgegen aller Erwartungen hatte er bei diesem großen Projekt mit einem Umfang von über 60 Leuten Erfolg. Das war keine Zauberei. Er war bei Verhandlungen mit Kunden sehr geschickt, besaß Risikobereitschaft und verstand sich bei seinem Teammanagement darauf, die Eigenschaften und Stärken seiner einzelnen Teammitglieder perfekt einzusetzen. Alle Projektteilnehmer wollen wieder mit ihm zusammenarbeiten. Er ist ein echter Projektmanager, der wahrscheinlich auch Projekte außerhalb von IT-Systemen bewerkstelligen könnte. Reiko hofft, eines Tages wie er zu sein.

Reikos liebster Augenblick in ihrem straffen Tagesablauf ist, wenn wie spät nach Hause kommt und endlich einen ruhigen Moment für sich hat. An den Wochenenden widmet sie sich ihrem Lieblingshobby, dem Kochen. Sie bereitet genügend Essen für die ganze Woche zu, sodass sie sich an den Werktagen auf die Arbeit konzentrieren kann. Sie mag auch Untergrundtheater und sinnt über das Projekt nach, das sozusagen durch dem Einsatz von Theaterleuten hinter der Bühne unterstützt wird. Vielleicht fühlt sie sich beim Alleinsein wohl, weil sie ohnehin dauernd über ihre Teamkollegen nachdenkt.

Nach ein bisschen Freizeit ist es wieder Zeit, als Geschäftsfrau anzutreten. Sie freut sich darauf, mehr Kollegen in dem Unternehmen zu treffen, an dem ihr Herz hängt.

Ein Projekt kann man sich vorstellen wie ein Blumenarrangement. In diesem Sinne genießt Reiko ihr lebenslanges Hobby des Blumensteckens mit ihren Kollegen, da sie zusammen an Projekten arbeiten. In vielen Jahren, wenn Reiko ein Foto der Blumen sieht, die sie letzte Woche gerichtet hat, können wir nur raten, welche Gefühle die Blumen ausdrücken.

Tom Saeys   *Netherlands*

KAUST – A World Within A World

In October 2007, on the coast of the Red Sea in the Kingdom of Saudi Arabia, King Abdullah University of Science and Technology officially breaks ground: The world-class, graduate-level research university, to be built in Thuwal in the dessert near Rabigh, is situated between the two Holy Places. Medina in the North and Mekka in the South, 120 km from Thuwal. The main campus, covering more than 36 million square meters, is taking its first steps in its journey from vision to reality.

A „Super-University" was to be created, as the media put it, emphasizing King Abdullah Bin Abdulaziz Al Saud's investment of some 12,5 billion Dollars. The media were again enthusiastic in 2008, when the King Abdullah University of Science and Technology, also known as KAUST, announced that it had selected SAP to support the main university's administrative functions including student administration.

Later in 2008, we at the Benelux outlet of Itelligence had our own reason to celebrate. We were selected to support SAP and KAUST with the implementation of SAP Student Lifecycle Management (SLcM), and as KAUST is built from the ground up with no legacy systems, we were invited to visit the offices of the University in Jeddah. Proud that we were chosen as the partner of this promising new international University in a rather closed country and society, we also were curious about the Arabic World. Hearing about the foreign culture of Saudi Arabia, we wondered whether we'd need some kind of training or cultural coaching before visiting the KAUST representatives. However, in the end there was not enough time for real training. We managed to inform ourselves via the internet and exchange experiences and information. The embassy also provided some useful information for us to use.

Datenmenge und -verwaltung. Allerdings soll das SLcM mehreren Anwenderseiten und Verwendungszwecken dienen. Da ist das Studentensekretariat, welches wichtige Daten wie Prüfungen und Einschreibegebühren überwachen muss. Da ist eine entsprechende Studentenschaft mit ihren Ansprüchen. Da ist der Lehrkörper mit seinen Erfordernissen. Wenn wir auch nicht zusätzlich mit den akademischen Inhalten zu tun bekamen in unseren Datenbanken, was wiederum eine ganze Welt für sich ist, so mussten doch alle übrigen Daten und Unterlagen aus einem studentischen Werdegang für alle Beteiligten nutzbar werden – wobei jede dieser Gruppen wieder spezifische Zugangsbedingungen und Zugriffsbereiche hat.

Hierbei handelt es sich um typische Aspekte einer öffentlichen Stelle und Verwaltung – ein Aspekt dieser Kultur, ein interkultureller Aspekt zugleich, und wir hatten einige Erfahrungen mit diesen Strukturen, da wir IT-Berater einiger größerer Universitäten gewesen waren, so der Uni in Leuven, Belgien, oder der Uni in Amsterdam, Holland.

Es sind große Bildungseinrichtungen wie KAUST etwas völlig anderes als eine Firma oder ein Kunde aus der üblichen Wirtschaft. Man ist da in einer höchst anspruchsvollen Umgebung tätig, in der es viele verschiedene Kulturen gibt. Man muss sich das einmal vorstellen:

Eine Universität mit der bekanntermaßen eigenwilligen Intellektuellen-Kultur von hochrangigen Lehrern mit ihren Studenten, die ja Anfänger in den Wissenschaften sind – und die prallen auf arrivierte Forscher von Weltklasse.

Ein Erziehungssystem mit seinen pädagogischen Ansprüchen – das auf die wirtschaftlichen Interessen von Weltmarktführern trifft.

Die Vielfalt von Fakultaäten und ihren speziellen Bedürfnissen und Kulturen, im vorliegenden Falle 11 Fachbereiche für den Anfang, darunter so zukunftsweisende Felder wie Photovoltaik und Erneuerbare Energie, wie unterirdische

Each of these three departments are in a universe of their own. These three departments consisted of teams that came together from Denmark, New Zealand, India, Australia, Saudi Arabia, Egypt, Latin America, China, the US, and elsewhere. Never will one find a patch-work so multifaceted in economy. However, this might be why it is not so difficult to cope with all these different cultures: There are too many of them. Especially now, having entered phase

two of our job, with not only the KAUST itself built up in the former desert, but also a whole city has developed with all the necessary facilities and one of the SHAHEEN super-computers with 222 teraflops. Now we are in a very special working atmosphere. People from 60 nations and all continents around us. Or let's put it in other words: 60 cultures of studying, working, and living. That means, a single culture, even that of our Arabic host, doesn't mean too much here. No one holds the guideline. It is obvious, and all of them know it: They were only one amongst many!

And as in the old idea of the academic court, the campus, they come together in equality. That is once you enter the campus at KAUST!

Outside you'll have to face the strict roles and traditions of the Wahhabit culture. Inside gender equality takes place. A 9-hole golf range with its natural grass green only some hundred meters from dry dessert sand, and a private beach for the staff of a liberal campus separated from the view of the surrounding country by a wall several meters high which is obviously not only erected to secure data and instruments of this centre of scientific excellence …

Yes, we expected the gender aspect to be strong. So we decided to go East as a mere male team. And yet, the cultural differences find their expression. For instance we found the eleven to twelve days journeying to our Arabic partner most fitting.

Because of the different Muslim week, Friday is the highest

CO_2-Speicherung, wie Biotech und Nanotechnologie, wie Meeresbiologie, wie Computerwissenschaften und IT …

Dann muss man sich ferner vergegenwärtigen, dass wir hier in einer arabischen Gesellschaft unterwegs waren – die sich eben anschickte, Schüler und Lehrer aus der ganzen Welt zu beherbergen.

Dazu eine junge Hochschule mit gigantischem Wachstum – die sich in der Welt der traditionsreichsten Akademien mit ihren oft langwierigen Beschlussfindungen und Aktivitäten einen Platz erobern will.

Und obendrein unser eigener Job, der im Wechselspiel mit gleich drei Departments getan werden musste – zum ersten dem Studentensekretariat, zum zweiten dem IT-Berater-Team und zum dritten dem „Business Transformation Team", zusammengesetzt aus einigen Repräsentanten von KAUST, welche darauf schauen sollten, dass die Endnutzer zufrieden sein würden – und jedes dieser drei Departments ein Kosmos in sich.

Zu allem Überfluss kamen die Mitglieder jedes Teams wiederum von überall her, aus Dänemark und Neuseeland, aus Indien und Australien, aus Saudi-Arabien und Ägypten, aus Lateinamerika und China, aus den USA und wer weiß woher noch. – Man wird kaum je eine solche Buntheit in der freien Wirtschaft finden.

Andererseits mag genau dies der Grund dafür sein, dass es am Ende doch nicht so schwer war, mit dieser Kulturenvielfalt umzugehen: Es gab zuviele davon. Besonders jetzt, da wir in die zweite Phase unserer Arbeit eintraten, in der nicht nur KAUST selbst aus dem Boden schoss, sondern gleich eine ganze Stadt mit allen Versorgungseinrichtungen entstand und inzwischen ein Super-Computer vom Typ SHAHEEN mit seinen 222 Teraflops Leistung am Laufen war –

– da waren wir nun in einer wirklich besonderen Arbeitsatmosphäre. Leute aus 60 Nationen und von allen Kontinenten um uns herum. Oder anders gesagt: 60 Kulturen des Studierens, des Arbeitens, der Lebensführung. Das hieß aber

day of the week with the traditional Friday prayer of outstanding importance for all Muslims. With the week there beginning on our Saturday, Thursday and Friday are free. So we found it suitable to start our working phases on Monday, staying over the holy Friday and Saturday till second next Thursday, there last day of the week. And after the next four visits leading us to the KAUST campus since December 2011 another surprise concerning these different cultures occurred.

The three of us travelling there in the operation modus of the project, again were part of a multinational team. Five people IT consultants, five people from Registrations office, IT director of KAUST, a Saudi, some ten to fifteen rather different people in direct contact – but the population of KAUST had become an interesting world within a world. They all are young people. They all have similar attitudes, being polyglot, globally experienced people of nearly the same age range. Enthusiastic people with high-potential, living with their families, as married people are encouraged to come to KAUST. A unique atmosphere, everybody interested in exchange, perfectly working together. An oasis of knowledge!

It is great to be a part of it. It linked us to KAUST's industrial partners like Siemens, involved in KAUST's biotech research, like General Electric, involved in the Solar Energy developments at KAUST, like Boeing, involved in the translation of knowledge into economic growth and job creation, like dozens of SMBs from the fields of food industry, sustainable energy, medical and pharmaceutical companies, maritime products and technologies, and much more. All connected to a young and energetic environment of an academy like KAUST. All with a keen interest in the translation of knowledge into economic growth and job creation.

And even more, KAUST becomes part of a global network of old and new high schools. Universities of Stanford (Cali-

eben, die einzelne Kultur, selbst die unserer arabischen Gastgeber, hatte keine beherrschende Bedeutung mehr. Es gab hier keine Leitkultur. Es war offensichtlich und allen klar: Jede war eine unter vielen!

Und wie in der alten Idee vom akademischen Zentrum, dem Campus, kamen hier alle in Gleichheit zusammen – naja: jedenfalls sobald man einmal den Campus der KAUST betreten hatte! Außerhalb hatte man die strengen Regeln der Traditionen einer wahhabitischen Kultur zu gewärtigen, herinnen dagegen gab es die Gleichberechtigung der Geschlechter. Ein 9-Löcher-Golfplatz mt seinem Green aus Naturgras nur einige hundert Meter entfernt vom trockenen Wüstensand, ein Privatstrand für die Mitarbeiter des liberalen Campus, durch eine mehrere Meter hohe Mauer von den Blicken des umliegenden Landes abgeschnitten – selbstverständlich nicht nur, um die Ergebnisse und Instrumente dieses Zentrums wissenschaftlicher Exzellenz zu schützen …

Ja, wir hatten den Geschlechter-Aspekt als bedeutsam vorausgesehen. Deshalb hatten wir beschlossen, als reines Männer-Team in den Osten zu gehen. Aber dann fanden die kulturellen Unterschiede doch ihren Ausdruck. Beispielsweise fanden wir es bald sinnvoll, unsere Arbeitsaufenthalte bei unserem arabischen Partner in 11 bis 12 Tageseinheiten einzurichten. Der anderen Wocheneinteilung bei den Moslems halber: Der Freitag ist der höchste Tag der muslimischen Woche, das Freitagsgebet ist von größter Bedeutung für alle Muslime. Die Woche beginnt dort mit unserem Samstag, Donnerstag und Freitag sind frei. Also musste es passend scheinen, unsere Arbeitsphasen montags zu beginnen und über den heiligen Freitag bis zum nächsten Donnerstag zu bleiben, dort dem letzten Tag der Woche.

Mittlerweile haben wir seit Dezember 2011 weitere vier Besuche auf dem Campus der KAUST hinter uns, und eine weitere interkulturelle Überraschung trat auf: Wir drei, die wir nun zum eigentlichen operativen Abschnitt des Projekts

fornia), of Cambridge (UK) and of Munich are partners of KAUST, and we – providing the Student Life-Cycle Management – participating.

anreisten, waren wiederum Teil eine multinationalen Teams, fünf IT-Berater, fünf Leute vom Studentensekretariat, der IT-Direktor von KAUST – ein Saudi –, zehn bis fünfzehn ganz unterschiedliche Leute als unmittelbarer Arbeitskontakt – aber die Population der KAUST war zur bemerkenswerten Welt in der Welt geworden. Sämtlich junge Leute. Sämtlich mit ähnlichen Verhaltensweisen, polyglotte, welterfahrene Leute von annähernd gleichem Alter. Enthusiastische High-Potentials, die mit ihren Familien hier leben, da inzwischen Verheiratete an der KAUST nachdrücklichen Vorrang erhielten. Eine einzigartige Atmosphäre, jedermann auf Austausch aus, ein perfektes Miteinander. Eine Oase des Wissens!

Es ist großartig, hieran teilzuhaben. Es bringt uns mit den Industriepartnern von KAUST zusammen, etwa mit Siemens, beteiligt an der Biotech-Forschung von KAUST, oder mit General Electric, beteiligt an der Solarenergie-Forschung von KAUST, oder mit Boeing, beteiligt an der Umsetzung des Wissens in wirtschaftliches Wachstum und Recruitments von KAUST, oder mit etlichen Mittelständlern aus so zukunfts-trächtigen Bereichen wie Nahrungsmittelindustrie, Nach-haltiger Energie, Medizin- und Pharma-Unternehmen, Meereskunde und vielen mehr – alle mit dem frischen und vitalen Start einer Hochschule wie KAUST verbunden, alle mit einem lebhaften Interesse an der Umsetzung von Wissen in wirtschaftliches Wachstum und in die Schaffung von Ar-beitsplätzen.

Zudem wird KAUST derzeit Teil und Teilhaber an einem glo-balen Netzwerk von alten und jungen Hochschulen. Uni-versitäten wie die Stanford University in Californien, Cambridge in England oder die Münchner Uni sind Partner von KAUST geworden – und wir, die wir das Student Life-cycle Management bereitstellen, mittendrin.

Ina Baum   **Germany**

Intercultural Intermission:
The Long Run – And Lots Of Short Cuts

My mother always used to say: „Travellers have many stories to tell." – She was definitely right: people who travel a lot will have many experiences. A traveller will encounter new places, new people and foreign cultures and – once back home – he will be able to share his newly gained knowledge: Knowledgeable and rich in knowledge.

Quite so! What about this recent strange invitation by a colleague from India? Wasn't it really weird that they kept nodding at whatever you said?

Indeed most Indians will quickly nod „yes" at whatever is being said – even if they don't seem to be sure whether they want to (or are able to) agree. They will tell you „No problem!" even if they might not be able to take in the whole situation.

„No problem," one might say as well, but:

If something goes wrong, you will start feeling doubts about them: But they did say: „Yes!" Why don't they cope with the matter now? And you will catch yourself thinking: They are not reliable at all – and already you will feel disappointed and frustrated. And you will prefer working on your own in future. But right at the beginning, during your first conversation, you overlooked something.

Nodding „yes" is part of the Indian culture. Silence does not automatically imply agreement!

Silence after a question has been asked or silence during discussion does not imply approval.

„At home" it's like this: If I propose an idea to a colleague and he remains silent, he does not object. So I will naturally assume that he agrees. But this rule will not apply for Asia.

While „at home" we would immediately start a discussion,

Interkulturelles Intermezzo:
Die große Reise – und die vielen kurzen Wege

Meine Mutter hat immer gerne gesagt: „Wenn einer eine
Reise tut, dann kann er was erzählen." – Recht hatte sie: Wer
viel herumkommt in der Welt, der erlebt viele Geschichten.
Er lernt andere Orte, neue Menschen und fremde Kulturen
kennen, von denen er dann – wieder zuhause – kenntnisreich
erzählen kann. Kenntnisreich und reich an Erkenntnis.
Genau! War da nicht neulich, eingeladen zu indischen
Kollegen, etwas Merkwürdiges? War es nicht irgendwann ganz
eigenartig, dass sie dort ständig zu allem nickten? Tatsächlich
sagen die meisten Inder zu jedem Satz, den man äußert, rasch
ein „Ja!" – auch wenn sie offenbar noch nicht sicher sind, ob
sie zustimmen möchten und können. Sie sagen „Kein Problem!", wo sie vielleicht noch gar nicht alles überschauen.
„Kein Problem", könnte man sich da seinerseits sagen, aber:
Wenn es dann mal nicht klappt, dann kommen einem Zweifel
an ihnen: Die haben doch „Ja!" gesagt! Warum schaffen sie es
denn jetzt nicht? Und schon denkt man sich: Auf die kann
man sich ja wohl doch nicht wirklich verlassen – und schon
ist man enttäuscht und frustriert. Und man macht „sein Ding"
lieber alleine weiter.
Dabei war ganz am Anfang, im ersten Gespräch schon, etwas
übersehen worden. Das Ja-Sagen der Inder hat mit deren Kultur
zu tun. Still zu sein etwa heißt dort nicht automatisch Zustimmung! Stille auf eine Frage hin oder Schweigen in einer
Debatte bedeuten noch lange nicht Konsens.
Bei uns „zuhause" ist das so: Wenn ich meinem deutschen
Kollegen eine These vorschlage und er schweigt, dann hat er
nicht widersprochen – und das heißt dann ganz selbstverständlich, ich kann von seiner Zustimmung ausgehen. Im asiatischen Raum ist das jedoch völlig anders.

work out objections and suggest other possibilities, the eastern idea of respect implements restraint – not presenting one's own ideas and objections right away.

But how is one to deal with those diametrical mentalities? Are we supposed to assume that every „yes" uttered is actually a „no" in disguise? Should we get paralysed by our business partners' silence?

„Travellers have many stories to tell …" The German version of this clever saying about travelling and story-telling originates from song lyrics written by Matthias Claudius, who lived during the 18th century. His clever quote has travelled through time a lot and during all that time it has not lost even a small amount of its universal validity.

Nowadays, if you are working for and with a company like itelligence AG, you will always travel. And on the other hand you will receive travellers from all over the world all the time. Especially where the latest itelligence developments are concerned, you are always on the road and keep meeting people from many different countries on your own home turf. Everything is buzzing with all kinds of stories. The company used to be very receptive about this from the start and made open-mindedness its very own motto. During the last three to five years, however, the company has experienced such growth that they had to keep on buying little units on the international market. This expansion led the staff on an everlasting journey to places far away from Germany and kept mixing staff and clients in many different ways.

So you are lucky if you know how to travel and know about the pitfalls as well! You are lucky if you are prepared to live on foreign ground and to accept the new and different customs prevailing in those countries. Remember the Indians and their quick agreement. In such cases, you may fall back on some very simple remedy, which we have forgotten about long ago – especially when we are travelling by plane, focused on our tight schedules: *You have to take your time!*

Während wir „bei uns" sofort diskutieren, Gegenargumente formulieren, Möglichkeiten entgegenhalten, gebietet die östliche Auffassung von Respekt, dass man zunächst zurückhaltend ist mit einer eigenen Anschauung und mit Gegenmodellen.

Aber wie geht man nun um mit diesen zwei diametralen Umgangsformen? Soll man jedes äußerliche „Ja" für ein inneres „Nein" halten, sich am Ende gar vom Schweigen der Partner lähmen lassen?

„Wenn einer eine Reise tut …": Dieser kluge Satz über das Reisen und über das Geschichten-Erzählen stammt ursprünglich aus einem Liedtextchen von Matthias Claudius, und der lebte im 18. Jahrhundert. Sein kluger Satz ist nicht nur seinerseits schon viel herumgekommen, sondern er hat auch von seiner Allgemeingültigkeit kein bisschen verloren.

Wenn man heute in und mit einem Unternehmen wie der itelligence AG unterwegs ist und darin arbeitet, dann tut man ständig Reisen. Und man empfängt auch umgekehrt laufend Reisende aus aller Welt. Speziell mit den neuesten Entwicklungen bei itelligence ist man fortwährend auf Achse, man begegnet am eigenen Standort Menschen aus aller Herren Länder, und es summt nur so von den verschiedensten Geschichten. Hierfür war die Firma von Anfang an sehr offen, war insgesamt auf Offenheit hin orientiert. Aber erst seit drei bis fünf Jahren ist ein so starkes Wachstum zu verzeichnen, dass immer wieder kleine Einheiten international hinzugekauft werden müssen. Und dies führt, wie in einer riesigen Reise, hinaus aus Deutschland und mischt Belegschaft wie Kundschaft bunt und immer neu zusammen.

Gut, wenn man sich da auf das Reisen versteht und sich auf die Tücken des Reisens vorbereitet hat. Gut auch, wenn man weiß, dass man in die Fremde kommen wird und dass in ihr neue und andere Gewohnheiten gelten. Wie etwa bei den Indern mit ihrem raschen Ja-Sagen. Dort hilft nämlich etwas ganz Einfaches, das wir schon lange nicht mehr in unserem

That is, you have to take your own time and let your business partner take his. I have to let my business partner take his time!

That is to say: During an Asian-European meeting you will not be able to deal with all the issues at once. While for Americans and Europeans it may seem appropriate to talk about as many topics and decide on as many issues as possible during one single efficient and focused meeting, Asians tend towards scheduling a series of meetings.

Instead of one gigantic meeting to fix all decisions, in Asia one prefers a series of short meetings: getting to know each other, getting more closely acquainted, being able to judge each other. And then finally one can turn to business.

The big journey itelligence AG has been undertaking, the business action and the rapid development – none of them were stopped by any perceptible „borders" so far.

The journey will proceed in different stages, develop different phases, which now and again might have an effect resembling that of a temporary „border".

But this sort of border might be useful. It provides helpful breaks. Within these borders stories may happen. During these phases new, unforeseen, strange things may happen – and they may be taken in and talked about and therefore understood.

One of the most recent and surely most important stages is the fact that for some time our company has been having a dominant Japanese shareholder. This meant more international activity outside Germany, created new connections and stories – and a new way of understanding and self-understanding. All of this is extremely useful and necessary if you want to develop up-to-date strategies for the growth of an expanding company.

Reflecting upon your own company culture and the differences it displays compared to other companies, will not only assist the big picture, but also every single employee:

Blickfeld haben, schon gar nicht beim Reisen mit dem Jet und prall gefülltem Time-Table: *Man muss sich Zeit lassen!*
Das will heißen, man muss sowohl sich selbst als auch dem Gegenüber Zeit lassen. Ich muß meinem Gesprächspartner Zeit geben! Anders formuliert: Es kann in einem asiatisch-europäischen Gespräch nicht alles auf ein Mal geklärt werden. Während es der amerikanisch-europäischen Mentalität entspricht, in einer einzigen effizienten, geballten, konzentrierten Verhandlung möglichst viel zu klären und zu entscheiden, ist man im Asiatischen eher auf Serien von Begegnungen eingestellt. Statt unserer alles entscheidenden Mammut-Sitzung bevorzugt man dort eine Vielzahl von kürzeren Treffen, in denen man sich zunächst kennenlernen kann, sich dann annähert, allmählich auch persönliche Aspekte voneinander erfährt, sich mit der Zeit einzuschätzen weiß – und dann irgendwann kann es auch mit dem Geschäftlichen losgehen.
Die große Reise der itelligence AG, das geschäftliche Losgehen und das zügige Wachstum der itelligence haben bislang keine merklichen „Grenzen" gehabt. Vielmehr verläuft die Reise in Stufen, sie gestaltet sich in Abschnitten, die sich hin und wieder wie vorübergehende Grenzen auswirken mögen.
Aber diese Form von Grenzen hat etwas Gutes an sich. Sie sind hilfreiche Zäsuren: Innerhalb dieser Grenzen finden Geschichten statt – was in diesen Abschnitten an Neuem und Unvorhergesehenem und sogar Fremdem passiert, lässt sich in diesen Etappen überblicken und erzählen – und damit auch verstehen.
Eine der jüngsten und sicher wichtigsten Etappen dieser Art ist die Tatsache, dass das Unternehmen seit einiger Zeit einen starken japanischen Anteilseigner hat. Das brachte zusätzliche außerdeutsche, internationale Orientierung, schuf neue Klammern, brachte neue Geschichten – und ein neues Verständnis und Selbstverständnis. Und genau das ist äußerst hilfreich und erforderlich, wenn man immer wieder zeitgemäße Wachstumsstrategien für ein sich ausweitendes Unternehmen entwickeln möchte.

Wherever you look, you will find different people, displaying new customs and altered attitudes.

Everything is in turmoil and will not fit into the old moulds any more. But among the many new stories you will find also many new prospects and insights. You are always on the road, strike new paths, arrive in countries with a mind of their own. You don't even have to travel very far. New paths are not to be found in India only. Cultural differences will lurk everywhere, the journey starts right on our doorstep.

Dutch and German partners for example may experience considerable problems and vice versa, as soon as the German realises that the Dutch keeps checking on matters resolved long ago:

„Are you absolutely sure the green colour for the cover will not look too dark?" the printer from Maastricht will ask his German client for the third time – despite the fact that the packaging designer from Düsseldorf told him twice, yes, the colour is right. So the German now longs to talk about the next step, the packaging foil for the book. But the Dutch is now asking – for the forth time – whether the green colour will be suitable. So the German gasps angrily, thinking: „Why on earth does he keep pestering me about the bloody green colour?"

Actually the Dutch partner just means to stay close to his client, to keep up the constant exchange, even though everything has been agreed on long ago.

The German quickly gains the impression that his partner depends far too much on him, because he still wants to communicate. Now the Dutch will feel annoyed – according to his culture, he wants to be part of the solution, whether as contractor or as client.

He has been brought up to focus on exchange, on checking again and again, on being involved in the process of agreement. This is a vital part of his culture of consensus.

If I know about these things, I know how to deal with them.

Aber nicht nur für das große Ganze ist diese Besinnung auf die eigene Unternehmenskultur und die Unterschiede zu anderen Kulturen wichtig, sondern auch für jeden einzelnen Mitarbeiter ist es hilfreich: Wohin man schaut – überall sind fremde Menschen, sie haben neue Gewohnheiten, veränderte Haltungen. Was da gärt, passt zwar nicht mehr in die alten Backförmchen, aber es bringt mit seinen vielen neuen Geschichten auch neue Ausblicke und frische Einsichten mit sich. Ständig ist man auf der Reise, stößt auf unbekannte Ufer, landet in eigenwilligen Ländern.

Wobei man gar nicht so arg weit reisen muss. Nicht erst in Indien beginnt das Neue. Die Kulturunterschiede lauern überall auf uns, die Reise beginnt direkt vor unserer Haustür. Ein Niederländer beispielsweise kann mit einem deutschen Partner beachtliche Schwierigkeiten haben, und umgekehrt, zum Beispiel wenn der Deutsche merkt, dass der Holländer ständig noch einmal nachfragt, auch wo es um längst geklärte Dinge zu gehen scheint:

„Ist das Grün der Umschlagsfarbe auch wirklich nicht zu dunkel?", fragt der Maastrichter Drucker seinen Auftraggeber aus Düsseldorf nun schon zum dritten Mal nach. Dabei hat der Düsseldorfer Verpackungsdesigner ihm schon zweimal gesagt, ja, die Farbe sei in Ordnung – und deshalb will der Deutsche jetzt endlich über den nächsten Schritt sprechen, will jetzt die Verpackungsfolie für das Buches durchgehen. Aber da fragt der Niederländer nun zum vierten Mal, ob das Grün passe. Ärgerlich denkt der Deutsche bei sich: „Warum, um Gottes willen, nervt der denn noch immer mit seinem Grün?", und schnauft zornig vor sich hin.

Dabei ist es ganz einfach so, dass der holländische Partner immer dicht am Kunden bleibt, fortgesetzt den Austausch sucht, auch wo alles längst klar scheint. Rasch kommt dem Deutschen der Eindruck, sein Nachbar sei doch eher unselbständig, weil er dauernd wieder mit einem reden will. Das stößt dann dem Holländer übel auf – denn in seiner Kultur

And what's even more important: I will not believe my Dutch partner to be infantile and dependent, but I will appreciate his readiness to keep up the exchange.

Russians on the other hand are very different. In Russia, hierarchies play an important part in the structuring of society. So certain aspects of individual independence will become obsolete. In a Russian company it would be considered rude if an employee would demand his superior to give him certain information. In this regard, one may distinguish cultures which emphasize the duty to ask for information from those who emphasize the duty to deliver information.

Russians will also be slow – or in other words: deliberate – about making contact and working on a relationship – as will the Arabs.

Like the Indians, Arabs will first and foremost take care of the relationship. It is more important than work: relationship before business.

So in the beginning you have to keep talking to each other, before you can start cooperating. What might look like „hanging out" to us – nursing your cups of tea for ages – in Arabia is the natural way of getting to know each other. You agree on a meeting, have tea, have some dates (not the scheduled, but the sweet, sticky kind). From the European point of view, you didn't get really far there, so you arrange another meeting. And once more, one has tea and more dates.

Where did we get to? We still didn't get to the point. So there's another meeting, some more tea, some more dates. And this will keep on going on and on …

Because an Arab won't know you, before he has met your family, friends, acquaintances, business partners. If an Arab knows my environment, he will start to understand me. Only on condition of knowing me, he will embark on a mutual project. So I have to let him take his time, I have (as the famous saying recommends) to wait and see – the German version of which is literally „to wait and have tea". I have to present my envi-

will er gerne Teil der Lösung sein, egal ob als Auftragnehmer oder umgekehrt als Kunde. Ihm ist das Austauschen, das Nachfragen, das Präsentbleiben im Abstimmungsprozess anerzogen, es gehört zentral in seine Konsenskultur hinein.

Wenn ich derlei weiß, kann ich damit umgehen. Vor allem halte ich den niederländischen Partner dann nicht für kindisch und unselbständig, sondern ich schätze am Ende seine prozessorientierte Gesprächsbereitschaft.

Ganz anders beispielsweise Russen. Dort hat man Hierarchien als gesellschaftliche Strukturierung verinnerlicht. Damit werden natürlich bestimmte Formen von Selbständigkeit des Einzelnen eher ausgehebelt. In einem russischen Unternehmen würde man es schlichtweg als unhöflich empfinden, würde ein Angestellter von seinem Vorgesetzten bestimmte Infos einfordern. Man kann in dieser Hinsicht Kulturen mit einer Holvon solchen mit einer Bring-Schuld unterscheiden.

Auch hinsichtlich der Kontakt-Anbahnung und der Dauer des Aufbaus einer Beziehung ist man hier recht langsam, besser gesagt: bedächtig. Noch deutlicher ist dies freilich bei Arabern. Ähnlich den Indern betreibt man hier zunächst einmal Beziehungspflege: Beziehung ist wichtiger als die Arbeit – erst die Beziehung, dann das Arbeiten. Dazu muss man anfangs viel miteinander sprechen, erst danach kann man gemeinsam Dinge anpacken. Was wir am Ende des Tages fast als „Rumhängen" sehen könnten, dass man ausführlich miteinander Tee trinkt etwa, ist dort selbstverständliche Form des Kennenlernens. Man verabredet sich, trinkt Tee, isst Datteln. Aus europäischer Sicht ist man nicht sehr weit gekommen, also verabredet man sich wieder. Und man trinkt wieder Tee, isst noch mehr Datteln. Wo stehen wir? Wir sind noch immer nicht am Punkt. Also ein nächstes Meeting, wieder mit Tee, wieder mit Datteln. Und es geht sogar noch weiter. Denn einen Menschen kennt man als Araber erst dann, wenn man auch die Menschen im Umfeld eines Menschen kennengelernt hat, die Familie, die Freunde, die Bekannten, die

ronment to my potential partner, I have to have dates with many different people, I have to present myself as human being among human beings.

Then finally we will get started – and if things go smoothly, one will witness a rapid and optimal progress!

So far we stuck to the view of one company, of one culture.

But there are more aspects to the matter – for example that a Turk might feel much more at home working in Russia than a German or an Austrian. Also developing countries will prove more compatible amongst each other. They know where they are, they have certain things in common, being cultures on the move, cultures embedded between other dominant cultures.

You have to know about these aspects induced by culture, if you want to move in international, in global circles.

Another useful cultural factor: The itelligence clients from all over the world belong mostly to a very special sort of culture: Their home is the medium-sized business.

The medium-sized business entrepreneurs are the heart and soul – and the motor – of business and they have got a special MSB culture:

Medium-sized business entrepreneurs are not just networking above-average (and becomes automatically a culture bearer.)

Apart from that they have to be extremely alert, keeping their eyes peeled for any new development, and yet they have to depend on traditional values.

These are vital aspects of culture: to transfer new elements to old traditions, to renew the traditional, to preserve new inventions, discover old issues within new matter and vice versa.

No matter, how long and how far and to which extent global the journey is going to be: one thing will be of major importance for these journeys to succeed – especially for medium-sized business: The paths have to remain short! The paths you chose have to guarantee a close contact, have to guarantee

Geschäftspartner. Wenn ein Araber die Gruppen kennt, in denen ich mich bewege, beginnt er mich zu verstehen. Und genau das ist für ihn die Voraussetzung, sich auf gemeinsame Tätigkeiten mit mir einzulassen. Also muss ich ihm diese Zeit geben, ich muss, wie im berühmten Sprichwort, abwarten und Tee trinken. Ich muss ihm meine Umgebung sichtbar machen, mit diversen Menschen Datteln essen, ich muss mich als Mensch zwischen Menschen begreifbar werden lassen. Dann irgendwann ist es soweit – und wenn es gut geht, flutscht dann alles um so schneller und um so besser!

Das ist bis hierher alles das Interesse eines Unternehmens, aus dem Blickwinkel einer Kultur betrachtet. Hinzu kommen natürlich auch diese Aspekte, daß etwa ein Türke sich weit weniger schwer tun wird, beispielsweise in Rußland zu arbeiten als ein Deutscher oder Österreicher. Auch sind die Schwellenländer unter sich kompatibler, sie kennen ihre Positionen, haben als Übergangskulturen, als Kulturen zwischen Kulturblöcken ihre Gemeinsamkeiten. All solche Kultur-induzierten Aspekte muss man beherrschen, wagt man sich auf das internationale, auf das globale Parkett.

Hilfreich bei alledem ist ein ganz anderer kultureller Faktor. Die weltweite Kundschaft von itelligence kommt vorrangig aus einer ganz besonderen Kultur: Denn die Kunden von itelligence sind im Mittelstand zuhause. Die Betreiber der mittelständischen Unternehmen sind in besonderem Maße ein Motor und das Herz der Wirtschaft, und sie haben auch diese besondere, eigene Kultur des Mittelstandes.

Mittelständler sind nicht nur überdurchschnittlich vernetzte Persönlichkeiten, und damit eo ipso Kulturträger. Sie müssen darüberhinaus extrem wach sein, müssen sich am Neuen orientieren – und sind dennoch auf überlieferte Werte angewiesen. All dies sind wesentliche Aspekte von Kulturleben: das Übertragen des Neuen in Traditionen, das Erneuern von Bewährtem, das Bewahren von Erfindungen, das Finden des Alten im Neuen, aber auch umgekehrt. Nur wo diese perma-

presence and availability even in the remotest corner of the world.

So we dealt with inter-cultural relations between countries and the cultural differences between companies of different size.

On top of this, consultants have got a culture of their own. Their craft is very different from the craft of other areas of business, though they are very closely related. Therefore consultants have to stay closer to the clients than everyone else: merchants, dealers, craftsmen, producers etc.

Like the dealer, the consultant needs to focus on the sympathetic inter-human contact, like the merchant, he has to be alert towards the activities of his competitors, like the craftsman, the consultant needs more than anything to be extremely competent, like the producer he needs to be absolutely reliable. The consultant, however, has to combine all those abilities, develop and apply them all simultaneously.

Emotional intelligence as well as cultural and social competence – that is a gigantic challenge for many consulting companies in a technical environment – like IT consulting. Then indeed there are those important psychological situations which will form a strong contrast to the technical world. The main focus is on empathy, listening, adapting to another's point of view – so it's almost impossible to remain a typical German and to think and work in the German way only. Every day is a journey, every business partner a new culture, every client a New World.

While clever IT-consulting companies will keep expanding and while their employees are always on the move during many journeys, they have clients busy expanding themselves, quasi on a path towards growth, going in the same direction as their IT consultants.

So there is a strange situation: In the same way itelligence consultants need to get their bearings from abroad and want to meet and counsel clients on foreign ground, clients with

nente Reise aus den alten Welten in neue Weltgegenden glückt, ist lebendige Kultur.

Eines indes ist für diese Reisen, gerade für Mittelständlicher von größter Bedeutung: Die Wege müssen kurz bleiben! Die Wege müssen den Kontakt zu den Menschen gewährleisten, müssen Präsenz und Erreichbarkeit auch noch am entferntesten Ort gewährleisten.

Das ist soweit die Interkulturalität zwischen Ländern, und es formuliert die kulturellen Unterschiede zwischen unterschiedlich großen Unternehmen. Eine ganz eigene Kultur haben dabei obendrein die Berater. Ihr Handwerk unterscheidet sich einschneidend von dem anderer Wirtschaftsfelder, auch wenn diese sehr nahe benachbart sind. So müssen Berater stets näher dran sein als andere: als Händler, Kaufleute, Handwerker, Hersteller etc. Ähnlich wie beim Händler steht der sympathetische Kontakt zu den Menschen im Vordergrund, ähnlich wie beim Kaufmann ist die Wachheit für die Konkurrenz entscheidend, ähnlich wie beim Handwerker ist Kompetenz höchste Pflicht, ähnlich wie beim Hersteller steht und fällt das Geschäft mit der eigenen Verläßlichkeit. Der Berater aber muss all diese Fähigkeiten parallel ausbilden und anwenden.

Emotionale Intelligenz plus kulturelle und soziale Kompetenzen – das ist für viele Beratungsfirmen im technischen Umfeld, wie eben in der IT-Beratung, eine gigantische Herausforderung. Denn in der Tat bilden diese psychologisch-situativen Momente einen echten Kontrapost zur Technikwelt.

Es geht da ständig um Empathie, Zuhören, Einstellen auf anderes Denken – und da ist es schlechterdings unmöglich, dass man typisch deutsch bleibt und weiter in den eigenen deutschen Bahnen denken und wirtschaften kann. Jeder Tag ist eine Reise, jeder Gesprächspartner eine neue Kultur, jeder Kunde eine neue Welt.

Während clevere IT-Beratungen kräftig expandieren und ihre Mitarbeiter ständig auf allen diesen vielen Reisen sind, haben sie zugleich Kunden, die ihrerseits auf Expansionskurs sind,

new habits and unusual needs – in the same way those clients want to explore the world, they want to visit their own clients around the globe – clients which are to inspire them to discover new habits and satisfy unusual needs.

In this situation of mutual growth, itelligence realises more and more that the company has developed two sorts of skills and has to keep developing them: Local consulting knowledge applied all around the world AND the knowledge about international expansion. Those are two assets which are after all of equal importance for the clients of itelligence.

And all of a sudden we have to deal with it: itelligence needs to perform two services: to provide IT-consulting and at the same time business consulting. So once more a different understanding of cultures and inter-cultural relations is required.

These are completely new challenges for the consultants. Questions will occur like „Am I ready for the Russian point of view with regard to expansion?" or „Do I understand about the special velocity of self-changing processes in Asia?" or „Am I able to imagine the values and aims of an Arab so vividly that I can go through his tactics and strategies with him and sort of anticipate with him his own development?"

This matter has its own banal aspects. Companies in Western Europe are under a strong pressure to grow; since they move in mature markets which are already saturated, marketing will soon reach its limits. Poland is different. If a manufacturer of windows shows a certain amount of potential, his market will not be limited so soon, there is less pressure. But on the other hand he has to watch out more: He has to leave a footprint quite soon, has to keep an eye on competitors who will perceive the open markets themselves. So once more, it's all about velocity.

It goes without saying that one has to know all the details of these backgrounds. But at the same time all of a sudden much bigger, quasi anthropological questions will occur: Do differ-

sozusagen parallel zum Wachstum ihres IT-Beraters. Das ergibt eine eigentümliche Situation: So, wie sich die Berater aufs Ausland orientierten und Kunden auf fremdem Terrain mit neuen Gewohnheiten und ungewohnten Ansprüchen antreffen und beraten wollen, so wollen auch diese Kunden rund um den Globus hinaus, sie wollen zu Kunden rund um den Globus, die sie auf neue Gewohnheiten stoßen und gewinnbringend ungewohnte Ansprüche befriedigen sollen.

In dieser Situation gemeinsamen Wachstums erkennt nun itelligence zunehmend, dass es zweierlei Kompetenzen entwickelt hat und auch noch weiter entwickeln muss: Da ist lokales Beraterwissen an vielen Orten der Welt UND die Kenntnisse in internationaler Expansion. Dies sind zwei Essets, die für die Kunden von itelligence letztlich gleichermaßen wertvoll sind.

Und da steht es plötzlich im Raum, dass itelligence zwei Leistungen erbringen sollte: IT-Berater sein und gleichzeitig Unternehmensberater. Und somit ist erneut ein weiteres Verständnis von Kulturen und Interkulturalität gefragt.

Da kommen beraterisch ganz neue Herausforderungen auf. Etwa muss man sich plötzlich fragen: „Bin ich offen für den russischen Blick auf Expansion?" oder „Verstehe ich die besondere Geschwindigkeit der Selbstveränderungsprozessen bei einem Asiaten?" oder „Kann ich mir die Werte und Ziele eines Arabers so genau vergegenwärtigen, dass ich seine Taktiken und Strategie mit ihm durchspielen und seine Entwicklung gemeinsam mit ihm vorausdenken kann?"

Natürlich gibt es zunächst die fast schon banalen Aspekte hiervon. Unternehmen in Westeuropa beispielsweise stehen unter mächtigem Wachstumsdruck, weil sie sich in reifen Märkten bewegen, die saturiert sind, die Absätze in diesen Märkten sind schnell an ihren Limits. Anders etwa in Polen. Wenn dort ein Fensterbauer Potential hat, wird sein Markt so schnell nicht ausgeschöpft sein, er hat weniger Druck im Nacken. Allerdings muss er auch wiederum mehr aufpassen:

ent cultures merge, grow together? What does „growth" actually mean – what does it intend to achieve within different cultures?

Answering these meta-questions again requires – like the everyday job of looking for IT-solutions – a certain amount of trust: trusting in your colleagues as well as in the clients. There is a need for closeness and exchange which is absolutely vital. These are simple processes of the human psyche which nevertheless cannot always be provided.

Again it is all about comparing and sounding different processes. But this time you have to do so in the environment of whole cultures. So two other human qualities – curiosity and fascination – are essential; though they are hardly ever mentioned, since applying them to your operations seems to go without saying. They are just as vital and have to be taken as seriously as technical issues and know-how.

All this growth has to take place within the whole company – but also for every single person. Otherwise it's not the people who will grow up, but the issues will outgrow the people. And in the end there might only be an empty shell. This could neither be adequately used nor operated, nor would it provide room for employees or clients.

But this will never happen. Because every single person working for itelligence will set out on a new journey every day – and if someone travels a lot, he has stories to tell!

Er muss rasch seinen Footprint hinterlassen, muss die Konkurrenz, die ja die offenen Märkte genauso sieht, im Auge behalten. Da ist dann auch schon wieder Schnelligkeit gefragt. Diese Hintergründe detailliert zu kennen, ist selbstverständlich. Aber man hat es mit einem Male mit weit größeren, sozusagen anthropologischen Fragen zu schaffen: Wachsen verschiedene Kulturen verschieden? Was überhaupt heißt und will „Wachstum" in unterschiedlichen Kulturen?

Auch bei der Klärung solcher Meta-Fragen geht es wieder, wie beim täglichen Job und der Suche nach einer IT-Lösung, um Grundvertrauen: in Kollegen und ebenso in die Kunden. Auf die Bereitschaft zur Nähe und zum Austausch kommt es an. Dies sind einfache, aber nicht immer einfach zu leistende menschlich-psychologische Dinge.

Wieder geht es darum, Prozesse zu vergleichen und auszuloten. Nur diesmal im Umfeld ganzer Kulturen. Da zählen zwei andere menschliche Eigenschaften, die wir bei der operativen Arbeit so selbstverständlich finden, dass wir sie selten erwähnen: Neugier und Faszination. Die müssen ebenso wichtig sein und ernst genommen werden wie technische Belange und Knowhow.

All dieses Wachstum muss an der gesamten Firma geschehen – aber auch an den einzelnen Menschen muss es passieren. Sonst wachsen nicht die Menschen aus ihren Kinderschuhen heraus, sondern die Schuhe wachsen über die Menschen hinaus und hinweg. Und dann steht da irgendwann eine leere Hülle. Die natürlich weder adäquat bedient und gesteuert werden kann, noch ein Gehäuse ist, kein passender Ort mehr ist, weder für die Mitarbeiter noch für die Kunden. – Aber genau dies wird nicht geschehen. Weil jeder einzelne bei itelligence jeden Tag neu seine Reise tut – und wenn einer eine Reise tut, dann kann er etwas Kluges erzählen!

Business Cards

People often talk about their previous experiences. They often talk about past times, remembering pleasant moments and situations. However, these stories often are strictly personal, impregnated with personal impressions. It is really difficult to view events from a different perspective – both in your private and in your business life. Moments which might mean a lot to some people are sometimes completely missed out on by others. While they may have meant a lot to others, they are not important to us.

Nevertheless, the time might come when we can regard the whole picture. We can now see something we could not see in the past. This change of perspective, this new point of view added to an old experience, filling it with new meaning, may occur thanks to other people whom we have not seen for years. It is a moment when we can see our deeds returning to us. We can perceive the importance of every day and every action, the impact they have on one's life. Especially when we happen to meet many different people in many different places. At such moments we realise it is good to be just yourself. No pretending, no mask. Pretending is too risky. You are good enough …

It was the next working day. Next meeting, next client. The same as many, yet different. The atmosphere was tense due to having just met with competitors. These appointments always raise a thrill. Two weeks of preparation, since it might be a really big project. Each team member knows his role and is aware that we are one of many in the race. Sales people call it „casting" since you never know which of the issues will be of most importance. Talking about the meeting, we tried to predict all possible scenarios.

After the second meeting with them, we were told that there

Visitenkärtchen

Die meisten Menschen sprechen gerne und viel über ihre Erlebnisse. Sie sprechen gerne über die Vergangenheit und erinnern sich an angenehme Augenblicke und Situationen. Solche Geschichten sind oft ganz persönlich, von eigenen Eindrücken geprägt. Dagegen ist es viel schwieriger, Ereignisse aus einer zweiten Perspektive, aus der Sicht eines Anderen zu sehen – sowohl im Privat- als auch im Berufsleben.

Manche Momente mögen bestimmten Menschen unendlich viel bedeuten – und hinterlassen bei anderen überhaupt keinen Eindruck. Obwohl bestimmte Erlebnisse für andere Menschen wirklich wichtig sind, sind sie für uns vielleicht gar nicht von Bedeutung. Trotzdem kann eines Tages die Zeit kommen, zu der wir das größere Bild, das ganze Bild erkennen. Wir können nun etwas wahrnehmen, das wir in der Vergangenheit nicht sehen konnten.

Dieser Wandel unserer Perspektive, diese neue Sichtweise können einer Erfahrung aus der Vergangenheit neue Bedeutung verleihen – und diese neuen Erkenntnisse verdanken wir manchmal anderen Menschen, die wir seit Jahren nicht gesehen haben. In solchen Augenblicken können wir sehen, wie unsere früheren Handlungen zu uns zurückkehren.

Wir nehmen so die Bedeutung jedes einzelnen Tages und jeder einzelnen Handlung wahr, den Einfluss, den diese auf das menschliche Leben haben können. Dies geschieht vor allem, wenn wir an vielen verschiedenen Orten vielen verschiedenen Menschen begegnen.

In solchen Augenblicken wird uns klar, dass es gut ist, man selbst zu sein. Nichts vorzugeben, keine Maske zu tragen.

Etwas vorzugeben ist riskant. Du selbst bist gut genug, so wie du bist.

Ein neuer Arbeitstag. Das nächste Meeting, der nächste

were four competitors – things were not going to be easy. Never mind where we got that information – you all know there are always grapevines and sometimes they don't exactly do much to lift the pressure. At such a moment you race against the next Big Blue, the next global, or the next market leader. You are aware that they will wield their super project plan and estimated profit. You cannot risk making any mistake as it may ruin the whole strategic preparation.

So ... here we are, this is the moment. The Financial Manager calls the meeting. We enter a big room, expecting the full board together with their new Vice President of Production. What we had prepared in our four-person team for that day was to convince them that we were the exceptional partners, worthy of cooperation. So, we are waiting, with bated breath, tension in the air, our nerves coiled, ready to spring into action ... After a while they come in, all of them, and the President too. And the meeting starts.

„Welcome. We expect to be astonished by your offer. As you know, you are the last company we are meeting for the project and budget, and we really need to take the decision now", says the President. „At the same time we need to apologise, because the Production Manager can't be with us right from the start. He seems to be busy with other important issues at the moment. He promised to be with us any minute."

After a moment of exchanging mutual courteous remarks we start our presentation, and everything gets more and more business-like. We try to explain our ideas for this kind of project. Every minute means new questions and straight answers, a very long afternoon ahead. Our prospective clients surprise us with a thorough study of pre-documentation. The discussion keeps going on. Then the Production Manager finally appears.

„I am sorry to be late, please go on", he says.

„Hold on, just a moment", says Marek, the President: „Let me introduce Przemyslaw, the new board member, Technical

Kunde. So wie schon viele zuvor, aber doch anders. Ein Termin ist immer aufregend. Zwei Wochen Vorbereitung, da es ein richtig großes Projekt werden könnte. Jedes Mitglied des Teams kennt seine Rolle und weiß, dass außer uns noch viele im Rennen sind.

Leute aus dem Sales-Bereich nennen es „casting", weil man nie weiß, welche Themen zur Sprache kommen und von besonderer Bedeutung sind.

Als wir untereinander über das Meeting sprachen, versuchten wir, alle möglichen Szenarien vorauszusagen. Man hatte uns gesagt, dass es vier Mitbewerber gebe und dass es für uns nicht leicht werden würde. Wie man an diese Informationen herankommt, ist nicht so wichtig – es gibt immer undichte Stellen und sie tragen nicht immer wirklich dazu bei, den Druck zu vermindern, der auf einem lastet. In solchen Situationen tritt man gegen die Besten an, den nächsten globalen Gegner, den nächsten Marktführer. Man weiß, dass sie einen übergroßen Projektplan und einen sagenhaften angepeilten Profit ins Feld führen werden. Man kann es nicht riskieren, irgendeinen Fehler zu machen: das könnte die ganze Vorbereitungsstrategie ruinieren.

Da sind wir also – dies ist der große Moment! Der Finanzmanager beruft das Meeting ein. Wir betreten einen großen Raum, erwarten den kompletten Vorstand, dazu den neuen Vizepräsidenten der Produktionsabteilung. Wir hatten uns darauf vorbereitet, sie davon zu überzeugen, dass wir außergewöhnliche Partner seien, dass wir es wert seien, mit ihnen zusammenzuarbeiten.

Also warten wir, mit angehaltenem Atem, Spannung liegt in der Luft, unsere Nerven sind angespannt, bereit, anzugreifen … Nach einer Weile kommen sie alle in den Raum, auch der Präsident. Jetzt beginnt das Meeting.

„Herzlich willkommen. Wir erwarten von Ihnen ein überwältigendes Angebot. Wie Sie wissen, sind Sie der letzte Bewerber, den wir für dieses Projekt und das Budget treffen und

Director and Vice President." A short break, business cards exchange, some more coffee and a small talk.

Przemyslaw somehow keeps looking at me. It seems to me that I really have met him before – however, we have to continue, as there is not much time for small talk. After a few minutes of answering further questions, the new man gets up and leaves the room ... For sure we feel uncomfortable, watching the Vice President leave ...

I am confused and I am sure it is not a good sign. My friends must be thinking the same, judging from the way they look. But the production man returns after 5 minutes, stony-faced. When our friend finishes answering the next question, he discreetly indicates he would like to put a question forward himself. Surprised, we are all ears. Then Vice President Przemyslaw asks, looking at me:

„Excuse me, but didn't we work for the same company 13 years ago?"

I remembered that time well; I had being doing completely different business then, technical support for milk and beverages producers. We had introduced a totally new technology in the company, a big challenge at that time, so in fact, we had spent three months together. After the successful presentation of our technology I had moved on, and all this was one of the important steps on my career ladder. It had been smaller than my current company, yet introduced me to many new challenges and insights. „Yes", I said, totally taken by surprise and taken by memories.

„Well, that means we've met before, and we worked on another project for another company together. When you gave me your business card today, I went out to check the name and I found the old business card."

At that moment he presented MY OLD BUSINESS CARD to the room.

„Oh, yes. Different colours, different look, but the same name", laughed President Marek.

wir müssen nun wirklich eine Entscheidung treffen," sagt der Präsident. „Auch muss ich mich entschuldigen, weil unser Produktionsmanager nicht von Anfang an bei uns sein kann. Er scheint von anderen wichtigen Verpflichtungen aufgehalten worden zu sein und versprach, sich uns so bald wie möglich anzuschließen."

Einige Augenblicke, während derer wir Höflichkeiten austauschen, dann beginnen wir mit unserer Präsentation und alles entwickelt sich mehr und mehr, wie man es im Business gewohnt ist. Wir versuchen, unsere Ideen für diese Art Projekt darzulegen. Jede Minute bringt neue Fragen und direkte Antworten, ein sehr langer Nachmittag liegt noch vor uns. Unsere möglichen Partner überraschen uns damit, dass sie die Vorab-Dokumentationen gründlich studiert haben. Die Diskussion geht immer weiter.

Schließlich taucht auch der Produktionsmanager auf.

„Entschuldigen Sie meine Verspätung, bitte fahren Sie fort," sagt er.

„Einen Moment noch", sagt Marek, der Präsident. „Lassen Sie mich Ihnen kurz Przemyslaw, den Vizepräsidenten und ein neues Vorstandsmitglied, vorstellen."

Eine kurze Pause, der Austausch von Visitenkarten, noch etwas Kaffee und ein bisschen Small Talk. Przemyslaw schaut mich irgendwie merkwürdig an. Es kommt mir vor, als wäre ich ihm schon irgendwo begegnet – aber wie auch immer, wir müssen weitermachen; es ist nicht genug Zeit, um den Small-Talk auszudehnen. Nach einigen Minuten, die noch mehr Fragen und Antworten beinhalten, steht der neue Mann auf und verlässt das Zimmer ... Ehrlich gesagt, uns ist nicht ganz wohl, als wir sehen, wie der Vizepräsident uns verlässt ...

Ich fühle mich verwirrt und bin mir sicher, dass das kein gutes Zeichen ist. Meinen Freunden muss es ähnlich gehen, so wie sie mich ansehen. Aber der Produktionsmanager kehrt schon nach fünf Minuten zurück. Sein Gesichtsausdruck verrät uns nichts. Nachdem einer von uns die nächste Frage beantwortet

„Yes, and the same man", Vice President Przemyslav joined in laughing. – But what did his laughing and glancing at me mean?

„Well, tell us, Przemek", the President asked, leaning back expectantly: „Please, tell us, how this man and the cooperation with him was before?" A moment of silence. Tension on their side. Tension on our side. Everyone looking at him – at me – at him. One of those moments when years come back, ages rolling along, passing your inner eye. All of a sudden you start musing about all the business cards which you have handed out over the years – hundreds or even thousands of them; landmarks on your long journey leading you towards many different companies on different continents. Marks which tell you which part of the international maze you have already visited. But do we always know what might happen to those marks we leave behind?

In my experience this depends on the people who receive those marks of your own personal journey through business life: The Japanese will hold any business card they receive with both hands, regarding them with awe and admiring them thoroughly, but where do they keep them afterwards? Germans will handle them casually, check whether there is a personal address hidden on the reverse, but where do they keep them afterwards? The British will fumble the card to check for any embossing and politely add some commonplace remark like „So, you are located in Kensington Road, London, aren't you?", and afterwards? Polish business people on the other hand will quickly pocket the business card and afterwards? Afterwards they will keep them for the rest of their business lives and their memory, worthy of any elephant, will be able to tell them – even decades later – where they have stored them! This was the case with the Polish man in question and his awesome memory.

„Now", smiled the Vice President: „Krzysztof was about … say: 20kg lighter!" Mild smiling on everyone's faces. „And besides that?" asked Marek, the President.

hat, lässt Przemyslav durchblicken, dass er gerne auch eine Frage stellen würde. Wir sind alle überrascht und ganz Ohr. Dann fragt Vizepräsident Przemyslav mich: „Sagen Sie, haben Sie nicht vielleicht vor dreizehn Jahren für die Firma XY gearbeitet?"

Ich erinnerte mich noch gut an die damalige Zeit. XY war ein wichtiger Schritt auf meinem Karriereweg, kleiner als mein gegenwärtiger Arbeitgeber, aber dort wurde ich mit vielen neuen Herausforderungen und Einsichten vertraut gemacht.

„Ja, natürlich!" sage ich, völlig überrascht.

„Nun, das heißt, dass wir uns schon begegnet sind und wir haben damals an einem anderen Projekt für eine andere Firma gearbeitet. Als Sie mir heute Ihre Visitenkarten gaben, ging ich kurz hinaus, um den Namen zu überprüfen und ich habe die alte Karte wiedergefunden." In diesem Moment präsentierte er den Anwesenden MEINE ALTE VISITENKARTE!

„Oh ja. Andere Farben, anderer Stil, aber derselbe Name", lachte Präsident Marek.

„Ja, und derselbe Mann", Vizepräsident Przemyslav stimmte in sein Gelächter ein. Aber was hatte sein Lachen und seine Blicke in meine Richtung zu bedeuten?

„Also, Przemek, erzähl mal", sagte der Präsident, der sich erwartungsvoll zurücklehnte. „Erzähl uns bitte, wie es mit dem Herrn und seiner Zusammenarbeit mit dir gelaufen ist!"

Ein Moment der Stille. Spannung auf ihrer Seite, Spannung auf unserer Seite. Jeder schaut ihn an – dann mich – dann wieder ihn. Einer dieser Momente, in dem die Jahre zu dir zurückkehren, Zeit, die dahingeht, vor deinem inneren Auge abläuft.

Und plötzlich macht man sich Gedanken über die Bedeutung von Visitenkarten, von denen man im Lauf der Jahre einige Hundert, wenn nicht Tausende verteilt hat, Wegzeichen auf der langen Wanderung, die einen zu den verschiedensten Unternehmen auf unterschiedlichen Kontinenten führen, Markierungen, die anzeigen, an welchen Orten im internatio-

„Really professional …", Przemyslav nodded, „… and good memories – though it was not easy. – I think it is going to be as good this time!"

All of us were speechless for a moment. And the conversation turned informal straight away. A talk amongst old friends, having known one another for years, for 13 years.

nalen Labyrinth man sich schon einmal aufgehalten hat. Aber wissen wir immer, was mit diesen Wegzeichen geschieht?

Nach meiner Erfahrung hängt das durchaus davon ab, wem man diese Markierungen des eigenen Lebensweges anvertraut: Japaner halten überreichte Visitenkarte eine Viertelstunde lang in beiden Händen, betrachten sie andächtig und bewundern sie ausgiebig, aber was machen sie danach damit? Deutsche befummeln beiläufig das Papier, spicken kurz auf die Rückseite, ob sie eine Privatadresse finden, und was machen sie dann damit? Engländer befühlen kurz die Prägung, soweit sie aufgebracht worden ist, sagen etwas Beiläufiges wie „So, you are located in Kensington Road, London, aren't you?", und dann?

Die Polen dagegen stecken ihre Kärtchen rasch weg, und dann? Dann heben sie sie für ein ganzes Berufsleben lang auf und haben ein Gedächtnis wie ein Elefant, das ihnen verrät, wo sie sie gegebenenfalls Jahrzehnte später wieder aus der Versenkung hervorziehen können!

Auch in diesem Fall konnte ich mich auf diesen speziellen Polen und sein Elefantengedächtnis verlassen.

„Also", lächelt der Vizepräsident: „Krzysztof war ungefähr … sagen wir mal 20 Kilo jünger!"

Amüsiertes Lächeln auf allen Gesichtern.

„Und davon abgesehen?" fragt Präsident Marek.

„Sehr professionell …" Przemyslav nickt, „… und gute Erinnerungen an unsere Zusammenarbeit, obwohl es nicht einfach war. Ich glaube, es wird dieses Mal genauso gut laufen!"

Wir alle sind für einen Moment sprachlos. Und die Unterhaltung verliert sofort ihre Formalität. Wir reden jetzt als alte Freunde, die wir uns seit Jahren kennen – seit 13 Jahren.

„Lost in Translation" – Found In Japan

Bill Murray and Scarlett Johansson are at the bar and this is their first conversation:

Johansson: „And what are you doing here?"

Murray: „I'm spending too many Dollars for some Whisky. – The good news is: The whisky works."

From *Lost in Translation*.

I was 28 and had just began my freelance consultant career. I found the ideal assignment according to my expectations at that time: joining the SAP Competence Centre of a major French Company with a worldwide footprint. It was one of worldwide big names in the Cosmetics business: L'OREAL. I was acting as an expert in the SD area, in charge of:

a) building and extending the Core Model and

b) supporting roll-outs throughout the Group.

This meant frequent travelling to foreign subsidiaries: fit / gap analysis, explaining the Core model to the local implementation teams and helping them to implement / and localise the solutions. I had just started 2 weeks ago and had barely even began to get familiar with the business, the solution, and also with my new role. The company had many specific items on its Core Model with many specific developments, so it took quite a time to understand the full solution. The solution was also very poorly documented at that time. The company had quite a loose approach on Core Model. You could expect significant variations from one implementation to another. The head of the Competence Centre came to see me – remember, I had only been there for 2 weeks, and the conversation started: „Boy, you're flying to Japan next week." And I thought: Great but ... I've never went there, do not know a single thing about the Japanese culture. Except food. Oh yes. I enjoy food and go out to restaurants a lot (I did some critic reviews for restau-

„Lost in Translation" – in Japan gefunden

Bill Murray und Scarlett Johansson an der Bar bei Ihrem
ersten Gespräch:
Johansson: „Und was machen Sie hier?"
Murray: „Ich gebe viel zu viele Dollars für ein bisschen Whisky
aus. – Aber die gute Nachricht dabei: Der Whisky wirkt."
Aus *Lost in Translation*

Ich war achtundzwanzig Jahre alt und hatte gerade mit einer
freiberuflichen Karriere als Consultant begonnen. Meinen
Erwartungen zu dieser Zeit entsprechend, fand ich den idealen
Arbeitsplatz, als ich mich dem SAP-Competence-Centre
einer großen französischen Firma mit weltweiter Bedeutung
anschloss. Es handelte sich dabei um einen weltbekannten
großen Namen in der Kosmetikbranche: L'Oreal. Sollte nach
Notiz rausgenommen werden?

Dort fungierte ich als Experte im SD-Bereich und war verantwortlich für: a) das Erstellen und den Ausbau des *Core-Modells*
und b) die Unterstützung der Roll-outs innerhalb der Gruppe.
Das brachte häufige Reisen zu ausländischen Tochterunternehmen mit sich: fit / gap analysis, das Core-Modell den Aus-
führungsteams vor Ort zu erklären, ihnen bei der Ausführung
und Verortung der Lösungen helfen.

Ich hatte erst zwei Wochen zuvor dort angefangen und gerade
erst begonnen, mich mit dem Unternehmen, den Lösungskon-
zepten und auch mit meiner neuen Rolle vertraut zu machen.
Das Unternehmen verfügte über ein Core-Modell mit zahlreichen Extras, vielen speziellen Entwicklungsprozessen, deshalb
dauerte es eine ganze Weile, das ganze Lösungskonzept nach-
zuvollziehen. Daher war es zu diesem Zeitpunkt nur sehr rudi-
mentär dokumentiert. Das Unternehmen hatte einen „locke-
ren" Umgang mit seinem Core-Modell. Von einer Ausführung
zur nächsten war mit deutlichen Abweichungen zu rechnen.

rants in a renowned French Guide – Gault et Millau –, and consider Japanese food as one of the most exquisite – even sometimes beating French cuisine). From a personal point of view, I was delighted. From a professional perspective, I was getting nervous. Would I be up to the task and would I be able to match their expectations? So I asked:

„OK, what's the mission."

Competence Centre: „Mission is to assess their ability to go live."

Question: „What's the project status?"

Answer: „We do not know much. They're far away, the plane ticket is expensive, the time difference is huge, and the communication in English with them is difficult. Cultural gaps, and so on … we have not visited them often, and honestly have not give them much support so far. So we really have no clue if they are in a good condition for going live or not. At least their Management has raised some doubts. Go there, try to find out as many open issues as you can, and find out by yourself."

My question: „And what if they're not able?"

Competence Centre's answer: „Well, then do everything to make it happen. Because in one months' time, you'll fly back there, and it will be for actual go live."

Question: „How shall I introduce myself?"

Answer: „Do not tell them you're a freelance. You're like an internal employee. You're an expert from the Competence Centre. They've been shouting for months so that we send someone like you."

Now I was no longer nervous. I was scared to death!

Apart from being a restaurant fanatic, I also happen to be a movie buff. I was arriving on another planet. When a few years later I saw the „Lost in translation" movie, I got a strange impression of „déjà vu".

At my arrival, CFO welcomed me warmly: „We have been expecting you for so long. Here, the local consultancy is a

Der Direktor des Competence-Centers kam vorbei, um mit mir zu sprechen (wie gesagt, zu diesem Zeitpunkt war ich erst seit zwei Wochen dabei) und unsere Unterhaltung begann: „Junge, nächste Woche fliegst du nach Japan." Und ich dachte: Großartig, aber … ich war noch nie da, kenne mich mit der japanischen Kultur überhaupt nicht aus. Außer mit dem Essen. Oh ja, ich esse gern und gehe gerne ins Restaurant. Ich habe sogar schon einmal Restaurantkritiken geschrieben für einen bekannten französischen Restaurantführer – Gault et Millau. Japanisches Essen halte ich für besonders exquisit – manchmal sogar für besser als die berühmte französische Küche! Vom privaten Standpunkt aus war ich absolut begeistert. Vom beruflichen aus wurde ich allmählich nervös. War ich der Aufgabe und den Erwartungen des Unternehmens gewachsen? Also fragte ich: „OK, was ist meine Aufgabe?" Antwort. „Ihre Aufgabe ist es zu überprüfen, ob sie für ein Go *live* bereit sind."

Frage: „Wie sieht es mit dem Projektstatus aus?" Antwort: „Wir wissen nicht viel darüber. Sie sind weit weg, Flugtickets sind teuer, der Zeitunterschied ist riesig, englische Kommunikation mit ihnen ist schwierig. Da gibt es kulturelle Differenzen – und so weiter … wir haben sie nicht oft besucht und bisher auch nicht besonders unterstützt. Also haben wir eigentlich keine Ahnung, ob sie für ein „Go live" bereit sind oder nicht. Zumindest hat deren Management Zweifel. Flieg hin, finde so viel wie möglich über die offenen Fragen heraus, und finde es alleine heraus."

Meine Frage: „Und was, wenn sie noch nicht so weit sind?" Die Antwort des Competence-Centers: „Dann tu' alles dafür, damit sie es werden. Weil du in weniger als einem Monat wieder hinfliegen wirst und zwar fürs Go live. "

Frage: „Wie soll ich mich bei ihnen einführen?" Antwort: „Sag nicht, dass du ein Freiberufler bist. Du bist wie ein Angestellter. Du bist ein Experte des Competence-Centers. Sie schlagen seit Monaten Krach, damit wir jemanden wie dich hinschicken." – Nervös war ich nicht mehr – ich hatte Todesangst!

mess. We were desperate for experts to bring us short term answers to support us."

„OK, I thought. Play it smart. You need these local consultants with you. You're not against them, you're supposed to help them and make their project a success. Even if they do a lousy job. Because they're going to stay after you leave."

My typical agenda was as such:

I sat the whole day in workshops being flooded with questions from Key Users. Some of them were French, others Japanese. Typical questions from Key users were: „How do we do this L'OREAL function in the Core? How does this interface fit in with what the Japanese consultants have already implemented for us?"

This question was in in particular, very typical. Local key users complained that they had explained all the requirements various times to the consultants (mostly KPMG people). Then I had to interview the consultants (KPMG) in charge of the job and make sure that what they were implementing or planning to implement was in line with:

a) the Core model and

b) the requirements of the KY.

This led to some terrible misunderstandings. I remember once, having left the office late at night, leaving an assignment to a Japanese KPMG Consultant. I asked him to „keep searching" for a solution in SAP. I went to work early the following day. The poor guy was standing still in his chair, looking exhausted, not shaved, and desperate. He had spent the whole night looking for a solution in SAP and did not even go back home to sleep.

I took pity on him and showed him the solution at once. I just needed a couple of seconds to indicate the missing customising entry in SAP. The Japanese consultant looked at me furious and humiliated. That's when I realised that it was the worst thing I could do – make him lose face in front of his colleagues and clients. Needless to say he did not provide me

Abgesehen von meiner Leidenschaft für gute Restaurants hege ich auch eine Leidenschaft für Kinofilme. Ich kam auf einem fremden Planeten an. Als ich Jahre später den Film „Lost in Translation" sah, war das ein sonderbares „Déjà-vu".

Bei meiner Ankunft hieß mich der CFO herzlich willkommen: „Wir haben Sie so lange erwartet. Unsere Consultant-Abteilung vor Ort ist ein einziges Chaos. Wir warten verzweifelt auf Experten, die uns kurzfristig mit Antworten unterstützen."

„OK", dachte ich. „Stell dich schlau an. Du brauchst diese Consultants vor Ort auf deiner Seite. Du hast nichts gegen sie, du sollst ihnen helfen und dafür sorgen, dass sie das Projekt erfolgreich zu Ende führen. Selbst wenn sie nur Mist bauen. Denn sie bleiben noch hier, wenn du schon wieder weg bist."

Ein typischer Tagesablauf war folgender: Ich saß den ganzen Tag in Workshops herum und wurde mit Fragen der Hauptnutzer überschwemmt. Manche waren Franzosen, andere Japaner. Typische Fragen der Hauptnutzer waren: Wie sollen wir diese L'Oreal-Funktion im Core-Modell ablaufen lassen? Wie passt das zu dem, was die japanischen Consultants schon für uns ausgearbeitet haben? – Das war ein typisches Beispiel.

Die Hauptnutzer vor Ort beschwerten sich, dass sie den Consultants – die meisten darunter Leute von KPMG – alle notwendigen Anforderungen schon mehrfach erklärt hatten.

Dann musste ich die verantwortlichen Consultants (KPMG) befragen und sichergehen, dass ihre Ausführungen und Planungen für die Ausführungen übereinstimmten mit: a) dem Core-Modell und b) den Anforderungen des KY.

Das führte manchmal zu furchtbaren Missverständnissen. Ich erinnere mich an eine Nacht, als ich das Büro spät verließ und einem japanischen KPMG-Consultant einen Auftrag überließ. Ich bat ihn darum, weiter nach einer SAP Lösung zu suchen. Am nächsten Tag ging ich früh wieder zur Arbeit. Der arme Kerl saß immer noch in seinem Sessel, sah völlig erschöpft aus, unrasiert und verzweifelt. Er hatte die ganze Nacht nach einer SAP-Lösung gesucht und war nicht einmal

with much help or support after that – I had made myself an enemy just by trying to help him.

At the end of a typically long day. I had a zillion questions to answer. Luckily the time difference was on my side. I could call the Competence Centre in Paris, make sure I had understood everything and prepare my answers to the local team for the following day. That was my definition of „just in time". After providing answers to the most urgent questions, the local team thought it would be nice to organise a training session for Core functions, which the local Japanese consulting team considered as out of their implementation scope, even though this was required for the local Key Users. The typical case was Group reporting tools, developed within the Core. The local consultants had no clue how to use them because they were poorly documented. To assist me in that task, the local subsidiary provided me with support. This support took the form of a nice, young French expatriate guy in his twenties, really willing to help. Being an expert in Finance, he had no clue about Sales and logistics. Which was the main topic of the training session. Oh my god, I thought.

The first training session was planned and prepared for 5 people. When I arrived, 30 people were packed into the room. Is there a problem? I asked. My French translator answered. „No, that's OK. Nobody wanted to miss it. It's important information for them, and they considered that you flew 10,000 kilometres to visit them. That's the least they can do, at least out of politeness." This was a strong and lasting lesson about Japanese culture!

I then started the training. My French assistant helped with everything he could to translate. I'm not sure of what he translated. I'm not sure the end users got anything right. Everybody was nodding their head, muttering this strange „Ay" sound in Japanese. I just had this incredible vision of 30 people nodding their head at the same time „Ay" with timid smiles on their face. I had no clue whether it meant „I agree", „I disagree",

zum Schlafen nach Hause gegangen. Er tat mir leid und ich zeigte ihm die Lösung sofort. Ich benötigte nur ein paar Sekunden, um den fehlenden Customizing-Eintrag im SAP zu finden. Der japanische Consultant starrte mich wütend und gedemütigt an. Da wurde mir klar, dass das das Schlimmste war, was ich hatte tun können – ihn vor seinen Kollegen und Kunden das Gesicht verlieren zu lassen. Ich muss wohl nicht erst erwähnen, dass er mir danach nicht allzu viel Unterstützung zuteil werden ließ – indem ich ihm helfen wollte, hatte ich mich zu seinem Feind gemacht.

Am Ende eines typischen Tages bei meiner Mission in Japan. Ich hatte eine Zillion Fragen zu beantworten. Das Gute dabei: Der Zeitunterschied arbeitete für mich. Ich konnte das Competence-Center in Paris anrufen, sichergehen, dass ich alles verstanden hatte, und meine Antworten für das Team vor Ort für den nächsten Tag vorbereiten. Das war meine Definition von „gerade noch rechtzeitig" …

Nachdem ich auf die dringlichsten Fragen Antworten gegeben hatte, dachte das Team, es sei eine gute Idee, eine Trainingssitzung bezüglich der Funktionen des Core-Modells zu organisieren, die das japanische Consulting-Team vor Ort als außerhalb ihrer Fähigkeiten liegend ansah, die aber die Hauptnutzer vor Ort benötigten. Der typische Fall waren Group-Reporting-Tools, die innerhalb des Core entwickelt worden waren. Die Consultants hatten keine Ahnung, wie sie anzuwenden waren, da sie nur mangelhaft dokumentiert waren.

Um mir bei dieser Aufgabe zu helfen, ließ mir die Tochterfirma vor Ort eine Unterstützung zukommen – in der Form eines netten jungen Franzosen in den Mittzwanzigern, der mir wirklich helfen wollte. Als Finanzexperte kannte er sich mit Verkauf und Logistik nicht aus. Dies waren aber die hauptsächlichen Themen der Trainingssitzung. „Oh Gott", dachte ich.

Die erste Trainingssitzung wurde für fünf Leute geplant und vorbereitet. Als ich ankam, hatten sich dreißig Menschen in den Raum gezwängt. Ich: „Gibt es irgendein Problem?"

„could you kindly repeat please", or maybe it sometimes meant „please leave us alone and take the next flight back to Paris". That was very surrealistic indeed.

Conclusion: I spent a lot of time back and forth – with the key users, with the local consultants – explaining and re-explaining some Core functions and solving 2 or 3 „pain points" which were proving to be really difficult. It took much more time than it should have taken, according to my expectations, due to the cultural differences and language hurdles. It is kind of a cultural cliché that some things may take more time in a different country and culture like Japan, but at that time, and in that specific context, it was true … Much more important however: these pain points were solved, key users felt relieved, and it was worth taking all the time it needed – even if it was sometimes exhausting!

Mein französischer Übersetzer antwortete: „Nein, das ist in Ordnung. Niemand wollte etwas verpassen. Das hier sind wichtige Informationen für sie, und sie denken daran, dass Sie 10 000 Kilometer geflogen sind, um sie zu besuchen. Das ist das Mindeste, was sie für Sie tun können – wenigstens aus Höflichkeit." Das war eine wichtige und unvergessliche Lektion über die Landeskultur!

Dann begann ich mit dem Training. Mein französischer Assistent tat alles, was er konnte. Ich war nicht sicher, was er da übersetzte. Ich war nicht sicher, ob die Endnutzer alles verstanden. Jeder nickte mit dem Kopf und murmelte diesen sonderbaren „Ay"-Laut auf Japanisch.

Ich hatte nur diese unglaubliche Vision von dreißig Menschen, die gleichzeitig mit dem Kopf nickten „Ay" – mit einem scheuen Lächeln auf dem Gesicht. Ich hatte keine Ahnung, ob es „Ich bin einverstanden" bedeutete, „Ich bin nicht einverstanden" oder „Könnten Sie das bitte wiederholen?" oder vielleicht manchmal auch „Bitte lassen Sie uns in Ruhe und nehmen Sie das nächste Flugzeug zurück nach Paris." Das war alles ziemlich surreal …

Mein Fazit: Ich verbrachte viel Zeit dort – mit den Hauptnutzern, mit den Consultants vor Ort, erklärte wieder und wieder einige Core-Funktionen und löste zwei oder drei Probleme, die den Prozess wirklich blockierten. Das Ganze kostete mich mehr Zeit als nötig (jedenfalls meinen Erwartungen gemäß). Mit Sicherheit lag dies auch an den kulturellen Differenzen und an Sprachproblemen. Eine Art kulturelles Klischee, dass manche Dinge einfach länger dauern in einem anderen Land und einer anderen Kultur wie Japan, aber damals und in diesem speziellen Kontext entsprach es der Wahrheit. Viel wichtiger aber war dies: Probleme wurden gelöst, die Hauptnutzer fühlten sich erleichtert und die Sache war es wert, die notwendige Zeit aufzuwenden – selbst, wenn es manchmal sehr anstrengend war.

Convincing or Headstrong?

My time at itelligence began with considerable potential for conflict. Before 1999 I worked for twelve years at Digital Equipment in Switzerland. At 59 years, the feeling grabbed me that this was the last chance to, once again, do something else. In this mood I ran into Wolfgang Schmidt of Schmidt & Vogel Partner (SVC). A visionary.

We hit it off immediately and the move to a smaller company with the possibility of shaping everything from A – Z excited me. After weighing the pros and cons, and a visit to Bielefeld to see the co-founder of Smith & Vogel Partner, Herbert Vogel, I took charge of the Swiss national branch of the German IT consulting firm, which then in 2000 changed its name to itelligence.

Wolfgang and I developed strategies, discussed directions and laid the foundation for today's national organisation. Everything was clear – we spoke the same language. Details? Actual numbers? I wanted to see them later. Reality would soon catch up with me.

The international, American company culture that was practiced by me hit the small team of nearly 20 employees like a meteor. My feeling was that the branch that was started 2 years ago was still discussing its orientation. The difference of cultures, together with the pattern of action was clear. An inner voice wanted to wipe everything off the table and start from scratch. On the other hand would this course of action create a lot of friction with the current personnel? As the new head fresh from a U.S. multinational I gave a neat image of the enemy. Conflict inevitable. What was needed was balance.

Überzeugend hartnäckig

Meine Zeit bei itelligence begann mit erheblichem Konflikt-
potenzial. Vor 1999 hatte ich zwölf Jahre bei Digital Equipment in der Schweiz gearbeitet. Mit 59 Jahren packte mich
das Gefühl, dies sei die letzte Chance, nochmals etwas anderes zu machen. In dieser Stimmung lief mir Wolfgang Schmidt
von Schmidt Vogel & Partner (SVC) über den Weg. Ein
Visionär.

Wir verstanden uns auf Anhieb und der Wechsel in ein kleineres Unternehmen mit der Möglichkeit von A – Z alles zu
gestalten reizte mich. Nach Abwägen der Vor- und Nachteile
und einem Besuch in Bielefeld beim Mitgründer von Schmidt
Vogel & Partner, Herbert Vogel übernahm ich die Schweizer
Landesniederlassung des deutschen IT-Beratungsunterneh-
mens, das dann im Jahr 2000 zu itelligence umfirmierte. Wolfgang und ich entwickelten Strategien, diskutierten Richtun-
gen und legten den Grundstein für die heutige Landes-
organisation. Alles war klar – wir sprachen dieselbe Sprache.
Details? Konkrete Zahlen? Die wollte ich mir später ansehen.
Die Realität sollte mich bald eingeholt haben.

Die von mir praktizierte Kultur des internationalen, amerikanischen Unternehmens schlug wie ein Meteorit in dem kleinen Team von damals beinahe 20 Mitarbeitenden ein. Nach
meinem Gefühl hielt sich die zwei Jahre zuvor gegründete
Geschäftsstelle immer noch mit Überlegungen der Orientierung auf. Der Unterschied der Kulturen und damit der Hand-
lungsmuster lag auf der Hand. Eine innere Stimme wollte alles
sofort vom Tisch wischen und komplett neu anfangen.
Andererseits hätte das die Mitarbeitenden vollends vor den
Kopf gestoßen. Als neuer Chef frisch vom amerikanischen
Multi gab ich ein gepflegtes Feindbild ab. Konflikt vorpro-
grammiert. Gefragt war Ausgleich.

It needed time ...

During my first twelve months at Schmidt & Vogel Partner my main task was to mediate and balance. Shortly after my move, 20 employees of Digital Equipment also decided to move to the Swiss branch of the German company.

This was the next meteorite that struck. A hefty dose of international, longstanding business culture met a way of thinking which had been regarded as from the outside and playful. Apart from the – to put it kindly – modest economic successes the employees had hardly developed into an effective team. With the gradual arrival of 20 new colleagues the digits began to change from red to black, the figures and the monthly call of our accountant in Bielefeld with a request for liquidity for the payment of salaries was over!

So while we were well on our way in terms of business the integration of the two cultures was not yet completed. Then again all signals pointed towards collegiality. We started talking to each other on a first name basis, we held regular team meetings, and we shared occasions such as the annual barbecue with family members. The only common element between the previous and new employees, however, was the mutual distance maintained. With the change of employees to itelligence, new customers and projects came along, which I held for a blessing entrepreneurially. The protection of minorities in the team was tilted to a large extent.

Convincingly persistent or
The customer is not always right!

„Good luck", my secretary called as we rushed out of the office one morning. Together with the overall project manager, I was on my way to meet one of our clients in the civil service. When two days before the phone had rung late in the afternoon, I was absorbed in the budgets of the previous month. At

Es brauchte Zeit ...

Während meiner ersten zwölf Monate bei Schmidt Vogel & Partner bestand meine Hauptaufgabe darin, zu vermitteln und auszugleichen. Kurz nach meinem Wechsel entschieden sich 20 Mitarbeitende von Digital Equipment ebenfalls für den Schritt zur Schweizer Geschäftsstelle des deutschen Unternehmens. Damit schlug der nächste Meteorit ein. Eine geballte Ladung internationaler, langjährig gepflegter Geschäftskultur traf auf eine Denkweise, die von außen betrachtet wie verspielt wirkte. Abgesehen von den – um es freundlich auszudrücken – verhaltenen wirtschaftlichen Erfolgen hatten sich die Mitarbeitenden noch kaum zu einem schlagkräftigen Team entwickelt. Mit dem schrittweisen Eintreffen der 20 neuen Kolleginnen und Kollegen wandelten sich die Zahlen von Rot in Schwarz und der monatliche Anruf unserer Buchhalterin in Bielefeld mit der Bitte um Überweisung von Flüssigem für die Auszahlung der Gehälter hatte ein Ende!

Damit waren wir zwar businessmäßig auf gutem Weg, die Integration der zwei Kulturen war aber noch nicht vollzogen. Dabei waren die Signale durchaus auf Kollegialität gesetzt. Wir duzten uns, wir hielten regelmäßige Teammeetings ab, und wir führten gemeinsame Anlässe wie das jährliche Grillfest mit den Angehörigen ein. Das einzig verbindende Element zwischen den vorherigen und den neuen Mitarbeitenden jedoch blieb die gegenseitig gepflegte Distanz. Dass mit dem Wechsel der Mitarbeitenden zu itelligence auch Kunden und Projekte mitkamen, hielt ich unternehmerisch für einen Segen, der Minderheitenschutz im Team war damit weitgehend gekippt.

Überzeugend hartnäckig oder
Der Kunde hat nicht immer Recht!

„Viel Glück!", rief uns meine Sekretärin hinterher, während wir eines morgens aus dem Büro eilten. Zusammen mit dem

the end of the tables were the kind of numbers that the head of a national branch wishes to see, so I was in relieved when the ringing returned me back to reality. The very tone of the caller immediately got my attention.

„Greetings Herr Frei, we absolutely have to talk." Suddenly I was alerted. I remember the client as being pleasant and cheerful.

At the signing ceremony a few weeks ago we had both admitted to enjoying the view from the Rigi – especially since the historic railway on the mountain made the climb easier. If he would start a conversation with a tone like this it was time to put my previous assumptions aside. In fact, he told me unequivocally that he wanted to replace the Project Manager (PL). We had only shortly before nominated him and handed him over the project. How could it be that within such a short time such an acute problem occurred? On the phone I agreed with the customer to first come to him and meet him personally on Friday to discuss his concerns. In the meantime, I wanted to know about the status of the project and possible backgrounds, as I knew that the project manager would be at the meeting there with us. I didn't and don't like conflicts and see only one way to solve them – to address them aggressively.

In personal conversation with the IT managers on the agreed date, we succeeded in putting our emotions behind us and got on with the matter in hand. We both stood behind our PL and emphasised his qualifications. This didn't seem to be called into question by the customer, and so he finally agreed to give it another try. One and a half hours later we were on our way back.

Our partner was noticeably uncomfortable with the situation and was rather more skeptical then relieved. Would our PL really be more responsive to the employees of the client and be able to compromise in his consultations? Back in the office, we got our PL and discussed with him how best to proceed. He

Gesamtprojektleiter machte ich mich auf den Weg zu einem unserer Kunden aus dem öffentlichen Dienst. Als zwei Tage vorher am späten Nachmittag das Telefon geläutet hatte, war ich eben in die Budgets des Vormonats vertieft gewesen. Am Ende der Tabellen standen Zahlen, wie sie sich der Leiter einer Landesgeschäftsstelle durchaus wünscht, und so war ich guter Dinge, als mich das dezente Surren aus den Gedanken geholt hatte. Schon allein dieser Tonfall des Anrufers ließ mich aufhorchen.

„Grüezi Herr Frei. Wir sollten uns unbedingt unterhalten." Schlagartig war ich auf „Hab Acht". Diesen Kunden hatte ich als umgänglich und aufgeräumt in Erinnerung. Bei der Vertragsunterzeichnung vor ein paar Wochen hatten wir im Gespräch festgestellt, beide den Blick von der Rigi zu genießen – vor allem, weil die historische Bahn am Berg den Aufstieg erleichterte. Als er nun mit dieser Tonlage ins Gespräch einstieg, schob ich meine Statistiken zur Seite. Tatsächlich eröffnete er mir unmissverständlich, dass er den Projektleiter (PL) austauschen möchte. Wir hatten ihn erst kurz zuvor nominiert und ihm das Projekt übergeben. Wie konnte es sein, dass innerhalb so kurzer Zeit ein so akutes Problem auftrat? Am Telefon vereinbarte ich nun erst einmal mit dem Kunden, am Freitag zu ihm zu kommen und persönlich über sein Anliegen zu sprechen.

Zwischenzeitlich wollte ich mich über den Stand des Projekts und mögliche Hintergründe informieren. Außerdem sollte der Gesamtprojektleiter beim Meeting mit dabei sein. Konflikte mochte und mag ich nicht, gleichzeitig sehe ich nur einen Weg sie zu lösen – sie offensiv anzugehen.

Im persönlichen Gespräch zum vereinbarten Termin mit dem IT-Verantwortlichen gelang es uns nach einer Weile, die sachliche Schiene einzuschlagen und damit die hohe Emotionalität aufzufangen. Wir stellten uns beide hinter unseren PL und unterstrichen seine Qualifikation. Diese schien der Kunde gar nicht zu hinterfragen, und so erklärte er sich schließlich damit

on one hand had to continue the project and definitely needed our backing for this.

At the same time he needed to consider things on a human level and carefully work with the projects' participants. He recognised the conflicting expectations, but also knew that he had incapacitated himself navigating through a minefield. If he went with mixed feelings to the customer in the following days, it was impossible to tell – and a few weeks later it was clear: our strategy to continue to rely on him paid off. He led the project to a success, gained more and more respect and eventually enjoyed a sort of „hero-status". It was good that he preserved his clear vision.

In 1999 I decided, given the cultural disparities in the office, much like our PL at said customers, to not let it affect my temper or make me timid. I drank my coffee with everyone. Everyone was invited to put the company future-proof on it's legs, and I communicated that idea. What we then desperately sought were skilled professionals who were willing to deal with a slightly more unorthodox way of doing things. The business of consulting stands or falls with seasoned personalities.

A project manager / consultant –
the demands are high

A project leader is almost always under pressure. He needs a comprehensive general knowledge to understand the different market segments and business units. From the side of the client he is often confronted with superhuman expectations. Apart from handling the project, he is also expected to integrate all the issues and requirements that come up at a later stage.

That this often entails the allocation of the additional budget is something the customer rarely likes to hear. So it is important to take a position and defend it.

einverstanden, es nochmals mit ihm zu versuchen. Eineinhalb Stunden später machten wir uns auf den Rückweg. Unserem Gegenüber hatte die Situation spürbar aufs Gemüt geschlagen und so war er eher skeptisch-neugierig denn erleichtert. Würde unser PL tatsächlich mehr auf die Mitarbeitenden des Kunden eingehen und diesen vermittelnd zur Seite stehen?

Zurück im Büro holten wir unseren PL hinzu und besprachen mit ihm, wie weiter vorzugehen wäre. Er musste einerseits das Projekt fortsetzen und brauchte hierfür unbedingtes Standing. Gleichzeitig sollte er zukünftig die menschliche Ebene stärker beachten und fürsorglich mit den am Projekt Beteiligten umgehen. Er erkannte die widerstreitenden Erwartungen, wusste jedoch auch, dass er sich mit einem Eiertanz zwischen atmosphärischen Tretminen handlungsunfähig gemacht hätte.

Sollte er in den darauffolgenden Tagen mit gemischten Gefühlen zum Kunden gegangen sein, so merkte man es ihm nicht an – und ein paar Wochen später war klar: Unsere Strategie, weiterhin auf ihn zu setzen, ging auf. Er führte das Projekt erfolgreich ein, wurde mehr und mehr geschätzt und avancierte schlussendlich zum „Helden". Gut dass er seinen klaren Blick bewahrt hatte.

1999 entschied ich mich angesichts der kulturellen Unstimmigkeiten in der Geschäftsstelle ähnlich wie unser PL bei besagtem Kunden und ließ mich von den Zwistigkeiten weder kopf- noch gemütsscheu machen. Ich trank meinen Kaffee mit allen. Jeder war eingeladen, das Unternehmen zukunftssicher auf die Beine zu stellen, und so kommunizierte ich es auch. Was wir damals händeringend suchten, waren kompetente Fachleute, die ungewöhnliche Wege zu gehen bereit waren. Das Geschäft der Beratung lebt nur mit gestandenen Persönlichkeiten.

Ein Projektleiter/Berater – die Anforderungen sind hoch

Ein Projektleiter steht praktisch ständig unter Strom. Er braucht ein umfassendes Allgemeinwissen, um die unter-

Of course, the customer sees this as a starting point for complaints if something is not done as desired. A thick skin helps if the lines are unclear and the emphasis is discussed controversially. Is there really cause for complaint? Or has the customer got an unrealistic expectation? The project manager has to decide this and be a local representative. The fact that he spends most of his time at the customers location makes it more difficult and holds plenty of potential for conflicts of interest.

The project leader is as strong as the feedback and input they receive from their management. This sounds a bit like grey management theory, however, it is true throughout the entire business world. Anyone who is uplifted by his team also represents this to the outside world.

There are also criticisms and home-made conflicts to deal with. What I definitely experienced was the consultant asking the customer how he would like to have a particular process solved in SAP.

In such cases, I became restless. In most cases the customer was overwhelmed with such a task, or he would express wishes that would overflow in implementation and blow the budget. Consulting is our job and the customer is entitled to rely on our experience. We assess situations and formulate appropriate recommendations. The occasional hint that we have done this successfully with another customer before may be quite helpful. Again, however: one should not overdo it. I'm thinking of one of my former bosses, who quoted at every possible opportunity, appropriate or not the sentence: „In the house of Bosch we do it like this"… much to the derision of the consultants of course. My argument fell on receptive ears among the consultants in general and I only rarely had to intervene.

schiedlichen Marktsegmente und Unternehmensbereiche zu verstehen. Von Seiten des Kunden wird er gerne mit übermenschlichen Erwartungen konfrontiert. Abgesehen vom Projekthandling soll er auch all die nachträglich auftauchenden Fragen und Anforderungen bedienen und integrieren. Dass dafür oftmals zusätzliche Budgets bereitgestellt werden müssen, möchte der Kunde in den seltensten Fällen hören. Also gilt es, Position zu beziehen und diese zu verteidigen.

Natürlich sieht ihn der Kunde auch als Anlaufstelle für Beschwerden, falls etwas nicht wie gewünscht geschieht. Ein dickes Fell hilft, wenn die Linien unklar verlaufen und die Gewichtungen kontrovers diskutiert werden. Gibt es tatsächlich Anlass zur Beschwerde? Oder hatte der Kunde eine unrealistische Erwartungshaltung, die sich nun offenbart? Der Projektleiter muss dies entscheiden und vor Ort vertreten. Die Tatsache, dass er den größten Teil seiner Zeit am Standort des Kunden verbringt, erschwert dies und birgt reichlich Potenzial für Interessenskonflikte.

Die Projektleiter sind so stark wie der Rückhalt und Input, welche sie von ihrer Geschäftsführung erhalten. Es wirkt ein bisschen wie graue Managementtheorie, zieht sich jedoch durch den gesamten Geschäftsalltag. Wer sich in seinem Team aufgehoben weiß, vertritt es auch nach außen.

Dabei gibt es Kritik und hausgemachte Konflikte ebenfalls nach innen. Was ich durchaus erlebte, war, dass Berater den Kunden fragten, wie er einen bestimmten Prozess in SAP gelöst haben wollte. In solchen Fällen wurde ich unruhig. Meistens war der Kunde mit so einer Aufgabenstellung entweder überfordert oder er artikulierte Wünsche, die in der Umsetzung ausuferten und den Budgetrahmen sprengten. Beratung ist schließlich unser Job und der Kunde darf sich auf unsere Erfahrung verlassen. Wir beurteilen Situationen und formulieren entsprechende Empfehlungen; ein gelegentlicher Hinweis, dass wir das bei einem anderen Kunden erfolgreich so gemacht hätten, kann dabei durchaus hilfreich sein. Auch

The charm of success

As head of the national branch the conflicts during the first six to twelve months ended up on my desk. They took up at least as much of my time as the change of our corporate vision. This part of my task Wolfgang Schmidt and I did not antici- pate. In my thinking, I initially assumed that both parties would understand each other and work together smoothly. I hold on to this almost naive basic understanding to this day, even though time and again I've seen it not to be the case. As more people were involved, this inevitably led to competing interests.

When the conflict surfaced, I had the opportunity to har- monise. A powerful storm has a cleansing effect. More often than not the correct solution should allow the people in question to work more closely and efficiently with each other.

With all the early quarrels I had hoped that every day business life would set things straight. I put on the charm of success. And in fact, we soon had no time anymore to think about mental states. The market offered tremendous opportunities and the people threw themselves into the business. The team that has survived this first phase is still there in large part today.

17 of the 20 consultants who switched from Digital Equip- ment to itelligence are still active, and not to forget: after 15 years of itelligence four consultants of the original SVC Switzerland department are still highly motivated team mem- bers.

This long-standing involvement is rather the exception then the rule in the IT sector and speaks for the positive atmos- phere among the employees. They have all made the Swiss branch one of the most successful within the itelligence organisation. The „mother", as Herbert Vogel and his manage- ment team were called, supported from the beginning a rela-

hier gilt aber: Man darf es nicht übertreiben. Ich denke da an einen meiner früheren Chefs, der bei jeder passenden oder unpassenden Gelegenheit den Satz zitierte: Im Hause Bosch, da machten wir es so … Für den Spott unter den Beratern war damit natürlich gesorgt.

Mein Einwand stieß durchgängig auf offene Ohren bei den Beratern, und ich musste das – wenn überhaupt – jeweils nur ein einziges Mal ausführen.

Der Charme des Erfolgs

Als Leiter der Landesgeschäftsstelle liefen die Konflikte der ersten sechs bis zwölf Monate bei mir auf. Sie nahmen mich mindestens so in Beschlag wie das Umsetzen unserer unternehmerischen Visionen. Diesen Teil meiner Aufgabe hatten Wolfgang Schmidt und ich nicht vorhergesehen. In meiner Denke gehe ich erst mal davon aus, dass sich die Beteiligten verstehen und reibungslos zusammenarbeiten. An diesem beinahe naiven Grundverständnis halte ich bis heute fest, selbst wenn ich es immer wieder anders erlebt habe. Sobald mehr Personen beteiligt waren, führte dies unweigerlich zu konkurrierenden Interessenslagen. Wenn der Konflikt aufbrach, hatte ich die Chance zu harmonisieren. Ein kräftiges Gewitter hat reinigende Wirkung. Am Ende stand meist eine Lösung, die die Beteiligten schützte und sie einander wieder näher bringen sollte.

Bei all den Anfangsquerelen hatte ich gehofft, dass uns der Alltag auf den Boden der Tatsachen holen würde. Ich setzte auf den Charme des Erfolges. Und in der Tat hatten wir bald keine Zeit mehr, über Befindlichkeiten nachzudenken. Der Markt bot immense Chancen und die Leute stürzten sich mit Feuereifer aufs Geschäft.

Das Team, das diese erste Phase überstanden hat, besteht zum großen Teil heute noch. 17 der 20 Berater, die von Digital Equipment zu itelligence gewechselt waren, sind nach wie vor

tive freedom in our portfolio and business decisions. Major customers in the public administration and of advanced industries could in this way be addressed in their particular situation and receive individual attention.

aktiv; und nicht zu vergessen: Vier aus der ursprünglichen SVC-Crew sind nach 15 Jahren itelligence Schweiz immer noch hoch motiviert mit dabei. Diese langjährigen Engagements gehören im IT-Bereich eher zu den Ausnahmen und sprechen für die positive Stimmung unter den Mitarbeitenden. Sie alle haben aus der Schweizer Landesgesellschaft eine der erfolgreichsten im itelligence-Verbund gemacht. Die „Mutter", sprich Herbert Vogel mit seinem Managementteam, spürte von Anfang an, dass bei uns eine relative Freiheit im Portfolio und in den unternehmerischen Entscheidungen die Beteiligten anspornen würde. Großkunden aus der öffentlichen Verwaltung und aus hochentwickelten Industrien konnten auf diese Weise in ihrer besonderen Situation angesprochen und individuell betreut werden.

Toru Yamashita   *Japan*
President and CEO of NTT DATA Group

An Interview:
The Marvellous Parts of IT Industry

NTT DATA Group – that was a part of a Japanese public corporation in its beginning – is aiming to become one of the top five global IT services company and over the past few years has been accelerating its global expansion. Could you explain us the background for this process?

I joined this company more than 40 years ago and I know very well its history. Let me first talk a little about it.

At the time I joined, it was a public company: the Nippon Telegraph and Telephone Public Corporation. Our mission was to expand the benefits of telecommunications in the fast changing Japanese society.

I studied urban engineering at university and the possibility to have a work that has a direct impact in society and peoples' life made me decide for this company.

I was first assigned to the Data Communication Division, which was recently established in 1967. In the same period, the commercial use of computers was rapidly expanding, and companies in the computer industry around the world were competing fiercely to expand their business.

In other words, the Japanese Government decided to establish this Data Communication Division as a project of national interest to promote the computer industry in Japan.

We decided to develop our own-branded mainframe computer and combine it with our telecommunications network; we embraced two missions: to be the high technology research leaders in this field and to expand this „connecting society" data communication technology around Japan. For this reason, it was encouraged to challenge in those areas, at that time „unprecedented areas" for us. Even now, NTT DATA holds a

Toru Yamashita
Präsident und CEO der NTT DATA Group

Ein Interview:
Zu den schönen Seiten der IT-Industrie

NTT DATA Group – anfangs ein Teil der Öffentlichen Dienste in Japan – hat sich vorgenommen, eine der fünf größten IT-Service-Gesellschaften weltweit zu werden und hat ihr globales Wachstum in den zurückliegenden Jahren entsprechend beschleunigt. Könnten Sie uns die Hintergründe zu dieser Entwicklung erzählen?

Ich bin selbst vor über 40 Jahren in das Unternehmen eingetreten und kenne von daher diese Entwicklungen sehr gut. Lassen Sie mich zunächst ein wenig hiervon sprechen.

Als ich damals eintrat, war das noch eine öffentliche Institution: Die Nippon Telegraph and Telephone Public Corporation. Unser Auftrag lautete, die Annehmlichkeiten der Telekommunikation für die sich sehr rasch ändernde japanische Gesellschaft zugänglich zu machen. – Ich hatte Urban Engineering an der Universtität studiert, und die Gelegenheit, eine Arbeit zu finden, die direkten Einfluss auf die Gesellschaft und das Leben der Menschen haben würde, gab den Ausschlag, bei dieser Firma anzufangen. Ich wurde zunächst der Data Communication Division zugewiesen, die kurz zuvor im Jahr 1967 eingerichtet worden war. Zur gleichen Zeit breitete sich der kommerzielle Einsatz von Computern rasant aus, und die jungen Unternehmen der Computer-Industrie kämpften erbittert um grundlegende Marktanteile. Anders ausgedrückt beschloss die japanische Regierung, diese Data Communication Division als Projekt von nationalem Interesse, nämlich zur Unterstützung einer eigenen Computer-Industrie in Japan, voranzubringen.

Wir beschlossen, unseren eigenen Mainframe Computer zu entwickeln und ihn mit unserem Telekommunikationsnetz zu verbinden; wir nahmen uns zweier Ziele an: Wir wollten in diesem Hochtechnologie-Bereich die führenden Forscher

large market share in these fields: cross-industry systems that involve many companies of a particular industry, nation-wide computer network systems as the Japan inter-banking network, central government large-scale systems and networks, and so on.

In the 1980's, state-owned telecom enterprises around the world began to be transformed to private companies. In 1985, Nippon Telegraph and Telephone Public Corporation was constituted as a private company with the name of NTT.

I was assigned to work in – at that time – a top-secret project to examine the feasibility to spin-off Data Communications Division from NTT. Just a couple of months later, our team decided to propose the establishment of the division as a separate company.

It was different from the monopolized telecommunication business, it was necessary to compete with other Japanese and foreign private IT companies. The organization of NTT was too large and bureaucratic to fight against competitors. Other competitors used the company's president to make a direct visit to clients for sales purposes. Against that, we needed to spent tremendous time and internal coordination to set up a single client visit of one of our „giant company" top managers.

We wanted to compete as a private company in the fast growing IT market. The division was full of such spirit. Fortunately, I was assigned with this special mission and with Mr. Tomokazu Hamaguchi – a former president of NTT DATA – we thought that it was the opportunity to realize our project of a fresh organization without bureaucracy and do things that we couldn't do in a public company. NTT DATA then started in 1988 and since then has enjoyed revenue growth for more than twenty years.

After that, we began the internationalization of our business mainly in Asia, North America and Europe, but it was not until the mid of year 2000 that we took the first step of the

sein, und wir wollten diese Daten- und Kommunikations-technologie zur Verzahnung der Gesellschaft in ganz Japan bereitstellen. Insofern wurden wir aufgefordert, uns in dieses bis dahin „unbekannte Terrain" vorzuwagen. Und noch heute hält NTT DATA einen riesigen Marktanteil in diesen Feldern: Industrien übergreifende Systeme, die mehrere Firmen innerhalb eines Industriezweiges einbinden, landesweite Computer-Netzwerke wie das System des japanischen Banken-Netzwerks, zentrale Systeme der Landesverwaltung und des Regierungsnetzwerkes und so weiter.

In den 1980er-Jahren wurden dann die staatlichen Telefongesellschaften rund um den Globus in privatwirtschaftliche Gesellschaften verwandelt. Entsprechend wurde 1985 auch die Nippon Telegraph and Telephone Public Corporation in eine private Unternehmung mit dem Namen etabliert. Man beauftragte mich mit dem damals höchst geheimen Projekt, die Möglichkeiten zu untersuchen, die Data Communications-Division aus der NTT als Spin-off herauszulösen. Und nur wenige Monate später beschloss unser Team, den Vorschlag zu machen, unsere Division als eigenständige Firma auszugründen.

Das alles war anders als im monopolistischen Telekommunikationsgewerbe, es war wichtig, mit anderen japanischen und privaten auswärtigen IT-Gesellschaften konkurrieren zu können. Die Struktur von NTT war jedoch zu groß, auch zu bürokratisch, um es mit Konkurrenten aufnehmen zu können. Die Mitbewerber setzten ihren Firmen-Präsidenten einfach für einen direkten Besuch und ein Verkaufsgespräch bei einem Kunden ein. Wir dagegen brauchten unglaublich viel Zeit und interne Abstimmungen, um auch nur einen einzigen Kundenbesuch durch einen führenden Kopf unserer Riesenfirmen zu bewerkstelligen.

Wir wollten als eigenständige Firma im wachsenden IT-Markt antreten. Die Division war durchdrungen von diesem Gedanken. Zum Glück wurde ich mit dieser Mission betraut, und zusammen mit Herrn Tomokazu Hamaguchi – dem früheren

current internationalization strategy. Many Japanese companies and manufacturers had begun to go global. We want to be the IT and innovation partner for those companies. That is one of the reasons that we decided to accelerate our global business expansion.

We want to share with the world all of our achievements and reliable IT systems.

NTT DATA's approach was to welcome IT service companies with solid customer base in the U.S. and European market and at the same time has strong delivery resources in China and India. We don't want just export unilaterally our technology, we want to bring the know-how of all of these companies, think of them as our own partners not only as acquisitions.

If we can learn from each other and create synergies, I am sure that would be our best competitive advantage. That was our principle for M&A in these last years.

To say the truth, for someone like me that worked for a long time only in the Japanese market, it is a really valuable experience to work with overseas executives, to think and to discuss together, brings up new insights. Exposure to different customs and cultures makes us think again about our own culture and identity. We have many things in common because we are working in the same IT service industry. I am sure that companies that joined NTT DATA Group think the same.

We are not aiming for a power centralized globalization, we are looking for a multi-lateral globalization – this is one of the pillars of NTT DATA's strategy, and I think that makes us different from other competitors giving us an advantage, to know and respect different cultures among our group companies is helping us to identify what things we need to change to be more competitive.

Präsidenten von NTT DATA – dachten wir, es sei nun an der Zeit, unser Plan von einer neuen Organisation ohne Bürokratie zu realisieren und Dinge zu tun, die wir innerhalb einer öffentlichen Institution nie hätten tun können. NTT DATA startete denn auch 1988, und von da an genoss es über 20 Jahre hinweg stetige Umsatzzuwächse.

Hiernach gingen wir die Internationalisierung unseres Geschäftes an, vor allem Asien, Nordamerika und Europa, aber wir warteten das Jahr 2000 ab, bis wir unsere erste Maßnahme im Rahmen unserer heutigen Internationalisierungsstrategie ergriffen. Denn viele japanische Unternehmen und Hersteller hatten sich angeschickt, global zu werden. Wir wollten für diese Firmen der IT- und Innovations-Partner sein. Aus diesem Grunde beschlossen wir, unser globales Geschäft zu beschleunigen. Wir wollten mit der Welt alle unsere Errungenschaften und zuverlässigen IT-Systeme teilen.

NTT DATAs Ansatz war es, IT-Service-Unternehmen mit stabilen Kundenstämmen im US-amerikanischen und europäischen Markt zu uns zu holen, die zugleich starke Lieferquellen in China und Indien haben. Wir wollen nämlich nicht einfach einseitig unsere Technologie exportieren – wir wollen uns das Können all dieser Firmen aneignen, die wir nicht als bloße Akquisitionen, sondern als unsere Partner verstehen. Wenn wir voneinander lernen und Synergien herstellen, dann wird dies unser größter Wettbewerbsvorsprung sein. Und genau dies war die Basis unserer Mergers & Acquisitions der zurückliegenden Jahre. Um die Wahrheit zu sagen: Für jemanden, der wie ich sehr lange ausschließlich im japanischen Markt tätig war, ist es eine wirklich wertvolle Erfahrung, mit den Verantwortlichen in Übersee zu arbeiten, mit ihnen nachzudenken und zusammen zu diskutieren. Wir haben viel Gemeinsames – schließlich arbeiten wir in derselben IT-Service-Welt. Ich denke, diejenigen Firmen, die NTT DATA beitraten, werden dies ebenso einschätzen.

Wir haben es nicht auf eine Globalisierung mit einer Machtzentrale abgesehen, wir zielen auf eine multi-laterale Globa-

In this kind of B2B business that is IT service and consulting, how important do you think is multiculturalism?

One of the most interesting things is that IT business is not a boring activity because you have the opportunity to interact and work with many people, with different backgrounds in all kind of industries. In NTT DATA I was assigned to different sectors: public, financial, logistics, manufacturing, telecom, media etc. Provide business IT systems requires deep understanding of the different business rules and customs of every particular industry, different corporate profiles and diverse organizational culture and business style.

To fully understand client needs, it is essential to grasp the organizational structure and culture of that company, to understand the way of working of their staff and how decision making is performed. Try to approach clients with only a unilateral point of view, with a unilateral way of thinking usually doesn't work well. NTT DATA will not serve just as its contractor, we always try to think and work as a member of that company, take their issues as ours; that is our spirit when we engage in a work. We have to talk common language with them to take advantage of developed IT systems.

Even if we use the same solution and software package, the final system that we provide is different for every client. That means that solutions and systems we provide never are identical. We are not a software mass production company, we don't sell our packages or solutions in mass.

Many unsuccessful cases are caused by a lack of communication in the initial phase of a project. Personally, I experienced many difficulties in the past and some really bitter experiences for ignore this. It is extremely important to properly understand organizational culture of every client. Understanding this is essential for B2B service industry.

lisierung ab – dies ist eine der Säulen von NTT DATAs Strategien, ich denke, das unterscheidet uns von Mitbewerbern, gibt
uns Pluspunkte, und diese voneinander verschiedenen Kulturen innerhalb unserer Gruppe zu kennen und sie zu respektie-
ren, das hilft diejenigen Aspekte zu identifizieren, die wir für
noch bessere Konkurrenzfähigkeit ändern müssen.

*In diesem B2B-Geschäft, das die IT-Dienstleistung und -Beratung
darstellt – was denken Sie, wie wichtig dort Multikulturalität ist?*

Eine der spannendsten Dinge im IT-Geschäft ist es, dass es
nicht irgendeine langweilige Tätigkeit ist. Denn man hat Gelegenheit zu Austausch und Arbeit mit vielfältigen Personen-
kreisen mit unterschiedlichsten Hintergründen in allen möglichen Industrieformen. Bei NTT DATA war ich für verschiedene Sektoren verantwortlich: öffentliche, finanztechnische,
Logistik, Herstellung, Telekom, Medien und so weiter. Professionelle IT-Systeme bereitzustellen erfordert grundlegendes
Verständnis für die unterschiedlichen Geschäftsregeln und
Gewohnheiten in einzelnen Industriezweigen, für unterschiedliche Firmenprofile und für vielfältige Organisations-
muster und Arten der Geschäftsführung.

Will man die Bedürfnisse eines Klienten wirklich verstehen,
muss man sich die Organisationsstrukturen bei ihm vergegenwärtigen sowie die dortige Unternehmenskultur, dann erst versteht man die Arbeitsgänge seiner Mitarbeiterschaft und wie
die Entscheidungsfindungen verlaufen. Einem Kunden
schlicht mit einer eindimensionalen Sichtweise zu begegnen,
mit einer eindimensionalen Denkweise, funktioniert üblicher-
weise nicht. NTT DATA möchte seinen Kunden nicht einfach
als Vertragserfüller dienen, wir versuchen eher, als Teilnehmer
an der Firma zu denken und tätig zu sein, nehmen uns ihrer
Belange als der unsrigen an; das ist unsere Haltung, wenn wir
in eine Arbeit einsteigen. Wir müssen mit ihnen eine gemeinsame Sprache sprechen, wenn wir die Herausforderung annehmen, für sie ein IT-System zu entwickeln.

Selbst wenn wir einmal eine bereits benutzte Lösung oder ein

Last year, you published a book: „Contribution Power Management". What kind of book is it?

„The power of contribution" is a coined Japanese term and I always have some difficult translating it to English. In few words, it means „human's capability to interact, learn and support each other".

Due to economic globalization and the rise of emerging countries, every developed nation which has been leading world's economy so far, are experimenting now a difficult situation. Global business operations are going more and more difficult within this complex and interdependent environment.

There is no longer a unique „absolute answer", it is indispensable to search among different options and chose the one that is the most meaningful, to develop capabilities to obtain that one that is close to the correct answer. I think in this era, leadership and management by few people is not possible. I believe that it is important to integrate knowledge and wisdom of every employee, of every organization and stand over the challenges together. All individuals have intrinsically this „power of contribution".

People live interacting with various communities and groups with a common purpose or interest, rather than just only work-related ones. Each one contributes to that community, all together join forces and look for the best answer for its work and society.

I want NTT DATA to be this kind of organization, people who always think not only in his own work but the best for society and for the different communities which interact. What we are looking for is to be a company respected by customers and society, a company that employees' families can regard with proud.

„To be useful for community. To grow up" are natural human needs. I strongly believe that cultivating this „power contribu-

Software-Paket einsetzen, ist das System, das wir unserem Kunden am Ende übergeben, ein anderes. Lösungen und Systeme, die wir unseren Kunden bereitstellen, sind nie identisch. Wir sind keine Software-Massenproduktion, wir verkaufen unsere Pakete und Lösungen nicht „von der Stange".

Meist werden nicht zufriedenstellende Fälle durch einen Mangel an Kommunikation in der Anfangsphase eines Projektes verursacht. Ich persönlich bin in der Vergangenheit vielen Schwierigkeiten begegnet, und viele bittere Erfahrungen unter ihnen resultierten genau aus diesem Versäumnis. Es ist außerordentlich wichtig, die organisatorische Kultur jedes einzelnen Kunden zu verstehen. Dies zu verstehen, ist essentiell für alle B2B-Service-Unternehmen.

Im vergangenen Jahr veröffentlichten Sie ein Buch: „Contribution Power Management". Welche Art von Buch ist das?

„The Power of Contribution" ist eine sehr typische japanische Wendung, und sie wird immer wieder ein wenig anders ins Englische und Deutsche übertragen. In etwas ausführlicheren Worten besagt sie „die menschliche Fähigkeit zu interagieren, zu lernen und einander zu unterstützen".

Mit Respekt vor der ökonomischen Globalisierung und dem Aufstreben junger Länder, hat nun jede entwickelte Nation, die bereits einmal führende Positionen in der Weltwirtschaft innegehabt hat, eine wahrhaft schwierige Situation zu durchleben. Globale Geschäftsgänge werden zunehmend schwierig innerhalb dieser komplexen und von gegenseitiger Abhängigkeit geprägten Umwelt.

Es gibt nicht länger einfach absolute Antworten, es ist unverzichtbar, unter verschiedenen Optionen auszuwählen und die aspektreichste auszusuchen, sich die Fähigkeit anzueignen, jeweils jene herauszufinden, die einer richtigen Antwort am nächsten kommt. Ich denke, dass in unserer Ära Führung und Management durch wenige Menschen nicht mehr möglich ist. Ich glaube, es ist wichtig, das Wissen und die Weisheit von jedem einzelnen Angestellten einzubeziehen, von jedem

tion" is possible to change, innovate and improve organizational capabilities.

I think that IT services business characteristics are also closely related to my thoughts. Most of our businesses are projects for specific customers. As I mentioned earlier, to share common values and speak in the same language – that are the keys to success – it is essential to think as we were another employee of staff of that company, to be one part of that company.

On the other hand, the more an employee commits to a project the more he will think only in this specific job. It is good but sometimes happens that these employees begin to lose gradually the interest in their employer. I suppose this is similar outside Japan. If this happens inside an industry with high employment mobility, when employees lose its loyalty in their own company, the risk of people leaving their jobs, highly increases.

That is why I encourage our employees to always have curiosity about the things happening outside of their current works. Employees could easily find other communities like project management study groups or groups sharing advanced technology or IT industry professional associations.

There is also other communities not work related as groups that share a hobby or a volunteer groups. Personal connection and knowledge obtained through cooperation with diverse people may give new ideas and benefit for the work challenges.

Participate in virtual communities like Facebook had become tremendously easy. We think in IT as our best tool to interconnect and share knowledge and wisdom between people, there are no more geographical or physical boundaries.

In 2011, NTT DATA group decided to reorganize global business operation under „One NTT DATA" vision.

We aspire to become a global top 5 IT service company. To achieve this ambition, we are proposing our own style „glo-

Organ und damit über den Herausforderungen zu stehen. Alle Individuen haben diese intrinsische „Kraft des Beitragens".

Die Menschen leben, indem sie mit vielfältigen Gemeinschaften und Gruppen unter einem gemeinsamen Zweck oder Interesse in Wechselwirkung stehen. Jeder einzelne trägt zu dieser Gemeinschaft bei, alle zusammen sammeln sie Kräfte und schauen auf die besten Antworten für ihr Funktionieren und die Gesellschaft. Ich möchte, dass NTT DATA eine derartige Organisation ist, bestehend aus Menschen, die nicht auf das Gelingen ihrer eigenen Arbeiten schielen, sondern auf das Wohl der Gesellschaft und das der diversen Gemeinden, die da interagieren. Wonach wir suchen, das ist eine Firma, die von den Kunden und der Gesellschaft respektiert wird, eine Firma, welche die Familien der Mitarbeiter mit Stolz erfüllt.

„Sich nützlich zu machen innerhalb der Gemeinschaft, erwachsen zu werden", das sind natürliche menschliche Bedürfnisse. Ich bin zutiefst davon überzeugt, dass diese „Kraft des Beitragens" die Chance in sich trägt, organisatorische Fähigkeiten zu wandeln, zu erneuern und auszubauen.

Ich meine, die Besonderheiten im Geschäft mit IT-Services haben viel mit den vorigen Überlegungen zu tun. Die meisten unserer Geschäftsgänge sind Projekte für spezifische Kunden. Wie ich bereits angemerkt habe, ist es für das Teilen gemeinsamer Werte und für das Sprechen einer gemeinsamen Sprache – was die Schlüssel zu jedem Erfolg sind – essentiell, sich in die Rolle eines zusätzlichen Mitarbeiters in der Belegschaft dieser Firma zu versetzen, um Teil des Ganzen dieser Firma zu sein.

Auf der anderen Seite ist es natürlich auch so: Je mehr ein Mitarbeiter sich in ein bestimmtes Projekt vertieft, desto mehr wird er nur noch im Rahmen dieses speziellen Auftrages denken. Da ist es durchaus möglich, dass dieser Mitarbeiter dann phasenweise das Interesse an seinem Arbeitgeber verliert. Das wird auch außerhalb Japans so sein. Wenn aber derlei in einem Industriezweig geschieht, in dem ohnehin ein hochfrequenter Wechsel der Mitarbeiter üblich ist, wenn die Mitarbeiter die

cal"; this term is composed by two words: „global" and „local".
Think global and act local, think local and act global.

Concretely speaking, we will reorganize ex-japan operation
into five with decision power delegated in each one but all
this will be managed as a single company, a „One NTT
DATA". This approach is different from other global competitors that use a centrally controlled model with decision making topped downed from headquarters. We think that this
management approach will make us unique.

With this approach, we will be able to stay more closely in
contact with local customers' needs and at the same time we
will serve multinational corporate customers with speed, a
true „global and local" company.

Furthermore, the management that we envision could be
achieved in a very simple way. It is just only necessary to make
better efforts to serve those customers that we are serving for
a long time. I just like we have many partners and colleagues
around the world.

Whether responding to the needs of a local customer or multinational companies, we are able to use practices and capabilities of our worldwide colleagues. We strongly believe that
collaboration is imperative for our own growth and prosper-
ity. Without cross-border collaboration we cannot be successful.

That is why I strongly wish to share our knowledge, join our
strengths and help each other. If we can do this, our customer market will be bigger and bigger, and moreover, we
will be able to win new markets. Operating globally as „One
NTT DATA" will allow us to create incredible value for our
customers.

To be „One NTT DATA" is a big step, but we need to have in
mind that we need to move fast, if we don't we will lose many
opportunities. „Speed" is important, always think that we
need to do it with „speed". Always have in mind that it is one
of the keys for our success.

Loyalität gegenüber ihrer eigenen Firma verlieren, dann wächst das Risiko bedrohlich an, dass Leute ihre Jobs verlieren. Aus diesem Grunde ermutige ich alle unsere Mitarbeiter, immerzu neugierig zu sein auf das, was gerade außerhalb ihrer eigenen Arbeitsfelder vor sich geht. Mitarbeiter können jederzeit in andere Gemeinschaften eintreten, etwa in Gruppen zur Bewertung einzelner Projekt-Managements oder in Gruppen, die sich um den Austausch von neuen Technologien kümmern, oder in Verbände für professionelles IT-Geschäft. Zudem gibt es ganz andere Gemeinschaften, die nicht der Arbeitssphäre zuzurechnen sind, etwa Gruppen mit gemeinsamem Hobby oder Freiwilligen-Gruppierungen. Persönliche Verbindungen und Können, das in der Zusammenarbeit mit verschiedenen Menschen erworben wurde, erzeugen neue Ideen und Gewinn auch für die Herausforderungen der Arbeit. Die Teilnahme an virtuellen Gemeinschaften wie Facebook ist spielend leicht geworden. In der IT sehen wir, dass es für das Verbinden und Teilen von Können und Wissen zwischen den Menschen keine geographischen oder physischen Grenzen mehr gibt.

2011 hat sich die NTT DATA-Gruppe entschlossen, ihr gesamtes globales Geschäft unter der Vision „One NTT DATA" zu reorganisieren. Wir streben an, einer der führenden fünf IT-Service-Unternehmungen weltweit zu werden. Um diese Ambition einzulösen, wollen wir unsere eigene Vorgehensweise „glocal" betreiben – das ist ein Wort, das sich aus den beiden Wörtern „global" and „local" ergibt. Think global and act local, und ebenso think local and act global.

Um das noch genauer zu sagen: Wir werden die vormals japanische Zentrale in fünf mit Entscheidungsbefugnis versehene Zentren verlegen, die jedoch als eine einzige Unternehmung geführt werden wird, eine „One NTT DATA". Dieser Ansatz unterscheidet sich von dem unserer globalen Mitbewerber, welche auf zentrale Kontrolle mit Entscheidungsfindungen von einem übergeordneten Hauptquartier aus setzen. Wir meinen, dass unser Management-Ansatz uns einzigartig machen wird.

Last but not least, please give a message for young employees that will build their career in IT service business.

IT service deals with hardware and software and other similar kind of digital components but the ones that support all this are smart and dedicated engineers and consultants.

How they can grow up as professionals?

I think they need to engage in different issues, and learn from failure and success. Client organizations face diverse challenges and they consist of a variety of people. In their own team there are also many colleagues, external partners and stakeholders. To be in the middle of this relationship and learn from each one, that is what I think that is most important for growth.

There is a word in Japanese: „shugo". The meaning of this word is learning and adaptation. That is the characteristic of Japan, an island that absorbed the culture of Asia continent and developed its own culture learning and adapting from others countries and at the same time learning and adapting from its own heritage and culture.

When you are exposed to something different, you need to think if you will reject it, or you need to adapt it or maybe integrate it, that is the time that undoubtedly people grow an evolves.

It is not about to just only remain in a comfortable place but also to think about the problems and challenges that people and organizations are facing around us. To be a really high class professional it is necessary not only to have specialized expertise or knowledge in one field, you must look always for new horizons and broad you knowledge.

And, If you are a manager leading a team, you must think that you are more responsible for your members' teams and for its professional career development, think in the long term when assign tasks appropriate, motivate them, make accurate and on time decisions thinking always in their future careers.

Wir werden mit unserem Ansatz in der Lage sein, in engerem Kontakt zu den Bedürfnissen unserer lokalen Kunden zu bleiben und gleichzeitig multinational aufgestellt Firmenkunden rasch bedienen zu können, werden also eine wirklich „globale und lokale" Unternehmung sein.

Zudem wird das Management, das wir anstreben, auf sehr einfache Weise bewerkstelligt werden. Es ist so, als hätten wir eben viele Partner und Kollegen rund um den Globus.

Ob wir nun auf die Anforderungen eines lokalen Kunden oder eines multinationalen Unternehmens eingehen, stets können wir Erfahrungen und Fähigkeiten unserer weltweiten Kollegenschaft einsetzen. Wir glauben ganz fest, dass Zusammenarbeit für unser eigenes Wachstum und unser Wohlergehen zwingend erforderlich ist. Ohne grenzüberschreitende Zusammenarbeit werden wir nicht erfolgreich sein können.

Deshalb will ich mit Nachdruck, dass wir unser Wissen einander mitteilen, unsere Stärken untereinander teilen, gegenseitig unsere Hilfe anbieten. Wenn wir dies schaffen, wird unsere Kundschaft größer und größer werden, und überdies werden wir ganz neue Märkte hinzugewinnen. Global und als „One NTT DATA" zu handeln, wird uns in den Stand setzen, für unsere Kunden unglaubliche Mehrwerte zu generieren.

„One NTT DATA" zu sein, ist ein riesiger Schritt – wobei wir zusätzlich im Auge behalten müssen, dass wir diese Bewegung sehr zügig ausführen, wenn wir nicht vielfältige Chancen verpassen wollen. „Geschwindigkeit" ist wichtig, immer müssen wir daran denken, dass wir unsere Veränderung mit ziemlicher „Geschwindigkeit" ausführen. Das müssen wir stets als einen der Schlüssel zum Erfolg im Kopf behalten.

Zu guter letzt die Bitte um einen Rat für jüngere Mitarbeiter, die ihre Karriere im Geschäftsfeld der IT-Dienstleistungen vorbereiten.

IT-Service beschäftigt sich mit Hardware und Software und mit anderen ähnlichen digitalen Aspekten, aber diejenigen, die all das unterstützen müssen, sind findige und engagierte Ingenieure und Berater. Wie können die nun als Profis wach-

Professional that fosters professionals, I think that is one of the marvelous parts of IT industry.

sen? – Ich meine, sie sollten sich in verschiedenen Dingen engagieren, und sie sollten aus Fehlern und Erfolgen lernen. Beratende Organisationen begegnen diversen Herausforderungen, und sie bestehen aus einer Vielzahl von Leuten. Im eigenen Team finden sich obendrein viele Kollegen, externe Partner und Akteure. Und in der Mitte dieser Beziehunen zu stehen und von jedem lernen zu können, das ist es, was ich für ein Wachstum als das allerwichtigste erachte. Da gibt es im Japanischen ein besonderes Wort: „Shugo". Die Bedeutung hiervon ist etwa Lernen und Anverwandlung. Da ist einer der Charakterzüge von Japan, einer Insel, welche die Kultur des asiatischen Kontinents aufgenommen hat und ihre eigene Kultur entfaltete, indem sie von anderen Ländern lernte und Dinge übernahm und gleichzeitig auch aus der eigenen Überlieferung und Kultur heraus lernte und sich fortentwickelte.

Wenn man sich etwas Andersartigem aussetzt, dann muss man überlegen, ob man es zurückweisen will, oder ob man es besser adaptiert oder gar integriert, und es ist dies der Punkt, an dem Menschen wohl am stärksten wachsen. Da geht es also nicht darum, an annehmlichem Platz zu verharren, sondern Probleme und Herausforderungen zu bedenken, mit welchen Menschen und Organisationen um uns herum konfrontiert sind. Um ein ernstzunehmender, hochklassiger Profi zu sein, ist es notwendig, nicht bloß Expertise in einem bestimmten Bereich auszubauen, sondern man muss ständig nach neuen Horizonten schauen und seine Kenntnisse ausweiten. Wenn man zudem Manager ist, ein Team leitet, dann muss man sich zudem vergegenwärtigen, dass man für das Umfeld der eigenen Leute verantwortlich ist und für deren berufliche Entwicklung, man muss auf lange Zeiträume hin denken, will man ihnen angemessene Aufgaben stellen, sie anspornen, man wird zeitgemäße Entscheidung treffen, indem man auch an ihre Zukunft und Karriere denkt. Profi zu sein, der Profis hervorbringt – das ist, meine ich, eines der ganz großartigen Elemente der IT-Industrie.

Hans Schlegel   *Germany*

The First Ten Years
Of The Internationalization Of SAP

The best stories always begin with, „Once upon a time" and end with a happy ending. In this sense, I would like to tell the story of SAP International in the years from 1985 to 1994. And as in every fairy tale, on its way to a happy end there were some challenges to face.

Prologue

How did the world look like from my personal perspective in the early 80's? I was working in IT for HILTI AG in Liechtenstein at that time, responsible for IT projects in finance and accounting. IBM mainframe, DOS operating system and DBOMP SW PPS were in use.

The accounting system was still running on so-called magnetic account machines, and we evaluated a replacement of this technology. IBM as first and preferred vendor proposed IFS and put forward DL/1 as a suggestion for our database. By chance, as hardly anyone knew SAP at this time, I came across SAP/R 1. I was immediately impressed by its on-line and real-time way of working but was a bit hesitant to deviate from established standards. Torn between a proven and revolutionary world we ultimately decided to use SAP for financial accounting and ADABAS as the database system. Prior to the annual closing in 1977 the decision was made to start this project.

In September, the project got underway and on 1 January 1978 we went live with with SAP/R1 on our financial accounting department at the headquarters in the Principality of Liechtenstein. Klaus Tschira, a co-founder of SAP, came in person along with his wife to our little country and

Die ersten zehn Jahre
der Internationalisierung von SAP

Die schönsten Geschichten beginnen immer mit „es war ein
Mal" und enden mit einem Happy End. In diesem Sinne möchte ich die Story von SAP International in den Jahren 1985 bis
1994 erzählen. Und wie in jedem Märchen, gab es auf dem Weg
zum Happy End einige Herausforderungen zu bewältigen.

Prolog

Wie sah die Welt aus meiner persönlichen Perspektive um die
frühen 80iger-Jahre aus? Ich arbeitete damals in der
Informatik der HILTI AG im Fürstentum Liechtenstein, zuständig für IT-Projekte im Finanz- und Rechnungswesen. IBM
Mainframe, DOS Betriebssystem, DBOMP SW fürs PPS
waren im Einsatz.

Das Rechnungswesen lief noch auf einem sogenannten
Magnetkonten-Automaten, und wir evaluierten eine Ablösung
dieser Technologie. IBM als Haus- und Hoflieferant hatte IFS
vorgeschlagen, was DL/1 als Datenbank vorausgesetzt hätte. Per
Zufall, kaum jemand kannte SAP zu dieser Zeit, stieß ich auf
SAP/ R1. Ich war spontan begeistert von der on-line und real-
time Arbeitsweise, zögerte jedoch etwas von bewährten
Standards abzuweichen. Hin- und hergerissen zwischen einer
bewährten und revolutionären Welt entschieden wir uns letzt-
endlich doch für SAP, für die Finanzbuchhaltung und ADA-
BAS als Datenbank-System. Vor den Betriebsferien 1977 fiel
der Entscheid, im September begann das Projekt und zum 1. Januar 1978 gingen wir mit der Finanzbuchhaltung am Hauptsitz
im Fürstentum Liechtenstein mit SAP/R1 „life". Klaus Tschira,
einer der Mitbegründer der SAP, kam samt Gattin persönlich in
unser „Ländle" und moderierte einen ABAP-Workshop. Das

moderated a workshop about ABAP. This was also a high-light in the history of the HILTI Group.

Due to the positive experiences, we decided a few months later to introduce SAP/R2 at HILTI Germany in Munich, where in addition to financial accounting, customer order processing, inventory management and cost accounting were also included.

While becoming responsible for the worldwide IT policy, we started to standardise IT: Mainframes for the headquarters in Liechtenstein, for the large offices in Munich Germany and Tulsa USA, and the IBM Systems 34 and 36, then later 38, for the smaller offices. On the mainframes, SAP as well as ERP systems were running and the smaller systems ran MAPICS.

In 1981 we wanted to introduce SAP in the U.S, however, SAP declined. They could not provide any resources in the United States and would not be able to provide the required technical support. Disappointed, we retreated to ADABAS and McCormick & Dodge for the accounting.

In 1984 at HILTI the PC made its entrance, another mile-stone in the entrepreneurial development of the Liechtenstein-based company. We were holding a Lotus Notes 1-2-3 seminar for the upper management of HILTI on the legendary Bürgenstock mountain when I got a call from SAP. Back then, of course, this was not on a mobile telephone. They wanted to present to me the internationalization strategy of SAP, especially since I had signalled interest from HILTI U.S. a few years ago.

In September 1984, Dietmar Hopp personally invited me to the railway buffet in Biel, Switzerland, for lunch and presented to me in detail how SAP was imagining its internationalization. Lost in my own visions for HILTI I gave him my full attention and was thrilled. Towards the end of the conversation, he looked at me and said. „I am still looking for an employee who can develop the international business", he said it so casually that I was not sure what he what he was

war auch ein Highlight in der Geschichte der HILTI-Gruppe. Auf Grund der positiven Erfahrungen entschieden wir uns Monate später, SAP/R2 bei der HILTI Deutschland in München einzuführen, allerdings zusätzlich zur Finanzbuchhaltung auch die Kundenauftragsabwicklung, die Materialwirtschaft und die Kostenrechnung.

Inzwischen für die Informatik weltweit verantwortlich, begannen wir die IT zu standardisieren: Mainframes für die Zentrale in Liechtenstein, für die großen Niederlassungen in München D und Tulsa USA sowie die IBM Systeme 34 und 36, später dann auch 38, für die kleineren Niederlassungen. Auf den Mainframes lief SAP als ERP und auf den kleineren Systemen MAPICS.

Bereits 1981 wollten wir SAP in den USA einführen. SAP lehnte jedoch ab. Sie hätten keine Ressourcen in den USA und könnten den technischen Support nicht gewährleisten. Deutsche Gründlichkeit siegte über westliche Abenteuerbereitschaft. Enttäuscht wichen wir auf ADABAS und McCormick & Dodge für das Rechnungswesen aus.

1984 hielt der PC bei HILTI Einzug, ein weiterer Meilenstein in der unternehmerischen Entwicklung von dem Liechtensteiner Unternehmen. Wir führten für den oberen Kader von HILTI ein Lotus-Notes-1-2-3-Seminar auf dem legendären Bürgenstock durch, als mich der Anruf von SAP erreichte. Damals natürlich noch nicht per mobiles Telefon. Man wolle mir nun die Internationalisierungs-Strategie der SAP präsentieren, zumal ich doch vor einigen Jahren Interesse für HILTI US angemeldet hatte.

Im September 1984 lud mich Dietmar Hopp persönlich ins Bahnhof-Buffet nach Biel CH zum Mittagessen ein und präsentierte mir im Detail, wie SAP sich die Internationalisierung vorstellte. Gefangen in meinen eigenen HILTI-Visionen schenkte ich ihm meine ganze Aufmerksamkeit und war begeistert. Gegen das Ende des Gespräches schaute er mich an und meinte: „Ich suche noch einen Mitarbeiter, der das inter-

implying. He would have to be Swiss … this was why he invit-ed me to Biel, because he had already begun to build a build-ing here. We then went to the site in Biel, Bözingermoos and out of the blue came the crucial question:

„Can you imagine taking this task over?"

Although this report already foretells what my answer was, I would like to point out that I endured many sleepless nights during this time. In HILTI I was already in upper management with promising career prospects so I was in the driving seat. SAP was indeed profitable, but with only 150 employees and with annual sales of DEM at 50 million, it was no comparison to the already global HILTI. Finally, I concluded that I had a better understanding of software than of plugs and drilling machines. Inspired by the pioneering spirit of Martin Hilti, who succeeded in bringing the HILTI fastening technology all around the world, I decided to follow his example, and try to achieve this with SAP software.

The International SAP AG in Biel-Bienne Switzerland was founded as a sister company to SAP in Walldorf GmbH and was responsible for the marketing of the SAP software outside of Germany. On 1 December 1984, six years after my first introduction to SAP, I took up my duties at SAP. As a „gift" from the big sister I took four top experts from Walldorf with me to Biel and the running business in Switzerland and Austria. Except for DACH there were virtually no SAP cus-tomers. From the first settlers in the West we differed primari-ly by the vehicle with which we traveled through the coun-tries and continents. We created our own rituals and needed some of our own rules to become successful, which initially, did not earn us a good reputation.

The founders, especially Dietmar Hopp, gave me a certain amount of freedom. I'm convinced that this was crucial for the rapid advancement of the young company. Walldorf in Germany was at that time in a very dynamic phase and the separation of the two companies and a 100 percent focus of

nationale Geschäft aufbauen kann." Er sagte das so beiläufig, dass ich mir nicht sicher war, was er mir damit sagen wollte. Er müsste Schweizer sein ... und er habe deshalb nach Biel eingeladen, weil er bereits begonnen habe, ein Gebäude hier zu bauen. Wir gingen dann auf die Baustelle im Bieler Bözingermoos und aus heiterem Himmel kam dann die entscheidende Frage: „Könnten Sie sich vorstellen, diese Aufgabe zu übernehmen?"

Auch wenn durch diesen Bericht meine Antwort vorweggenommen ist, möchte ich es nicht versäumen, auf meine schlaflosen Nächte hinzuweisen. Bei HILTI bereits im oberen Kader mit entsprechenden Karriere-Aussichten saß ich ganz gut im Sattel. SAP war zwar profitabel, aber mit nur 150 Mitarbeitern und einem Umsatz von 50 Millionen DM kein Vergleich zu der bereits globalen HILTI. Zu guter Letzt folgerte ich, dass ich doch mehr von Software verstehe als von Dübeln und Bohrmaschinen. Den Pioniergeist von Martin Hilti, dem es gelang mit Befestigungstechnik die HILTI rund um die Welt zu bringen, machte ich mir zu eigen und nahm mir vor, seinem Beispiel folgend, dies mit SAP SW zu versuchen.

Die SAP International AG in Biel-Bienne CH wurde als Schwesterunternehmen zur SAP GmbH in Walldorf gegründet und war zuständig für die Vermarktung der SAP SW außerhalb Deutschlands. Am 1. Dezember 1984, sechs Jahre nach meiner ersten SAP-Einführung, habe ich bei SAP meinen Dienst angetreten. Als „Mitgift" bekam ich von der großen Schwester vier Walldorfer Top-Experten mit nach Biel und das laufende Business in der Schweiz und in Österreich. Außerhalb DACH gab es praktisch noch keine SAP-Kunden. Von den ersten Siedlern im Westen unterschieden wir uns in erster Linie durch die Gefährte, mit denen wir durch die Lande und Kontinente reisten. Wir kreierten eigene Rituale und brauchten teilweise eigene Regeln, um voran zu kommen, was uns anfänglich nicht bei allen einen guten Ruf einbrachte.

Von den Gründern, insbesondere von Dietmar Hopp, wurde

SAP International to the wide open world, laid the foundation for today's success. In 1985 we founded the first subsidiary of SAP International in Vienna, the first of many milestones achieved. The conquest of the world had started.

Siemens had a license in the Netherlands for the resale of SAP software in the Netherlands. Siemens IT together with a hand full of customers were very interested to join us to expand the business further. We met and discussed for a long time. Unfortunately for top management at that time, software was not central in strategic thinking, with hardware being the main focus of business. Disappointed, I went back to the hotel. Having hardly began to take off my shoes, the phone rang. Henk Verkou, a member of the SAP team from Siemens called me and suggested we should go for a late dinner together. In the Maya Baya in Scheveningen over an Indonesian rice table we dreamed that we could bless the Benelux region with SAP software.

The next day I met the managing director of Siemens again. He was immediately enthusiastic about the idea of a daughter of SAP International in Utrecht, Netherlands, so that all existing and future customers of Siemens could be provided with a good software solution. A solution that helps to automate processes, reduce costs and generate benefits on the market .Henk Verkou became Managing Director and along with some select experts, he started the successful SAP business in the Benelux.

The introduction of comprehensive software that simplified, unified and automated the core processes of a company definitely requires good technology. But just as important if not more important, is the required competent support during the introduction of experienced consultants in cooperation with the experts of the customer and the technocrats of the software company in Walldorf to ensure a successful launch. In a Black and white view: experienced consultants plus competent customers equals successful projects. The complexity of

ich an der langen Leine geführt. Doch ich bin überzeugt, das war entscheidend für das rasche Fortkommen der jungen Unternehmung. Walldorf war zu dieser Zeit auch in Deutschland in einer äußerst dynamischen Phase, und die Trennung der beiden Gesellschaften und eine 100-prozentige Fokussierung der SAP International auf die große, weite Welt legte den Grundstein zum heutigen Erfolg. 1985 gründeten wir die erste Tochter der SAP International in Wien, der erste von vielen Meilensteinen war erreicht. Damit war die Welteroberung initialisiert.

Siemens in den Niederlanden hatte eine Lizenz für den Wiederverkauf von SAP SW in NL. Siemens IT zusammen mit einer Hand voll Kunden war sehr interessiert, mit uns das Geschäft weiter auszubauen. Wir trafen uns und diskutierten lange. Leider war Software beim Top-Management strategisch nicht zentral, damals war Hardware das Hauptgeschäft. Enttäuscht fuhr ich zurück ins Hotel. Kaum der Schuhe entledigt, läutete das Telefon. Henk Verkou, ein Mitarbeiter des SAP-Teams von Siemens, rief mich an und schlug vor, wir sollten gemeinsam zum Nachtessen gehen. In Schevenige bei Maya Baya und einer indonesischen Reistafel träumten wir davon, wie wir die Niederlande und Benelux mit SAP Software beglücken könnten.

Anderntags traf ich den Geschäftsführer der Siemens erneut. Er war umgehend begeistert von der Idee einer Tochter von der SAP-International in Utrecht NL, die allen bestehenden und zukünftigen Kunden der Siemens zu einer guten Software-Lösung verhelfen soll. Eine Lösung, die hilft, Prozesse zu automatisieren, Kosten zu senken und Vorteile im Markt zu generieren. Henk Verkou wurde Managing Director und zusammen mit ein paar auserlesenen Experten startete er das erfolgreiche SAP Business in B/NL/L.

Die Einführung einer flächendeckenden Software und damit die Vereinfachung, die Vereinheitlichung und die Automatisierung der Kernprozesse eines Unternehmens, bedürfen

the company and the modulation of the standard software require the same demands until this day.

The build-up of own local SAP consultants was also a key element of my job. At the beginning, we supported the national teams in Biel, respectively, if necessary, in Walldorf, ensuring short-term success and sustainable growth.

Already in the second year of SAP International, overwhelmed by our own success, we intensified the cooperation with external consultants. Today it is estimated that SAP performs only 10% of customer services themselves and the rest is performed by certified consultants. From 1985, we doubled sales every year for many years, were always profitable and „conquered" new countries and continents year after year. From 1987 onwards, France, UK, Denmark, Sweden, Norway, Italy and Spain were added and from each country an interesting personal story can be told.

Strategically, global thinking brought us forward, which most big companies were practicing at that time. As with HILTI universal, processes and software architectures in all parts of the company were requested and so we were literally driven into new countries. As soon as we had five customers in one country, we established a new subsidiary.

Europe is multilingual and each country still used their own currencies at that time, facts that the SAP software could handle like no other. But from country to country there were also specific requirements, the Value Added Tax-number in Belgium, the IVA in Italy, the VAT in the UK and the Value Added Tax in Germany again. They were the same in principle, simply a value added tax, but program-wise not quite the same. This seemingly small subject matter is something on which I could spend hours talking about. We often sailed close to the wind, and sometimes shortly ran out of control too, but we still managed to keep up the pace and continued development of the international version.

1988 saw the inevitable call from the United States. We were

sicherlich einer guten Technologie. Aber mindestens so wichtig, wenn nicht noch wichtiger, bedarf es einer kompetenten Begleitung bei der Einführung durch erfahrene Berater, die in Zusammenarbeit mit den Experten der Kunden und Technokraten in der Softwareschmiede in Walldorf eine erfolgreiche Einführung gewährleisten. Schwarz-weiß betrachtet: Erfahrener Berater plus kompetente Kunden gleich erfolgreiche Projekte. Die Komplexität der Unternehmen und die Modulierbarkeit der Standard SW verlangen dies auch heute noch.

Der Aufbau der SAP-eigenen Berater vor Ort war also ein Schlüsselelement meiner Aufgabe. Zu Beginn unterstützten wir die nationalen Teams aus Biel, respektive wenn nötig aus Walldorf und sicherten so den kurzfristigen Erfolg und das nachhaltige Wachstum.

Schon im zweiten Jahr der SAP International, vom Erfolg überrollt, intensivierten wir die Zusammenarbeit mit externen Beratern. Heute schätzt man, dass SAP nur noch 10 % der Kundendienstleistungen selber ausführt und den Rest hierfür zertifizierte Beratungsunternehmen übernehmen. Ab 1985 verdoppelten wir viele Jahre den Umsatz jährlich, waren immer profitabler und „eroberten" Jahr für Jahr neue Länder und Kontinente. Ab 1987 kamen Frankreich, UK, Dänemark, Schweden, Norwegen, Italien und Spanien dazu, von jedem Land könnte man eine individuelle, interessante Story erzählen.

Strategisch half uns das globale Denken, das die meisten großen Unternehmen sich damals zu Nutzen machten. Wie bei HILTI wollte man einheitliche Prozesse und SW Architekturen bei allen Unternehmensteilen und so wurden wir förmlich in die neuen Länder getrieben. Wenn wir jeweils fünf Kunden in einem Land hatten, haben wir eine neue Niederlassung gegründet.

Europa ist mehrsprachig und jedes Land nutzte damals auch noch eigene Währungen, das konnte die SAP-Software wie keine andere bewältigen. Aber von Land zu Land gab es auch noch spezifische Anforderungen: die Mehrwertsteuer-Num-

accustomed to financial accounting and cost accounting on the basis of reconciliation. In the U.S. this was taken care of in the General Ledger, which integrated financial accounting and cost accounting. It took some time until we understood this correctly. ICI Chemical Toronto was our first major overseas customer.

The literal translation into English of our standard contracts was not well received. Here we also learned that the Anglo-Saxon legal system was significantly different from ours. With the help of our customers and their belief in our solution, we managed to clear this hurdle. Of course it was a bit embarrassing for us to have the customer help us internationalize our contracts.

General Ledger was then understood and implemented, but the next hurdle we faced were the tax requirements of Canada and the USA, the City and Federal Taxes, etc. This exceeded our own expertise by far. We commissioned a study which cost $50,000, and was only of limited help. Three highly qualified and dedicated SAP staff worked for nine months at the customer's facilities and made it possible to realise our big bang at ICI CDN. Through learning by doing, we found out what was lacking in the software and developed and expanded the international version gradually for North America.

But then again, Canada and the U.S. are huge countries. One of the unique selling points of SAP was the on-line and real time functionality. In the order processing of CDN ICI, employees working via phone now took orders online, but the customer, apart from price, would also like to choose the freight and transport model (airplane, train, car, mail, etc.) online. This part was missing in our solution. Peter Stovel of SID, had some SW for this purpose, Freight & Transportation, which we now integrated into the SAP software.

The American competition was huge: MSA, McCormick and Dodge, American SW, Cullinet, Copics, etc. None of them welcomed us, the struggle was hard.

mer in Belgien, die IVA in Italien, die VAT in UK und wieder die Mehrwertsteuer in Deutschland. Sie waren vom Prinzip her das gleiche, einfach eine Mehrwertsteuer, aber programmtechnisch doch nicht ganz dasselbe. Auch das wäre Stoff, über den ich stundenlang Geschichten erzählen könnte. Wir segelten oft hart am Wind, manchmal liefen wir auch kurz aus dem Ruder. Aber wir schafften es doch Schritt zu halten und die internationale Version stetig weiterzuentwickeln.

1988 kam der unausweichliche Ruf aus den USA. Wir waren uns gewohnt, an eine Finanzbuchhaltung und Kostenrechnung mit Abstimmbrücke. In den USA gab es dafür das General Ledger, die integrierte Finanzbuchhaltung und Kostenrechnung. Es brauchte einiges, bis wir dies richtig verstanden hatten. ICI Chemical Toronto war unser erster größerer Kunde in Übersee.

Die wörtliche Übersetzung unserer Standardverträge ins Englische kam nicht gut an. Wir lernten auch hier, dass das angelsächsische Rechtssystem sich von unserem doch erheblich unterscheidet. Mit Hilfe unseres Kunden und seinem Glauben an unsere Lösung schafften wir auch diese Hürde. Natürlich war es etwas peinlich, wenn der Kunde uns helfen musste unsere Verträge zu internationalisieren.

General Ledger war dann verstanden und funktionierte, aber dann wurden wir mit den steuerlichen Anforderungen von Kanada und den USA, den City- und Federal Taxes etc. konfrontiert. Das überstieg unsere eigene Expertise bei weitem. Wir gaben eine Studie in Auftrag, die hat USD 50 K gekostet und half uns nur begrenzt. Drei sehr qualifizierte und engagierte SAP-Mitarbeiter waren neun Monate vor Ort und haben es ermöglicht, den „Big Bang" bei ICI CDN zu realisieren. Wir lernten „by doing" was an der Software noch fehlte oder anders entwickelt werden musste und erweiterten schrittweise die „International Version for North America".

Aber noch nicht genug. Kanada und die USA sind riesige Länder. Ein USP von SAP war die „on-line" und „real-time"

Fortunately, the consulting firm Arthur Andersen was, from an early moment on, interested in helping us with consulting in the United States. Arthur Andersen even offered to open a branch for us in its headquarters in Chicago which we accepted gratefully. On a Friday in 1988 I was in Toronto with ICI and from there on went with our designated Managing Director for U.S., Heinz Roggenkeper, and the above-mentioned Peter Stovel to Chicago, invited by Arthur Anderson, to initiate our office in Chicago. Although we were greeted warmly, they then told us that regretfully their partner MSA Implementations (a competitor of ours) did not appreciate SAP basing its U.S. headquarters in the heart of Arthur Andersen, and with a casual, „that's life", we were waved off. Peter Stovel had his SID office in Philadelphia. He spontaneously offered us to come to travel there. We arrived late, had a short night and next morning we took a helicopter flight in the most beautiful conditions over the city. From a bird's eye perspective everything looked a little „cooler" again. Heinz Roggenkemper and I decided that Philadelphia would be the place for us to settle into the new world. It just felt good. The decision turned out to be correct. The branch in the USA grew rapidly and continuously.

And yet, despite all the ups and downs in the West, the U.S. business was simple in comparison to France. France just did not want to have German software, or European software. It was not until years later, when in the United States we gained a foothold, that global software was presentable in France.

The most successful tactic was to conduct business through global corporations. Subsidiaries of European companies that were already „SAPed" developed themselves as ideal entry points to their daughters and sisters in other countries and continents. We did however sometimes have to invest quite some time to convince the local counterparts. The rollout of SAP solutions was only successful when we welded together the local culture of trusted employees with the expats from

Funktionalität. In der Auftragsbearbeitung bei ICI CDN nahmen Mitarbeiter am Telefon die Bestellungen nun on-line entgegen, der Kunde wollte je nach Preis auch die Fracht- und Transportvariante (Flugzeug, Bahn, Auto, Post etc.) online wählen. Dieser Teil fehlte in unserer Lösung. Peter Stovel von SID hatte dazu eine SW für „Freight & Transportation", die wir in die SAP SW integrierten.

Die amerikanische Konkurrenz war groß: MSA, McCormick und Dodge, American SW, Cullinet, Copics etc. Keiner von denen hieß uns willkommen, der Kampf war hart. Glücklicherweise war das Beratungsunternehmen Arthur Andersen schon früh interessiert, uns in USA mit Beratung zu unterstützen. Arthur Andersen bot uns sogar an, in ihrem Hauptsitz in Chicago unsere Niederlassung zu eröffnen, und wir nahmen dankend an. An einem Freitag im Jahr 1988 war ich in Toronto bei ICI und anschließend mit unserem designierten Managing Director für USA, Heinz Roggenkemper, und oben erwähntem Peter Stovel unterwegs nach Chicago, von Arthur Anderson eingeladen, unsere Niederlassung in Chicago zu übernehmen. Wir wurden zwar freundlich empfangen. Aber dann teilte man uns bedauernd mit, dass ihr Implementationspartner MSA (Konkurrent von uns) es nicht goutiere, wenn SAP mitten im Hauptsitz von Arthur Andersen ihre US-Niederlassung beginne, und mit einem lässigen „that's life" wurden wir wieder verabschiedet. Peter Stovel hatte sein SID Office in Philadelphia. Er offerierte uns spontan nach Philadelphia zu kommen. Wir kamen spät an, hatten eine kurze Nacht und am andern Morgen machten wir bei schönstem Wetter einen Heli-Flug über Philadelphia. Aus der Vogelperspektive sah alles wieder etwas „cooler" aus. Heinz Roggenkemper und ich beschlossen, hier in Philadelphia werden wir uns in der neuen Welt niederlassen. Es fühlte sich einfach gut an. Der Entscheid stellte sich als richtig heraus. Die Niederlassung in USA wuchs schnell und kontinuierlich.

Und doch, trotz aller Aufs und Abs im Westen, das US-

Walldorf and Biel. This often created creative conflicts, however, for most people it was a great personal enrichment, which led at times and places to longtime friendships and bonds – far beyond culture, religion, skin colour and other inclinations.

On this point, another example: The German subsidiary of Dow Chemical in Stade, Germany, evaluated a new ERP system. We offered SAP, and as the investment in Germany reached a certain size, the European headquarters in Horgen, Switzerland had to approve. SAP International was requested to present the SAP solution for the English-speaking management. The result was that Dow Chemical concluded: good for Germany, but even better for the whole of Europe. However, the project costs for Europe were so great that the consent of United States was necessary. SAP was asked to come to Midland International USA to introduce the SAP project there for Europe. The CEO invited me after the presentation for dinner, and told me that he had three hundred employees developing such an ERP system and would roll out the system over the next five years in the whole world. Unfortunately he had to decline the offer from Dow SAP. But he had style. I stayed on the ball and he listened with interest. I gave him an overview of the diverse IT landscape in Europe, languages, currencies, all of the different requirements of 30 countries, etc., and made him the following proposal: „I offer you a qualified employee for three weeks, with a SAP system under the arm." Dow Chemical International would be modelled, this would give a lot of input to Dow Chemical for their own system. He accepted and the evening stayed enjoyable.

After four weeks, I got an invitation back to Midland. The CEO was a little pale when he said he wanted to introduce SAP worldwide, if I would find a solution for his 300 employees. We always found solutions for everything. After a few years SAP R / 2 ran in four data centres for the entire Dow Chemical world, and at over 12,000 screens, users would com-

Geschäft war einfach im Verhältnis zu Frankreich. Frankreich wollte partout keine deutsche Software, auch keine europäische Software. Erst als wir in USA Jahre später richtig Fuß gefasst hatten, wurde globale Software auch in Frankreich salonfähig. So von wegen ein einfaches Spiel bei Nachbarn.

Die erfolgreichste Taktik war das Geschäft über die globalen Konzerne. Niederlassungen europäischer Unternehmen, die schon „geSAPt" waren, entwickelten sich als idealer „entry point" zu deren Töchtern und Schwestern in anderen Ländern und Kontinenten, aber wir mussten jeweils einiges investieren, um die lokalen Kollegen zu überzeugen. Beim Rollout der SAP-Lösungen waren wir nur erfolgreich, wenn wir der lokalen Kultur vertraute Mitarbeiter des Landes mit Expats aus Walldorf und Biel zusammenschweißten. Das gab oft „kreative" Konflikte, war jedoch für die meisten Betroffenen eine große persönliche Bereicherung, die stellenweise zu langjährigen Freund- und Seilschaften führten – weit über Kultur, Religion, Hautfarbe und Gesinnung hinaus.

Dazu noch ein Beispiel: Die deutsche Niederlassung von Dow Chemical in Stade D evaluierte ein neues ERP-System. Vorschlag war SAP, da die Investition für Deutschland eine gewisse Größe erreichte, musste das europäische Headquarter in Horgen in der Schweiz zustimmen. SAP International wurde gebeten fürs englischsprachige Management die SAP-Lösung zu präsentieren. Resultat war, dass Dow Chemical zum Schluss kam: gut für Deutschland, aber noch besser für ganz Europa. Allerdings waren die Projektkosten für Europa so groß, dass die Zustimmung von USA notwendig wurde. SAP-International wurde nach Midland USA gebeten um hier das SAP Projekt für Europa vorzustellen. Der CIO lud mich nach der Vorstellung zum Nachtessen ein und eröffnete mir, dass er mit dreihundert Mitarbeitern an einem solchen ERP-System am Entwickeln sei und das System über die nächsten fünf Jahre in die ganze Welt ausrollen wolle. Leider müsse er das Angebot SAP für Dow ablehnen. Immerhin, er hatte Stil. Ich blieb am

plete their core processes with the SAP system. So the SAP-virus went on and on and infected even companies that were not previously SAPed anywhere else in the world.

In 1989, the pressure to enter Australia grew. Rudy van der Hoeven, at that time at SAP International still responsible for ROW, went to Australia and was proud to show over 12 months some 12 considerable SAP installations: Philip Morris, Exxon Mobile, etc. In this time a night in Singapore (stopover) was still needed on the flight to Australia. Rudi van der Hoeven couldn't resist the temptation to stop by some companies quickly, and although I forbade him to do business in Singapore, we suddenly had clients such as Singapore Telecom, Military Defence of Singapore and others. He did not always follow regulations, but his successes forgave him his mistakes.

This meant that in 1990, we founded in the Asia Pacific Japan (APJ), the headquarters in Singapore. SAP International had meanwhile grew to DM 250 million in sales per year. Henk Verkou, who was successful from the start in the Benelux, handed the baton to the youngest and moved with his family to Singapore and was instrumental in the establishment of APJ in the following years. Hong Kong, Malaysia, Philippines, Indonesia, etc. followed.

Latin America began to notice. The visits by Esso and ABB in Brazil had been promising but something was troubling. The taxis were a bit cheaper in the morning than later in the evening and at night they were even more expensive. A phrase was born: „inflation accounting". My audition for a new SAP island in South America was not successful at Hasso Plattner. He was afraid that if we continue like this, we could disturb his company. This rapid growth had to at first be absorbed. As usual he was right. I didn't dare then to speak with Japan or, at least not in the same meeting.

Ball und er hörte interessiert zu. Ich malte ihm die diversifizierte IT-Landschaft in Europa vor; Sprachen, Währungen, Anforderungen von all den unterschiedlichen 30 Länder etc. und machte ihm folgenden Vorschlag: „Ich biete Ihnen einen qualifizierten Mitarbeiter für drei Wochen, mit einem SAP-System unter dem Arm." Der werde Dow Chemical International modellieren, dies werde viel Input für das eigene System von Dow Chemical geben. Er nahm an und der Abend wurde noch gemütlich.

Nach vier Wochen bekam ich wieder eine Einladung nach Midland. Der CIO war etwas bleich, als er sagte, er wolle weltweit SAP einführen, wenn ich eine Lösung für seine 300 Mitarbeiter finde. Wir fanden immer für alles Lösungen. Nach ein paar Jahren lief SAP R/2 in vier Dow Chemical Rechenzentren für die ganze Dow-Chemical-Welt und an über 12 000 Bildschirmen erledigten die Benutzer ihre zentralen Prozesse mit dem SAP-System. So schwappte der SAP-Virus weiter und weiter und infizierte auch Unternehmen, die bis dato noch nirgends auf der Welt geSAPt waren.

1989 wurde der Druck nach Australien immer größer. Rudy van der Hoeven, zu der Zeit bei SAP International noch zuständig für ROW, ging nach Australien und war stolz, nach 12 Monaten ganze 12 beachtliche SAP-Installationen vorweisen zu können: Philip Morris, Esso, Mobile etc. Um diese Zeit musste auf dem Flug nach Australien noch eine Nacht in Singapur („stop over") verbracht werden. Rudi van der Hoeven konnte es nicht lassen, auch bei Unternehmen in Singapur mal schnell vorbeizuschauen, und obwohl ich ihm verbot, in Singapur Geschäfte zu tätigen, hatten wir plötzlich Kunden wie Singapore Telecom, Military Defense of Singapore und andere. Er lebte nicht immer nach Vorschrift, aber der Erfolg verzieh ihm seine Fehler.

Das führte dazu, dass wir 1990 das Asia Pacific Japan Headquarter (APJ) in Singapur gründeten. SAP International war zwischenzeitlich auf 250 Millionen DM Umsatz p.a. gewach-

Shortly thereafter SAP R3 was born

We had translated a bit of ABAP on a Japanese laptop with Japanese colleagues. I spent two weeks with a colleague who was married to a Japanese woman in Japan. With recommendations from the US or Europe, we went to IBM, Fujitsu, Hitachi, PW, Andersen, Hoechst, Dupont, Mobile. Just before Christmas, the numbers were good and, according to the mood, I presented the move into Japan again – and Hasso Plattner this time agreed to the Japanese adventure!

In Japan the cultural differences were obvious, language was written in kanji, computers were twice as expensive, and cost accounting was unknown. Japan was convinced that with their superior production systems (Kanban, etc.) they did not need cost accounting. But some things were also similar, as we learned from above all from the expats, certain global processes, the pressure of the Japanese offices to introduce more control and much more.

Without the proper Japanese person we gave ourselves not too big of a chance. Many spoke of joint ventures, but that word always caused an unpleasant aftertaste. At the top of IBM there was a struggle for the positions 1, 2, 3 on. As luck would have it, the head of IBM Europe was Swiss and sat on the Board in Japan.

Mediated by the Chairman of IBM Europe in Paris, I got a meeting with senior management of IBM in Tokyo. They wanted to help me with the search for a suitable MD for SAP Japan. Shortly before my departure I received a call from number 3, he wanted to meet me at all costs and talk about bringing SAP to Japan. We drank sake and debated until late into the night and I was promised a definitive decision by the next day. Number 3 was then number one, but he proposed Shigeru Nakane, also an IBM colleague, as MD. He was the right choice, he was a real banana they said, yellow from the outside and white inside.

sen. Henk Verkou war von Beginn weg in B/NL/L erfolgreich, übergab den Stab einem Jüngeren und zog mit der ganzen Familie nach Singapur um, und war maßgeblich am Aufbau von APJ in den folgenden Jahren beteiligt. Hongkong, Malaysia, Philippinen, Indonesien, etc. folgten.

Lateinamerika begann sich bemerkbar zu machen. Die Besuche von Esso und ABB in Brasilien waren viel versprechend. Etwas bemühend war, dass die Taxis am Morgen einiges billiger waren als am Abend und später am Abend noch teurer wurden. Ein Ausdruck wurde geboren: „Inflation-Accounting". Mein Vorsprechen für eine neue SAP-Insel in Südamerika war bei Hasso Plattner nicht erfolgreich. Er befürchtete, wenn wir so weitermachen würden, könnten wir seine Firma zerstören. Dieses schnelle Wachstum musste erst einmal verkraftet werden. Wie meistens hatte er recht gehabt. Ich traute mich dann nicht, Japan auch noch anzusprechen, jedenfalls nicht in demselben Meeting.

Kurz danach wurde SAP R3 geboren.

Wir hatten ein bisschen ABAP auf einem japanischen Laptop mit japanischem Kollegen übersetzt. Ich war zwei Wochen mit einem Kollegen, der mit einer Japanerin verheiratet war, in Japan. Empfohlen von Europa oder US besuchte wir IBM, Fujitsu, Hitachi, PW, Andersen, Höchst, Dupont, Mobile. Kurz vor Weihnachten, die Zahlen waren gut und dementsprechend die Stimmung, präsentierte ich den Gang nach Japan wieder – und Hasso Plattner stimmte diesmal dem Abenteuer Japan zu!

In Japan waren die kulturellen Unterschiede zu offensichtlich; die Schrift Kanji, die Sprache, die Computer waren doppelt so teuer wie bei uns, Kostenrechnung kannte man nicht und so weiter. Japan war überzeugt, mit seinen überlegenen Produktionssystemen (Kanban etc.) gar keine Kostenrechnung zu benötigen. Aber es war auch einiges ähnlich, wie wir vor allem von den Expats erfuhren – gewisse globale Prozesse, der Druck der Niederlassungen in Japan, mehr Kontrolle einzu-

Sam, as he called himself, had been working for 6 years in the U.S. for IBM. He was unusually tall, his stature almost like a professional boxer. His demands were, however, not exactly humble. The answer from Walldorf was a loud and clear no.

Nevertheless, I kidnapped him for the Christmas party at SAP Walldorf, and his discussions with Hasso Plattner and Dietmar Hopp were successful. We started the project in Japan.

20 Japanese, mainly from Price Waterhouse Coopers came to Walldorf and started work on the new R3. They worked day and night, calm and restless. During the presentation of the Japanese version even Hasso Plattner could not identify any transaction that was not fully and completely translated in Kanji. The Japanese were more reliable than we could imagine.

Meanwhile, customers were growing both in number and in the spread of application requirements. The first Japan-pioneers had to start with English, but during the cherry blossom season of 1992 Hasso Plattner could demonstrate bilingually on an HP-screen, with DEC application server and IBM database Server SAP R / 3 bilingual: Japanese and English.

On one display wall, everything went in Kanji, on the other, everything in English, the numbers were of the same standard. The auditorium, half full with expats, half full with Japanese of mainly multinational enterprises, was so enthusiastic that a standing ovation was given. We managed to conceal the fact that only a few hours earlier, after continuous work throughout the night, still nothing was working as it should.

In 1992 international sales equaled the sales in Germany. The vision had become reality.

It was followed by the integration of SAP International into Walldorf, which initially seemed more difficult than the whole internationalization. A homogeneous and heteroge-

führen und einiges mehr. Ohne die richtige japanische Persönlichkeit gaben wir uns allerdings keine allzu große Chance.

Viele redeten von Joint Ventures, dieses Wort hat aber auch immer einen unangenehmen Beigeschmack verursacht. Bei der Spitze der IBM ging ein Kampf um die Positionen 1, 2, 3 vor sich. Der Zufall wollte es, dass der Head von IBM Europe Schweizer war und auch im Board von Japan sass. Vermittelt durch den Präsidenten der IBM Europa in Paris, bekam ich ein Meeting mit dem Top-Management der IBM in Tokio. Man wollte mir mit der Suche nach einem geeigneten MD für SAP Japan behilflich sein. Kurz vor der Abreise bekam ich einen Anruf von Nummer 3, er möchte sich unbedingt mit mir treffen und er könnte sich vorstellen SAP nach Japan zu bringen. Wir tranken Sake und diskutierten bis tief in die Nacht hinein, mir wurde versprochen am anderen Tag definitiven Bescheid zu bekommen. Nummer 3 wurde dann Nummer 1, aber er schlug Shigeru Nakane, ebenfalls ein IBM-Kollege, als MD vor, er wäre der Richtige, er sei eine richtige Banane, sagten sie: außen gelb, und innen weiß.

Sam, wie er sich selber nannte, war 6 Jahre in den USA bei IBM. Er war ungewöhnlich groß, eine Statur beinahe wie ein Profi-Boxer. Seine Forderungen waren allerdings für uns auch nicht zu bescheiden. Die telefonische Abklärung mit Walldorf lautete klar und deutlich nein. Trotzdem entführte ich ihn zur SAP-Weihnachtsfeier nach Walldorf, und seine Darstellungen gegenüber Hasso Plattner und Dietmar Hopp hatten Erfolg. Wir begannen mit dem Projekt Japan.

20 Japaner, vor allem von Price Waterhouse kamen nach Walldorf und kapaunisierten das neue R3. Sie arbeiteten Tag und Nacht, ruhe- und rastlos. Bei der Präsentation der japanischen Version konnte auch Hasso Plattner keine Transaktion ausmachen, die nicht voll und ganz in Kanji übersetzt war, die Japaner waren zuverlässiger als zuverlässig.

Zwischenzeitlich wuchsen die Kunden sowohl in der Zahl als

neous culture clashed. But these birth pains are not talked about any more today.

I was honoured to be appointed to the board. I shared international responsibility with Peter Zenke, Vice President of Logistics, and Henning Kagermann, who is responsible for the accounting field. Both were relatively new to the board. In 1994 I turned 50 and retired from the Board and SAP, as always, with one laughing and one crying eye, but also happy to be home again now and then.

It was very exciting and satisfying to be there at the beginning of the SAP internationalization. My colleagues have successfully driven the development further. The result is known: About 50,000 employees and in 2015 there will be 20 billion Euros in sales. The number of people and families who through SAP got a life's work can only be estimated. An end like a fairy tale.

Finally, two remarks

In retrospect we understand there was no magic involved! I think what was important was an indestructible faith in the success of a pragmatic approach at the beginning and the identification of the major, driving factors that led to this unique success in the software industry. For me it was the best time in my career and I would recommend anyone to pursue an international job.

On the other hand, if we, from our local perspective, get together with „foreigners" in order to develop common goals, then it is natural to have conflicts. They often arise because we bring our own individual histories and experiences. And everyone is right in their own way. If we remain human in finding solutions and preserve decency and respect in every situation, then joy and pride in our joint performance will displace our disputes quickly.

Many friendships across borders have continued until this day.

auch in der Ausbreitung der Applikationswünsche. Die ersten Japan-Pioniere mussten vorerst mit Englisch beginnen, aber zur Kirschblütenzeit des Jahres 1992 konnte Hasso Plattner bilingual (japanisch-englisch) auf einem HP-Bildschirm, mit DEC-Applikationsserver und IBM-Datenbankserver SAP R/3 vorführen. Auf einer Präsentationswand lief alles in Kanji, auf der andern alles in Englisch, die Zahlen waren nach unseren Standards. Das Auditorium, halb Expats, halb Janpaner von hauptsächlich multinationalen Unternehmen, war so begeistert, dass es „Standing Ovations" gab. Dass ein paar Stunden früher nach durchgearbeiteter Nacht noch nichts lief, wie es sollte, das verschwiegen wir.

1992 zogen wir mit dem internationalen Umsatz gleich mit dem Umsatz in Deutschland. Die Vision war Realität geworden. Es folgte die Integration von SAP International nach Walldorf, was anfänglich schwieriger schien als die ganze Internationalisierung. Eine homogene und eine heterogene Kultur prallten aufeinander. Aber auch von diesen Geburtsschmerzen redet heute keiner mehr.

Mir wurde die Ehre zuteil, in den Vorstand berufen zu werden, und ich teilte die internationale Verantwortung mit Peter Zenke, Bereichsleiter Logistik, und Henning Kagermann, zuständig für den Bereich Rechnungswesen, beide auch relativ neu im Vorstand. 1994 wurde ich 50 und schied aus dem Vorstand und SAP aus, wie immer mit einem lachenden und einem weinenden Auge, aber froh, auch ab und zu wieder mal zu Hause zu sein.

Es war sehr spannend und befriedigend, bei den Anfängen der SAP-Internationalisierung dabei zu sein. Meine Kollegen haben die Weiterentwicklung erfolgreich weitergetrieben. Das Resultat ist bekannt: Über 50 000 Mitarbeiter und 2015 soll es 20 Milliarden Euro Umsatz geben. Die Zahl der Menschen und Familien, die durch und mit SAP eine Lebensaufgabe bekommen haben, lässt sich nur schätzen. Ein Ende wie im Märchen.

From this self-experienced point of view it is incomprehensible to me that there is still so much disaster in the fight for right and power between countries and cultures.

Zum Abschluss noch zwei Bemerkungen

Im Rückblick besehen, war keine Zauberei dabei! Ich glaube, das Entscheidende war ein unverwüstlicher Glaube an das Gelingen, ein pragmatischer Ansatz zu Beginn und das Erkennen von den wesentlichen, treibenden Faktoren, die zu diesem einmaligen Erfolg in der Software-Industrie geführt haben. Für mich war es die schönste Zeit in meinem Berufsleben und ich würde jedem empfehlen, eine Zeitlang einem internationalen Job nachzugehen.

Zum anderen, wenn wir mit aus unserer lokalen Sicht „Ausländern" zusammenkommen, um gemeinsame Ziele zu erarbeiten, dann gibt es naturgemäß Konflikte. Oft entstehen sie, weil wir individuelle Vergangenheiten und Erfahrungen mitbringen. Und jeder hat auf seine Weise Recht. Wenn wir jedoch bei der Lösungsfindung menschlich bleiben, Anstand und Respekt in jeder Situation wahren, dann werden Freude und Stolz auf die gemeinsame Leistung die vorgefallenen Querelen schnellstens verdrängen.

Viele Freundschaften dieser Zeit halten bis heute über alle Grenzen hinweg. Aus diesem selbst erfahrenen Blickwinkel ist es für mich unverständlich, dass immer noch so viel Unheil im Kampf um Recht und Macht zwischen Ländern und Kulturen die Welt beschäftigt.

It's The Culture

Today we operate with a team of 13 sales representatives, who all want the same thing, sales success. That's how we see it. „All – in" – externally with our customers and prospect and internally working with pre-sales and delivery – have to work the process - be great at coordination, motivation of ourselves and others. Over the last nearly 15 years our organization has grown and developed, year after year doing well in a highly competitive market. In the beginning I took a risk, not knowing whether today I'd be fine. Today I am happily surprised how far the company came considering that our business is based on only one product – SAP.

Would you like to do sales for us? –
On the starting blocks

„Jenny, you should come and work for us. We are good at SAP, but we need help selling." It was Ralph who all of a sudden changed the subject during our dinner. Chuck and Ralph were friends of my husband Dan and had invited us for that evening. Dan became friends with Chuck and Ralph, who had opened the US branch of the German Schmidt Vogel & Partner in 1996. Out of the observer's distance I liked the idea. I was not interested in leaving my current job, selling for a global IT consulting company based out of France, I didn't even have my resume/CV put together! But they were having fun – being entrepreneurs and growing something from nothing. I wanted to work there too.

That Saturday evening in spring of 1998 I was completely absorbed by a delicious meal and a glass of red wine: We talked more later on.

Chuck had worked for a Global Consumer Packaged Goods

Die Kultur macht's

Gegenwärtig arbeiten wir mit einem Team von 13 Handels-
vertretern, die alle das Gleiche anstreben: Verkaufserfolg! So
sehen wir das. „Immer 100 Prozent" – extern bei unseren Kunden und Interessenten, intern in Vorverkauf und Lieferung. In
den vergangenen fast 15 Jahren ist unsere Organisation gewachsen und hat sich entwickelt. Auf einem hart umkämpften
Markt schneiden wir Jahr für Jahr gut ab. Am Anfang riskierte
ich etwas. Am heutigen Tage jedoch bin ich glücklich, wie
weit es die Firma geschafft hat, wenn man bedenkt, dass das
Unternehmen nur auf einem einzigen Produkt basiert: SAP.
„Jenny, du solltest für uns arbeiten. Wir sind gut bei SAP –
könnten aber Hilfe im Verkauf gebrauchen." Das war Ralph,
der während eines Abendessens aus heiterem Himmel das Thema gewechselt hatte. Chuck und Ralph waren Freunde meines
Manns Dan, und sie hatten uns eingeladen. Dan hatte sich mit
den beiden angefreundet, die 1996 eine amerikanische Niederlassung der deutschen Firma Schmidt Vogel & Partner gegründet hatten. Aus der Distanz der Unbeteiligten gefiel mir die
Idee – wenn ich auch nicht vorhatte, meinen derzeitigen Job
bei einer globalen IT-Beratungsfirma, die in Frankreich basiert
war, zu kündigen. Aber die beiden hatten Spaß als Unternehmer und waren in der Lage, aus Nichts etwas zu erschaffen –
und irgendwie wollte auch ich in solchem Rahmen arbeiten.
An diesem Samstagabend, im Frühling 1998, war ich von
einem köstlichen Essen und einem Glas Rotwein vollkommen
eingenommen. Chuck hatte bei einem globalen Unternehmen der Konsumgüterindustrie mit Hauptsitz in Cincinnati,
Ohio, in einer SAP-Führungsposition gearbeitet. Dort hatte
er Ralph getroffen, der zu der Zeit als SAP-Berater zu jener
Firma in Cincinnati gesandt worden war, um Schmidt Vogel
& Partner aus Bielefeld, Deutschland, zu repräsentieren. Die

(CPC) company headquartered in Cincinnati, Ohio/USA in an SAP leadership function. He had met Ralph, an SAP consultant who at that time was sent to this company in Cincinnati representing Schmidt Vogel & Partner out of Bielefeld, Germany. The two quickly saw an opportunity and together planned to launch their own business, the US operations for Schmidt-Vogel & Partner focused selling SAP services to midsize companies. Dan, my husband, was with SAP as the account manager for this global CPG company and was a big advocate for them to start their own business. I found it a nice gesture from Chuck and Ralph to invite both of us for that memorable dinner. As I think about it – a perfect place to start something new. However, on that evening I took his sentences for a joke. Chuck was not as excited about the idea as Ralph, which I later learned was only because Chuck was more conservative in making decisions, while Ralph liked to be more spontaneous. I gave him a vague answer of „Great idea. We should talk about it someday". I had a fulfilling job, with no intention of leaving – why should I ever think of changing?

In 1983 I laid the basis for my career with a degree from the University of Dayton as a Business Major focusing on marketing. Afterwards I joined a job placement company called CBS, where I interviewed and hired employees for our clients. I was both qualifying the talent of the individual, but also selling their talent to midsize organizations. Later on I took an opportunity at Cap Gemini, a company for global IT services and business consultancy. I was their internal recruiter, responsible for hiring consulting professionals in the fast growing technology industry. Eventually I moved from recruiting into consulting services sales. After six years I was fully comfortable with my job, appreciated a healthy corporate culture, and was familiar with my target markets.

beiden sahen schnell die Basis dafür, gemeinsam eine eigene Firma auf die Beine zu stellen, ein US-Ableger für Schmidt Vogel & Partner, um SAP-Dienstleistungen an mittelgroße Unternehmen zu verkaufen. Mein Mann Dan war Kundenbetreuer für SAP bei jener globalen Konsumgüterfirma.

Ich fand, dass die Einladung zu diesem unvergesslichen Abendessen eine nette Geste von Chuck und Ralph war. An jenem Abend hatte ich Ralphs Äußerungen eher als Witz verstanden. Chuck war von der Idee auch nicht so sehr angetan wie Ralph, was nur daran gelegen hatte, dass Chuck der etwas konservativere Entscheider ist, während Ralph der Spontane der beiden ist – ich gab ihm eine ausweichende Antwort: „Großartig, da sollten wir irgendwann mal drüber reden." Ich hatte einen erfüllenden Job und keine Intentionen zu gehen – warum sollte ich über Veränderung nachdenken?

Im Jahr 1983 hatte ich die Grundlagen für meine Karriere mit einem Abschluss an der Universität von Dayton als Betriebswirtin mit dem Fokus auf Marketing gelegt. Danach war ich bei einer Arbeitsvermittlungsfirma, genannt CBS, wo ich Auswahlgespräche mit zukünftigen Angestellten für unsere Klienten führte. Ich begutachtete sowohl die Fähigkeiten von Individuen, „verkaufte" diese aber auch an mittelgroße Unternehmen. Später nutzte ich eine Möglichkeit, bei CAP Gemini, einer Firma für weltweite IT-Dienstleistungen und Unternehmensberatung, als interne Personalvermittlerin professionelles Beratungspersonal für wachstumsstarke Technologiesektoren anzuheuern. Irgendwann kam ich dann von der Personalabteilung in den Verkauf von Beratungsdienstleistung. Und nach sechs Jahren fühlte ich mich dort komplett wohl, genoss die gesunde Unternehmenskultur und kannte meine Zielmärkte.

Wie es ist, Teil eines deutschen Start-ups zu werden

„Hi Jenny!" Als ich Ralph ein paar Wochen später am Telefon hatte, ging ich davon aus, dass er mit meinem Mann Dan spre-

Joining a German start up

„Hi Jenny!" Hearing Ralph on the phone – some weeks later – I assumed he was calling for my husband, Dan, and was surprised when he interrupted me. „We would like to talk to you. Did you consider what we talked about at the restaurant?" How do I tell in a friendly way, that I never had taken him seriously on his approach? He must have felt that and started from scratch.

„We need someone to support us in sales." Quickly he outlined his expectations and ended up in „Could you imagine moving in that direction? Why don't we meet and talk about it?!" Some days later we met for lunch.

He outlined his expectations and requirements for sales. The way he described his plans gave me the sound impression that he was serious about developing a professional sales structure. At the time only he and Chuck were „selling", and „delivering" and everything else that goes with a start-up business. It was a real start-up but with a large successful parent company to back them up. This was something completely new to me. From my husband's work at SAP I had an excellent impression of the thinking patterns and mentality of a German company. I also knew that SAP was growing quickly in the USA and that there was an opportunity to sell to the mid-market which was not yet a focus of SAP in the US.

Yes, it felt good. I wanted to be part of something new and be part of the booming ERP market.

From that point on it took a while to discuss what exactly my role would be, the resources, and the positioning within the team. I should develop and define a sales process and hire a sales team. That included developing a qualification list, a sales tracking system, and when needed the coaching them selling.

Schmidt-Vogel was already growing and had won new business and additionally supported their counterparts in

chen wollte, aber nein: „Wir wollten eigentlich gerne mit dir reden. Hast du darüber nachgedacht, worüber wir im Restaurant gesprochen hatten?" – Wie sollte ich ihm nur auf nette Art und Weise verständlich machen, dass ich seinen Vorschlag nie ernst genommen hatte?

Er musste meine Gedanken gehört haben und begann noch einmal von vorne: „Wir brauchen jemanden, der uns im Verkauf unterstützt." Er umriss seine Erwartungen kurz und endete: „Könntest du dir vorstellen, dich in diese Richtung weiter zu entwickeln? Warum treffen wir uns nicht einfach einmal und reden darüber?!" – Ein paar Tage später trafen wir uns zum Mittagessen. Er stellte seine Erwartungen und Anforderungen für den Bereich Verkauf dar. Die Art der Beschreibung seiner Pläne erweckten bei mir den Eindruck, dass es ihm Ernst war mit dem Aufbau einer professionellen Verkaufsstruktur. Zu der Zeit waren es nur Chuck und er, die „verkauften" und „lieferten" und alles andere bewerkstelligten, was mit einem Start-up so einhergeht. Es war ein echtes Start-up, aber mit einer großen erfolgreichen Mutterfirma, die sie absicherte. Das war etwas komplett Neues für mich. Durch die Arbeit meines Mannes bei SAP hatte ich einen exzellenten Eindruck von den Denkmustern und der Mentalität einer deutschen Firma. Ich wusste außerdem, dass SAP in den USA sehr schnell wuchs und es eine Möglichkeit gab, auf dem mittelständischen Markt zu verkaufen, welcher bisher von SAP in den USA noch nicht adressiert war. Ja, das fühlte sich gut an. Ich wollte Teil von etwas Neuem werden und zu dem sich im Boom befindenden ERP-Markt (enterprise resource planning) gehören.

Von diesem Punkt aus dauerte es eine Weile zu erörtern, was genau meine Rolle, die Ressourcen und die Positionierung im Team sein würden. Ich sollte einen Verkaufsprozess entwickeln und definieren und ein Verkaufsteam einstellen. Das beinhaltete die Entwicklung einer Qualifikationsliste, eines Verkaufsverfolgungssystems und, sofern benötigt, das Team im Verkauf zu schulen. Schmidt-Vogel war bereits im Wachstum

Germany. They were hiring new people, as well as bringing colleagues from Germany to live here, and winning business. They had no time for setting up professional sales structures and I realized how much I could contribute. It was that perspective of a creative job that finally convinced me.

My first weeks gave me an ambiguous time. I felt like I couldn't talk the talk. Everybody was familiar with all the terminology. How could I possibly sell anything without knowing SAP? Time ran in fast motion. Everything had to be done immediately. The consultants provided me a comprehensive view on technology and business. The team was wonderful in answering all my questions. We were about 40 colleagues and even if everybody was busy they always found time to support me.

Sales People here and there

From the very beginning I kept a close eye on the relationship perspective and tried to find new business. End of the 90s we were swimming in a shark tank facing a highly competitive environment. SAP was hot and there were many companies starting up as well as existing SAP consulting firms to compete against. Nevertheless we succeeded in gaining customers.

Those close contacts with a German company taught me that in the US sales is perceived differently than in Germany. In the US especially in the highly competitive IT industries companies like SAP, there are sales people, whose only job is selling. Their background is not necessarily SAP; they are professionals in sales and in building up relationships and selling a product.

The sales people in Germany, and also at Schmidt Vogel & Partner came out of consultancy and then went into sales. They all knew the SAP product very well. So I was definitely not common to the culture of my new employer.

begriffen und hatte neue Aufträge hinzugewonnen und zusätzlich ihre Pendants in Deutschland unterstützt. Sie stellten, neue Leute ein und brachten auch Kollegen aus Deutschland her, um hier zu leben. Und man steigerte seine Umsätze.

Ihnen war keine Zeit geblieben, um eine professionelle Verkaufsstruktur aufzubauen, und ich erkannte das Ausmaß dessen, wie groß mein Beitrag sein konnte. Es war die Aussicht auf eine kreative Arbeit, die mich letztlich überzeugte.

Meine ersten Wochen fühlten sich verschwommen an. Ich hatte das Gefühl nicht mitreden zu können. Jeder konnte mit all dem Fachvokabular umgehen. Wie sollte ich etwas verkaufen können, ohne SAP wirklich zu kennen? Die Wochen vergingen wie im Zeitraffer. Alles musste sofort erledigt werden. Die Berater verschafften mir einen umfassenden Überblick über die Technologie und das Unternehmen. Das Team war großartig und beantwortete all meine Fragen. Insgesamt waren wir 40 Kollegen und selbst wenn alle stark ausgelastet waren, fanden sie doch Zeit mich zu unterstützen.

Von Anfang an behielt ich die Beziehungen genau im Auge, versuchte stets neue Geschäftsmöglichkeiten zu finden. Das Ende der 90er war wie ein Schwimmen im Haifischbecken, man war mit einem äußerst wettbewerbsintensiven Umfeld konfrontiert. SAP war angesagt, und es gab viele Firmen, die auch am Anfang standen, sowie bereits existierende SAP-Beratungsfirmen, gegen die es sich durchzusetzen galt. Nichtsdestotrotz schafften wir es, Kunden zu gewinnen. Die engen Kontakte mit einer deutschen Firma lehrten mich, dass der Verkauf in den Vereinigten Staaten anders wahrgenommen wird als in Deutschland:

In den USA, besonders bei den stark konkurrierenden IT-Industrie-Firmen Marke SAP gibt es Verkaufspersonal, deren einziger Job das Verkaufen ist. Ihr Arbeitshintergrund hat nicht notwendig etwas mit SAP zu tun; sie sind Fachleute im Verkauf und darin, Beziehungen aufzubauen und Produkte loszuschlagen. Die Vertriebsmitarbeiter in Deutschland hin-

Before I came on board Chuck and Ralph were everything – consultants, sales, and delivery. Prospects and customers in the US liked to see people from various parts of the organization and the sales process required constant attention to the prospects in order to build their trust. As Ralf and Chuck got busier, the need for dedicated sales people grew more important. They were still critical to the sales process but their role was now to provided the competence and credibility needed to secure the deals, not run the entire sales cycle. Our business model worked and we kept growing.

Targeting midsized companies

The biggest obstacle was not so much finding prospects, but convincing them that SAP was designed for midsized manufacturing companies. At that time SAP was considered as a ERP solution for large, Fortune 500 companies like Coca Cola, Hershey's, and Whirlpool. And the larger consulting companies, like IBM and Deloitte were the big players in winning these large SAP consulting deals.

However, I learned from the Germans that there was a huge market out there with midsized companies. The reality is that SAP was initially started in Germany for mid-market manufacturing companies. The US did not have this impression. Nobody else really paid so much attention to „mid-market" companies. We were lucky to have people and references qualified in this area. Early wins for us followed by successful implementations, like International Knife and Saw (IKS) and Schumacher Elevator further gained trusted relationships and credibility. We quietly conquered the midsized market segment and allowed us to grow in size and revenue continuously.

When SAP America started to turn towards the midsized market – we were already there. Our German board wanted us to become a reseller in the USA, since at the time we were a top

gegen, und auch bei Schmidt Vogel & Partner, kommen aus der Beratung, sind dann in den Verkauf gewechselt. Deswegen kannten sie das SAP-Produkt alle sehr gut. Ich war damit definitiv ein Paradiesvogel in der Unternehmenskultur meines neuen Arbeitgebers.

Interessenten und Kunden in den USA sehen allerdings gerne Leute aus verschiedenen Teilen der Organisation, und der Verkaufsprozess bedurfte kontinuierliche Aufmerksamkeit für die Interessenten, um ihr Vertrauen aufzubauen. Da Chuck und Ralph immer stärker durch ihre Arbeit eingebunden waren, stieg die Notwendigkeit für engagiertes Verkaufspersonal. Beide waren immer noch extrem wichtig für den Verkaufsprozess, aber ihre Rolle hatte sich dahingehend geändert, dass sie nun die Kompetenz und Glaubwürdigkeit repräsentierten, welche erforderlich war um Geschäfte zu machen, weniger um den gesamten Verkaufszyklus zu leiten. Unser Geschäftsmodell funktionierte und wir entwickelten uns weiter.

Mittelständige Unternehmen erreichen

Das größte Hindernis lag weniger in der Kundengewinnung als darin, sie davon zu überzeugen, dass SAP für mittelständische Produktionsbetriebe konzipiert war. Zu dieser Zeit wurde SAP als Lösung für Unternehmensressourcenplanung bei den „Fortune 500"-Firmen wie Coca Cola, Hershey's und Whirlpool gesehen. Und die größeren Beratungsfirmen, wie IBM und Deloitte, waren die „Big Player", solche großen SAP-Beratungsdeals abzuschließen. Aber ich hatte mir von den Deutschen sagen lassen, dass es einen großen Markt mit mittelständischen Unternehmen gab, und die Realität sah sogar so aus, dass SAP in Deutschland ursprünglich für mittelgroße Produktionsbetriebe an den Markt gegangen war. In den USA sah man das noch gar nicht. Niemand anders schenkte mittelständigen Unternehmen seine Aufmerksamkeit. Wir hatten Glück, dass wir Leute und Referenzen in dem Bereich hatten.

reseller for SAP in Germany. Therefore we acquired companies that were reselling SAP software so that now we can sell both the software and the services.

Many of these resellers were small, and did not have the stability of a company like Schmidt-Vogel. Starting with the first acquisition in Texas, we then bought one in Chicago, and eventually on the east coast.

Now we have a sales team solely dedicated to selling software, and a sales team selling only implementation services; two very important business lines, with two sales teams. Selling software was very different than selling SAP services/projects and therefore it was important to keep these as separate teams. There were certainly times when they wanted „all sales people to sell everything" but over time the need to have focused sales in each area is what worked best. SAP had the dedicated sales team focused on product, and we had a dedicated team working with the SAP AE's in the upper mid-market selling project work. I always was and always will be a service AE and have never sold the SAP licenses.

This acquisition strategy was a decisive aspect for us in establishing an even larger client and reference base – and also tightened our partnership with SAP America, and that was (and still is) what differentiated us as the competitors tried to move ahead.

Through thick and thin with the customer

This might be one reason why many of our customers stay with us for long years. They appreciate our broad range of market expertise and continued focus on customer satisfaction. My „eldest" one is Veeco Instruments, headquartered in New York. I met Linda there more than ten years ago. The core of a good relationship is „people happiness". Veeco has worked with us for implementation services and also for remote basis and application support. When Veeco's business is strong we

Frühzeitige Gewinne gefolgt von erfolgreichen Implementierungen, etwa bei International Knife and Saw (IKS) und Schumacher Elevator, schafften weitere vertrauensvolle Beziehungen und Glaubwürdigkeit. Wir eroberten stillschweigend das mittelständische Marktsegment und ermöglichten es uns, das Unternehmen sowie die Einnahmen kontinuierlich wachsen zu lassen.

Als SAP Amerika begann sich dem mittelständischen Markt zuzuwenden, waren wir bereits im Feld. Unser deutscher Vorstand wollte, dass wir in den USA zum Wiederverkäufer würden, da wir bereits einer der besten Wiederverkäufer für SAP in Deutschland waren. Aus diesem Grund kauften wir Firmen auf, die bereits SAP-Software weiterverkauften, um dann sowohl Software als auch die Dienstleistungen anbieten zu können. Viele dieser Wiederverkäufer waren klein und hatten nicht die Stabilität einer Firma wie Schmidt-Vogel. Mit dem ersten Kauf in Texas beginnend, erwarben wir uns später Standbeine in Chicago und an der Ostküste. – Derzeit haben wir ein Verkaufsteam, welches ausschließlich dafür bestimmt ist Software zu verkaufen, und ein Verkaufsteam, welches nur Implementierungsdienstleistungen verkauft. Zwei äußerst wichtige Geschäftsfelder, mit zwei verschiedenen Verkaufsteams.

Software-Verkauf unterscheidet sich stark vom Verkauf von SAP-Dienstleistungen/-Projekten, und deswegen ist es uns wichtig, beide als getrennte Teams zu erhalten. Es gab durchaus Zeiten, in denen „alle Vertriebsmitarbeiter alles verkaufen sollten" – aber durch den Bedarf an fokussiertem Verkauf in beiden Feldern stellte es sich heraus, dass die Trennung der Verkaufsteams am besten funktioniert. SAP hat ein engagiertes Team, welches sich auf Produkte spezialisiert, und wir haben ein engagiertes Team, welches mit den SAP-AEs im oberen mittelständischen Markt Projektarbeit verkauft.

Ich war immer und werde immer ein Dienstleistungs-AE bleiben und habe nie SAP-Lizenzen verkauft. Die Aufkaufstrategie war der entscheidende Grund, weshalb wir uns eine noch

can scale in order to provide services to them ... when Veeco experienced an economic slowdown, we scaled back to help them save money, but we never went away.

Because of our long term relationship across many lines of business, and flexibility to scale up or down depending on their needs, Linda continues to be a reliable reference and friend of itelligence. Dave Hofmeister, CIO at a local company called Enerfab, has also been a long term reference and friend to itelligence. Ralph and Chuck first met Dave in 1996, when he was the CIO for International Knife and Saw (IKS). IKS implemented SAP in Germany with Schmidt-Vogel and it was time for their US division to implement. Dave was told he had to use Schmidt-Vogel, but he wanted one of our competitors. He was forced to work with us instead, and today, 15 years later, he turns to us for all SAP services and is grateful that we were „forced" on IKS. I met Dave when I started in 1998, and when he left IKS and went to work as CIO at Perfetti Van Melle, I won additional project work as well as application support. When he went to Enerfab as the CIO, he called again.

Again I was the sales rep and sold Enerfab their SAP implementation, as well as remote basis and application support. Representing a company that provides excellent customer service and delivery makes it easy for me to sell to clients like Dave.

Being part of the global network we got to know other countries, their thinking patterns and mental tonality. In 2009 we supported a company based in Cleveland, Ohio/USA. They wanted to implement SAP first in their sites in Hungary, and eastern Europe, and then implement in the USA and Canada. Something that might be important in the US may not be the same in Hungary and vice versa.

We had to collaborate not only with our international country leads but also with the client's international management. The necessary expertise was quickly transferred to the coun-

größere Klienten-und Bezugsbasis aufbauen konnten, und hat auch dazu geführt, dass unsere Partnerschaft mit SAP Amerika noch enger geworden ist. Und das war und ist es nach wie vor, was uns von Konkurrenten unterscheidet.

Dies dürfte einer der Gründe dafür sein, dass viele unserer Kunden lange Jahre bei uns bleiben. Sie schätzen unsere großflächige Marktexpertise und den dauerhaften Fokus auf der Zufriedenheit des Kunden. Mein „ältester" ist Veeco Instruments, Hauptsitz in New York. Dort habe ich vor mehr als zehn Jahren Linda getroffen. Was gute Beziehungen ausmacht, ist „people happiness". Veeco hat mit uns wegen Implementationsdienstleistungen gearbeitet und auch für Remote Basis-Support und Anwendungs-Support.

Wenn Veecos Geschäfte gut laufen, passen wir uns an, um Dienstleistungen für sie bereit zu stellen. Wenn Veeco ein ökonomisches Tief hatte, dann haben wir uns zurückgenommen, um ihnen dabei zu helfen Geld zu sparen, aber wir haben uns nie von ihnen abgewandt. Aufgrund unserer langjährigen Beziehungen in vielerlei spartenübergreifenden Geschäftsfeldern und unserer Flexibilität bleibt Linda eine zuverlässige Referenz und eine Freundin von itelligence.

Dave Hofmeister, Leiter der IT-Abteilung einer ortsansässigen Firma mit dem Namen Enerfab, ist ebenfalls eine langjährige Referenz und ein Freund von itelligence. Ralph und Chuck haben Dave das erste Mal 1996 getroffen, als er noch Leiter der IT-Abteilung von IKS war. IKS führten SAP in Deutschland mit Schmidt-Vogel ein, und es wurde Zeit für ihre US-Sparte, SAP zu implementieren. Dave wurde angewiesen, Schmidt-Vogel zu engagieren, obwohl er eigentlich mit unserer Konkurrenz arbeiten wollte. Stattdessen wurde er aber gezwungen mit uns zu arbeiten, und heute, 15 Jahre später, rekrutiert er uns für alle SAP-Dienstleistungen und ist dankbar, dass wir „gezwungen wurden", an IKS zu arbeiten.

Ich traf Dave 1998, als ich gerade anfing, und als er IKS verließ, um als Leiter der IT-Abteilung bei Perfetti Van Melle zu

try where we needed it. International coordination is critical, and behind the scenes at itelligence we make things happen – even against global obstacles. Our company is not just international, but truly global. Another key reason I win business.

One of my customers is closely linked with my youngest son Connor. I was pregnant with him and delivery was scheduled about the same time we were getting ready to sign contracts. So my boss went to the client for the signature but I made sure I was there a few weeks later for the project kick off. I always know exactly how long they are our customer because of Connor, who is 9 years old!

There are tons of stories and anecdotes over the last years. When customers decide to leave, I do regret that. But change is the core of a relationship. Quite often some of those customers call again. I find that a significant compliment for our team and our culture. „People happiness" consists of different ingredients coming from various service lines by numerous colleagues. They bring in their solid skill sets and customer service mentality and deliver the working processes. Every day.

Juggling many balls –
variety is the character of sales

And each day is different – every prospect has different challenges, existing customers have requests, and internally there are questions. Opening the door to my office, which I share with another salesperson, Nick, I first of all follow up on leads and prospects. Of course, somewhere in between I grab a cup of coffee, talk to my colleagues and try to get the latest office news. I could work from home; but the processes and flow of information are much better being close, and I enjoy the atmosphere with my colleagues. From the very beginning I liked working for Schmidt-Vogel, and the people/culture of

arbeiten, erwarb ich zusätzliche Projektarbeit sowie Anwendungs-Support. Als er in der gleichen Position zu Enerfab wechselte, rief er mich wieder an. Diesmal war ich wieder Handelsvertreterin und verkaufte Enerfab ihre SAP-Implementierung, Remote Basis-Support und Anwendungs-Support. – Wenn man eine Firma mit exzellentem Kundenservice und Lieferung repräsentiert, dann wird es einem einfach gemacht, an Kunden wie Dave zu verkaufen.

Als Teil eines globalen Netzwerks lernten wir andere Länder, deren Denkmuster und Geisteshaltungen kennen. Im Jahr 2009 unterstützten wir eine Firma in Cleveland, Ohio. Diese wollte SAP zuerst an ihren Standorten in Ungarn und Osteuropa implementieren und dann in den USA und Kanada. Etwas, das in den USA vielleicht wichtig ist, muss es nicht unbedingt auch in Ungarn sein, und umgekehrt. So war es unsere Aufgabe, nicht nur mit unseren internationalen Landes-Kundenkontakten, sondern auch mit dem internationalen Management unserer Kunden zu kollaborieren. Die benötigte Expertise wurde dafür immer schnell in das Land übermittelt, in dem wir diese brauchten. Internationale Koordination ist sehr wichtig, und wir bei itelligence realisieren Dinge hinter den Kulissen – auch gegen globale Widerstände. Unsere Firma ist nicht einfach nur international, sondern wahrhaft global. Ein weiterer entscheidender Grund, warum ich Umsatz mache.

Einer meiner Kunden wird in meinem Geist immer eng mit meinem jüngsten Sohn Connor verbunden sein. Ich war damals schwanger mit ihm, und die Geburt war ungefähr in dem gleichen Zeitraum angesiedelt, in dem wir letztlich auch bereit waren, die Verträge zu unterzeichnen. Deswegen besuchte mein Chef den Kunden, um die Verträge zu unterzeichnen, aber ich stellte sicher, später bei Beginn des Projekts wieder da zu sein. Ich weiß immer genau, wie lange sie bereits unsere Kunden sind, wegen meines Sohnes Connor, der 9 Jahre alt ist! Es gibt jede Menge solcher Geschichten und Anekdoten.

itelligence continues to be one of the key reasons I have stayed here for so long.

My everyday life is communicating, working on opportunities and bringing them up to the next level. Whether existing customers or prospects – I arrange meetings, set up dates, check available resources. I want them to move forward and to make sure we are on the right track.

Half of my time I spend with coordination. Last thing in the day is updating CRM, our sales tracking tool.

This is important for the management team in the USA and Germany. It constantly has to be fed with the latest information. Sometimes when your day flies you don't have time for that so I have to be ready to get disciplined on the weekly sales call! Management looks at your success record and the ability to coordinate many people across the organization worldwide. Utilizing resources means being smart about what you need and not wasting people's time. Vis-á-vis all involved you have to make sure you keep your credibility. And you always come across challenging new things and move ahead in the learning curve, especially in the global network.

Life as a sales rep at itelligence requires a broad range of characteristics mounting in substantial flexibility. An opportunity pops up – you fly out. The customer stumbles over an unforeseeable obstacle – you go on the phone and make sure the answer helps him moving forward.

However, once the sales process begins, there shouldn't be many surprises, but there always are. A lot can be coordinated and planned in each phase of the sales process, but obstacles occur both internally and externally. Sometimes I miss an event with my family, but luckily our company culture does not encourage this. My family appreciates that.

Wenn sich Kunden entscheiden zu gehen, dann bereue ich das meist wirklich, aber ich denke: Veränderung ist der Kern jeder Beziehung. Recht oft rufen mich auch solche Kunden wieder an. Ich nehme das dann als ein ganz besonderes Kompliment gegenüber unserem Team und unserer Unternehmenskultur.

„People happiness" beinhaltet verschiedenste Bestandteile, welche aus unterschiedlichen Dienstleistungssparten und durch unterschiedliche Kollegen hergestellt wird. Diese steuern solide Fähigkeiten und Servicementalität bei, die auf den Kunden ausgerichtet ist, und stellen funktionierende Arbeitsprozesse sicher. Und das jeden Tag.

Und jeder Tag ist anders – jeder potenzielle Neukunde bringt verschiedenste Herausforderungen mit sich, schon vorhandene Kunden haben Anfragen, und auch intern gibt es Fragen. Sobald ich die Tür zu meinem Büro, das ich mit einem anderen Verkaufsangestellten teile, mit Nick, geöffnet habe, arbeite ich erst einmal neue Kundenkontakte und Interessenten ab. Natürlich mache ich mir irgendwann dazwischen eine Tasse Kaffee, rede mit meinen Kollegen und versuche mehr über Neuigkeiten im Büro zu erfahren. Ich könnte auch von Zuhause aus arbeiten, aber die Prozesse und Informationsflüsse funktionieren wesentlich besser, wenn man nah dran ist, und ich mag die Arbeitsatmosphäre mit meinen Kollegen. Ich mochte das schon bei Schmidt-Vogel, und die Leute sowie die Kultur von itelligence ist noch immer einer der Hauptgründe, warum ich so lange hier geblieben bin. Mein Alltag besteht aus Kommunizieren und aus sich entwickelnden Möglichkeiten, und diese auf ein neues Niveau zu bringen. Egal, ob es sich um schon vorhandene oder potenzielle Kunden handelt – ich arrangiere Meetings, setze Termine fest und prüfe die vorhandenen Ressourcen. Ich möchte, dass sie vorankommen, und sicherstellen, dass wir auf dem richtigen Weg sind. Die Hälfte meiner Zeit verbringe ich also mit Koordination, und das letzte, was ich am Tag mache, ist das Update des CRM, customer relations management, unser Umsatzverfolgungs-

And the family?

It's crazy enough having three kids and a husband and working on such a level of commitment at the same time. I have always tried to put family first and worked for a company that feels the same. I am very lucky in that respect. But it's my job to get the sale, to get the job done somehow.

Fortunately I always had good child care – and when my kids were younger I had au pairs, all of them came from Germany. Of course over the years I had mixed feelings about my work vis-à-vis being home with my kids but now when I ask them:

„Did you wish I work or I didn't work?" I know they are glad I worked.

They have been exposed to German au pairs who remain our friends today (two live in the USA now, are married and have their own children!). I make sure that I am always with my kids at important moments, and do my best to juggle my working life along with a daughter of 17, and two sons of 15 and 9 years. A husband, kids education, sports, jobs, family, teenage daughter, full time job … never a dull moment and sometimes my job is much easier than managing my life!

It's the culture

The corporate culture, in the USA and globally, has continued to transform the dynamics of our business into a successful working atmosphere.

We have moved from a small USA division in 1996 into a global company that has established a global infrastructure for selling and delivering.

I am now part of DELTA, a year long program where I am teamed with other peers from many parts of the globe and our task is to work on a „project" through the year and present to our board a year later; just another example of the company's

Tool. Das ist wichtig für das Management in den USA und in Deutschland. Es muss kontinuierlich mit aktuellen Daten gefüttert werden. Manchmal, wenn die Tage in Windeseile vorübergehen und man keine Zeit dafür hat, dann muss man sich darauf einstellen, beim wöchentlichen Kundengespräch dafür gemaßregelt zu werden!

Das Management schaut sich deine Erfolgsbilanz an und deine Fähigkeit viele Menschen organisationsübergreifend, weltweit zu koordinieren. Bei der Nutzung von Ressourcen sollte man sich deswegen schlau anstellen und wissen, was wirklich benötigt wird, ohne Zeit von anderen Menschen zu verschwenden. Dem gegenüber – voll involviert – muss man sicherstellen, dass man die eigene Glaubwürdigkeit erhält. Man begegnet immer wieder Neuem, Herausforderndem und bewegt sich vorwärts im eigenen Lernprozess, besonders im globalen Netzwerk.

Das Leben als Handelsvertreterin bei itelligence bedarf einer großen Bandbreite an Eigenschaften, welche sich zu substanzieller Flexibilität anhäufen. Sobald sich eine Möglichkeit ergibt, schwärmst du aus. Der Kunde stolpert über ein unvorhersehbares Hindernis – ich greife zum Telefon und stelle sicher, dass die Antwort dem Kunden weiter hilft. Freilich sollte es nicht mehr viele Überraschungen geben, sobald der Verkaufsprozess einmal begonnen hat – aber es gibt sie dennoch immer wieder. Man kann in jeder Phase des Verkaufsprozesses planen und koordinieren, aber Hindernisse können sowohl intern als auch extern auftreten. Manchmal verpasse ich wichtige Termine in der Familie, aber glücklicherweise ist das nicht Teil der regulären Unternehmenskultur. Meine Familie weiß das zu schätzen.

Es ist ziemlich verrückt, drei Kinder und einen Mann zu haben und gleichzeitig ein solches Maß an beruflicher Aktivität zu verfolgen. Ich habe immer versucht, meine Familie an erste Stelle zu setzen, und für eine Firma gearbeitet, die das unterstützt. In dem Bezug habe ich viel Glück gehabt. Aber es ist auch mein Job, den Verkauf sicher zu stellen, den Job irgend-

commitment to our culture and its employees. Our sales success at itelligence would be limited without the ability to work with clients and teams on a global level.

wie auf die Reihe zu bekommen. Zum Glück hatte ich immer eine gute Kinderbetreuung – und als alle meine Kinder noch jünger waren, hatte ich immer Au Pairs, die sämtlich aus Deutschland kamen – zwei von ihnen leben inzwischen in den USA und haben selbst Kinder! Selbstverständlich hatte ich im Laufe der Jahre oft gemischte Gefühle wegen meiner Arbeit, aber wenn ich heute meine Kinder frage: „Hättet ihr euch gewünscht, dass ich arbeite oder nicht arbeite?", dann weiß ich, dass sie froh darüber sind, dass ich gearbeitet habe.

Ich stelle sicher, dass ich in wichtigen Momenten immer mit meinen Kindern zusammen sein kann, und gebe mein Bestes, mein Arbeitsleben, eine 17jährige Tochter und zwei Söhne im Alter von 9 und 15 Jahren auszubalancieren. Ein Ehemann, Erziehung der Kinder, Sport, Familie, Tochter im Teenager-alter, Vollzeitjob … da gibt es keine langweiligen Momente, und manchmal ist es einfacher, meinen Job zu handhaben, als das eigene Leben.

Das ist die Kultur

Die Unternehmenskultur, in den USA und global, hat dazu beigetragen, dass sich die Dynamiken unseres Unternehmens zu einer erfolgreichen Arbeitsatmosphäre entwickelt haben. Wir haben uns seit 1996 von einer kleinen US-amerikani-schen Sparte in ein globales Unternehmen verwandelt, das eine weltweite Verkaufs- und Lieferstruktur besitzt.

Derzeit nehme ich teil an DELTA, einem einjährigen Pro-gramm, in welchem ich zusammen mit anderen Fachleuten aus vielen Ländern arbeite. Während des Jahres arbeiten wir an einem „Projekt", das am Ende des Jahres dem Vorstand prä-sentiert wird. Das nur als weiteres Beispiel für den Einsatz unserer Firma für die Firmenkultur und ihre Angestellten. – Unser Verkaufserfolg bei itelligence wäre nichts, ohne diese Fähigkeit, mit unseren Klienten und Teams auf globaler Ebene zu arbeiten.

Way Out! – Earthquake In Japan
And My Way Up

I opened the door and sceptically looked up the stairs. A smell of dust and cleaning powder was the first thing that hit me. Climbing the stairs, something one does so often in life. My own career ladder started with joining SAP China four years ago. My firsts steps – what an opportunity! What an interesting business for a young IT person like me.

I felt like I had been thrown into the middle of a tornado, such was the speed those years passed by. It brought me closer to leading industry sectors, amazing companies and genial characters who would be my colleagues. Three years later I got the chance to switch to itelligence China; again a German based IT company that dealt closely with its customers. The mindset of these people felt familiar to me and I liked that.

Floors one and two were easy. Running up one or two of them is normal for me. I was more or less on my own and only heard other people from a distance. The light was on and I got a good feeling of where to tread. The benchmark was ambitious. I had never been faced with so many stairs and only guessed it would be exhausting. Energy was never a question. However, I never had the idea of running half a marathon (which to me seemed a comparable level of activity). I admit to being a smoker, which is the reason why I went down in front of the building three hours before at 2 pm in the early afternoon.

Between the third and fourth floor the ambience of the house became boring. Recurring images make you lose a certain level of orientation. There were no logos or images. Just grey walls and more stairs. Had I already passed the landing on the fourth floor? Maybe I should take a break. Shorter breathing

Raus hier! – Erdbeben in Japan
und mein Aufstieg

Ich öffnete die Tür und betrachtete skeptisch die Treppe nach oben. Ein Geruch nach Staub und Reinigungsmittel war mein erster Eindruck. Die ersten Stufen hochsteigen – wie schon so oft im Leben. Meine Karriereleiter hatte vor vier Jahren mit meinem Einstieg bei SAP China ihren Anfang genommen. Die ersten Schritte – immer auch eine Chance! Was für ein interessantes Unternehmen für einen jungen IT-Mitarbeiter. Ich fühle mich, wenn ich die Geschwindigkeit dieser Jahre bedenke, als ob ich mitten in einen Tornado geschleudert worden sei. Diese Zeit brachte mich in Kontakt mit den vordersten Bereichen der Schlüsselindustrien, phantastischen Unternehmen und genialen Kollegen. Drei Jahre später erhielt ich die Chance, zu itelligence China zu wechseln; wieder ein Unternehmen mit deutschem Hintergrund, wieder IT, wieder eng am Kunden. Die Mentalität der Leute war mir vertraut und es gefiel mir.

Die ersten beiden Stockwerke waren noch leicht. Ein oder zwei davon hinaufzurennen ist für mich nicht ungewöhnlich. Ich war im Grunde allein und hörte nur aus der Ferne andere Menschen. Das Licht war eingeschaltet und ich wusste, wohin ich meine Füße setzen musste. Mein Ziel war aber ehrgeizig. Ich war noch nie so viele Stufen hinaufgestiegen und nahm nur an, dass es anstrengend sein würde. Energie war zwar nie ein Problem gewesen. Aber ich hatte nie erwartet, einen halben Marathon zu laufen (was mir eine vergleichbare Höhe an Aktivität zu sein schien) und außerdem muss ich zugeben, dass ich Raucher bin. Dies war der Grund, warum ich drei Stunden zuvor um zwei Uhr nachmittags nach unten vor unser Gebäude gegangen war.

Zwischen dem dritten und vierten Stock wurde die Umgebung

began to start and there was a long way to go. Our projects had taught me long term, efficient and flexible planning. They last for months and include many parties from around the globe sitting at one table. In this particular project, nine countries were involved: Japan, China, Hong Kong, Singapore, Vietnam, Thailand, The Philippines, The USA and Germany. Furthermore, in the individual markets different partners are taking care of the processes. In the case of Japan, I had been cooperating with Qunie Tokyo. Experiencing the different cultures means a great deal to me, even if communication is a challenge. You have to listen closely during telephone conferences and carefully read reports. I had now successfully negotiated the fourth floor of my challenge.

„You don't need to join us on Friday. Your topics will be discussed tomorrow and you would just lose time", Fuse Kazumasa, the project manager on the Qunie side, kept the project moving efficiently and had a close look at our resources.

A cigarette break is sometimes like a two hour meeting! Lighting the cigarette is similar to the casual way in which we discuss the main topics. Otherwise known as „by the ways". Back at the office I am always looking a bit more into the background and details of our project. This day he had been in a meeting at the customer's headquarters in a town near Tokyo and I had gone downstairs on my own.

Floor number five – would I have more energy without smoking? My legs told me to do more sports! A widescreen imagination kicked in. I felt my bones shaking and will probably never again feel this sensation. The movement hit me out of the blue. The faces of the women standing next to the elevator told me that something alarming was happening. I was about to enter the elevator. The doors were already open when it suddenly became dark and a fast Japanese voice shouted through the loud speakers. I didn't need to understand. The eyes of the young women where a language clear

des Treppenhauses langweilig. Wiederkehrende Bilder lassen einen die Orientierung verlieren. Es gab keine Logos oder Bilder – nur graue Wände und Treppen. Hatte ich den Absatz im vierten Stock schon hinter mir gelassen? Vielleicht sollte ich eine Pause machen. Allmählich wurde ich kurzatmig und es war noch so weit bis oben.

Unsere Projekte hatten mich langfristige, effiziente und flexible Planung gelehrt. Sie laufen über Monate und beziehen weltweit zahllose Partner mit ein. An diesem Projekt waren neun Länder beteiligt: Japan, Shanghai, Hong Kong, Singapur, Vietnam, Thailand, Philippinen, USA und Deutschland. Auf den einzelnen Märkten kümmern sich verschiedene Partner um die Prozesse. Im Fall von Japan hatte ich mit Qunie Tokio zusammengearbeitet. Verschiedene Kulturen zu erleben, bedeutet mir viel – selbst, wenn die Kommunikation eine Herausforderung ist. Man musste bei Telefonkonferenzen sehr genau zuhören und die Berichte sorgfältig lesen.

Nun kam ich am vierten Stock vorbei.

„Sie müssen am Freitag nicht dabei sein. Ihre Themen werden morgen diskutiert werden und Sie würden nur Zeit verlieren", Fuse Kazumasa, der Projektmanager bei Qunie, hielt das Projekt erfolgreich im Fluss und behielt unsere Ressourcen im Blick. Eine kleine Pause von einer Zigarettenlänge ist manchmal so viel wert wie ein zweistündiges Meeting. Während wir die Zigaretten anzündeten, begannen wir mit „Übrigens …" – also damit, die wichtigen Themen in entspannter Atmosphäre zu diskutieren. Zurück im Büro war ich dann immer ein bisschen mehr in den Hintergrund und die Details unseres Projekts eingetaucht. An diesem Tag war der Projektmanager aber bei einem Meeting in der Zentrale des Kunden in einer Stadt nahe Tokio und ich war alleine nach unten gegangen.

Der fünfte Stock – hätte ich wohl mehr Energie, wenn ich nicht rauchen würde? Meine Beine ermahnten mich, mehr Sport zu treiben.

Ein kinoreifes Bild setzte ein. Ich fühlte ein Beben in meinen

enough: PANIC! When it started shaking I didn't realise. First I hesitated and stood in the basement of the building. Houses in Tokyo are used to earthquakes, it wouldn't collapse, I hoped.

On floor seven, I took a break and tried to catch some breath. With thirteen floors altogether, I had crossed half way and allowed myself a moment of rest. The faces of the women must have affected me, they kept coming into my mind. In my job I had never experienced such a threatening situation. Lets face it, it's IT. We solve sophisticated questions, develop unusual solutions and sometimes burst out laughing when faced with weird constellations. Whatever we did, out lives had always been safe. After one or two minutes in front of the elevator it started to shake more heavily. I immediately left the house. People gathered in Takeshiba Garden, a square between some office buildings nearby Tokyo Bay. In the distance a house was on fire. It felt like being part of a movie. Imagine a wonderful sunny morning. You are in a perfect mood. During the ten minutes walk from the apartment that Qunie had organised, and the the office, your whistling drowns out that of the birds. You look forward to the progress of the upcoming days. Some hours later you go downstairs and within a few minutes everything becomes dark and cloudy. The climate changes completely and your life is just one tiny piece in a threatening jigsaw.

Floor nine. It was better climbing the stairs continuously. Stopping and starting gave me a hard time. Should that be a message for my life? Whenever I tried hard to achieve something, the extraordinary effort took away a lot of energy. People around me in the square tried to get more information and constantly checked their mobile devices. Some of them received TV signals and showed us what had happened in the centre of the earthquake. Of course it was not yet the whole truth. They had just realised that the Japanese people underwent an unprecedented natural disaster. My own mobile

Knochen und werde dieses Gefühl wohl niemals vergessen. Die Erschütterung traf mich aus heiterem Himmel. Nur die Gesichter der Frauen, die am Aufzug standen, sagten mir, dass irgendetwas Erschreckendes vorging. Ich war dabei, in den Aufzug zu steigen. Die Türen standen schon offen, als es plötzlich dunkel wurde und eine eilige japanische Stimme durch die Lautsprecher schrie. Ich verstand nichts, nur die Augen der jungen Frauen sprachen eine deutliche Sprache: „Panik!" Als alles zu beben begann, war mir das ganze Ausmaß noch nicht klar. Erst zögerte ich und stand im Keller des Gebäudes. Häuser in Tokio sind an Erdbeben gewöhnt, es würde wohl nicht zusammenbrechen – hoffte ich.

Im siebten Stock – nun machte ich eine Pause, um zu Atem zu kommen. Da es im Ganzen dreizehn Stockwerke gab, hatte ich die Halbzeit überschritten und erlaubte mir, einen Moment auszuruhen. Die Gesichter der Frauen zur Zeit des Erdbebens mussten sich mir offenbar tief eingeprägt haben – sie kamen mir wieder und wieder in den Sinn. In meinem Beruf hatte ich bisher nie eine solch bedrohliche Situation erlebt – es ist IT: Wir lösen knifflige Probleme, entwerfen ungewöhnliche Lösungen, brechen manchmal in Gelächter aus, wenn wir sonderbaren Konstellationen gegenüberstehen – aber wie heiß auch immer es zuging, unsere Leben waren nie in Gefahr. Nach ein, zwei Minuten vor dem Aufzug begann es heftig zu wackeln, ich ging sofort raus. Die Leute versammelten sich in Takeshiba Garden, einem Gelände zwischen den Bürogebäuden nahe der Bucht von Tokio. Ein Haus stand in Flammen.

Es fühlte sich an, als ob ich in einem Film mitspielte. Stellen Sie sich einen wundervoll sonnigen Morgen vor. Sie haben herrliche Laune. Während des zehnminütigen Spaziergangs zwischen dem Apartment, das Qunie organisiert hatte, und dem Büro pfeifen Sie lauter als alle Vögel zusammen. Sie freuen sich auf den Fortschritt in den nächsten Tagen. Einige Stunden später gehen Sie nach unten – und innerhalb von wenigen Minuten wird alles buchstäblich dunkel und

phone from Shanghai didn't work meaning I couldn't communicate with my family, friends and colleagues. Amazingly enough, everyone was orderly and self controlled. What disciplined people!

Floor ten, three left. The stairs seemed to become steeper with every step. I felt like I was moving in slow motion.

Arriving at my destination was the only thought I had. I wished to see my colleagues, catch a glimpse of normality or at least assure myself with familiar faces around me. I wanted the world to be the same, even though I knew this wasn't going to be the case. After two hours in the square, we were allowed to go back inside the buildings. The lights were on, but the elevators were still out of order.

Floor twelve, nearly there. At Qunie Tokyo, approximately 30 people work in one huge office. Normally you open the door and hear voices, see people running around, discussing, and staring at monitors. It is the average office life. Floor thirteen, when I finally stepped into this office I was received by near darkness and silence. Arrival! But what a disappointment. No one was in. Instead there were deserted desks with stacks of paper, notebooks, key boards, terminals and private photos. The cups of coffee scattered across the desks looked grey and cold. All in all, a scary scenario.

It turned out that I had ran up thirteen floors to realise that all my Qunie colleagues had not yet returned. Physical exhaustion mixed with frustration and more than ever, a feeling of loneliness. Going downstairs again was not an option. I had no idea where to look for them so I stayed. It's a strange feeling sitting in an office with not another soul around. After a while that seemed like ages, I heard voices and Majima-san opened the office door. What a welcome when they realised that I was safe and secure! They had been worrying about me when the earthquake started and didn't hear from me. Relief was the emotion we all felt after reassuring ourselves that everyone was in good shape. Telephones and internet was

bewölkt. Das Wetter ändert sich völlig und Ihr Leben ist nur noch ein Fitzelchen in einem bedrohlichen Puzzle.

Stockwerk Neun – Es war besser, die Treppen ohne Unterbrechung hochzusteigen. Haltzumachen und dann wieder loszugehen war für mich sehr anstrengend. Sollte das eine wichtige Botschaft für mein Leben sein? Immer wenn ich hart arbeitete, um etwas zu erreichen, kostete diese außergewöhnliche Anstrengung ziemlich viel Energie.

Die Leute, die um mich herum auf dem freien Gelände standen, versuchten, Informationen zu erhalten, und überprüften ständig ihre Mobilgeräte. Manche konnten Fernsehsignale empfangen und zeigten, was im Zentrum des Erdbebens geschah. Natürlich war es noch nicht die ganze Wahrheit. Ihnen wurde nur klar, dass das japanische Volk eine Naturkatastrophe von noch nie dagewesenen Ausmaßen erlebte. Mein eigenes Mobiltelefon aus Shanghai funktionierte nicht und deswegen konnte ich nicht mit meiner Familie oder meinen Kollegen telefonieren. Erstaunlicherweise war aber jeder ruhig und beherrscht. Was für ein diszipliniertes Volk!

Stockwerk zehn – noch drei übrig. Die Stufen schienen mit jedem Schritt steiler zu werden. In meiner eigenen Wahrnehmung bewegte ich mich in Zeitlupe. „Ankommen! Ankommen!" mein einzige Gedanke. Ich wollte meine Kollegen sehen, einen Blick auf die Normalität erhaschen oder mich wenigstens mit bekannten Gesichtern beruhigen. Die Welt sollte dieselbe sein, wohl wissend, dass alles anders wäre. – Nach zwei Stunden im Freien durften wir wieder zurück ins Gebäude. Das Licht war an, aber die Aufzüge funktionierten immer noch nicht.

Stockwerk zwölf – fast da. Bei Qunie Tokio arbeiten etwa dreißig Kollegen in einem riesigen Büro. Normalerweise öffnet man die Bürotür und hört Stimmen, sieht Menschen umherlaufen, diskutieren, auf Bildschirme starren ... Das durchschnittliche Büroleben.

Stock dreizehn – als ich schließlich ins Büro kam, empfing

working, so we were able to communicate with families and other colleagues. Fortunately all were healthy.

That was Friday. March 11, 2011. Japan will remember that day forever.

On Monday, normal life was on the agenda. It was essential that people got some sort of guidance to help deal with these unprecedented experiences. Normality is an efficient cure against disaster. Those who lived in the city, went to work. Most trains were out of order so all the others used the internet at home to connect to their teams and offices. Considering the situation, we maintained an unbelievable level of productivity and all topics of the schedules were achieved on time. Of course the natural catastrophe had transformed us into a tight knit community.

My Shanghai mobile phone didn't work in Tokyo so my colleagues gave me a local one, which signals warnings of aftershocks. Ten seconds in advance you hear the sound and it is mandatory to keep it switched on. The first time I heard the alert I felt very nervous. I grabbed my table and waited. When it really began to shake I felt excitement, and not the artificial kind you get with roller coasters.

Real life is different. I had planned to leave Tokyo on Tuesday. Originally my flight was booked from Narita Airport, which is nearly an hours trip by train. Due to the damaged track, I couldn't afford to take that risk. So my colleagues again helped me out so I could catch a plane from Haneda Airport which is much closer to the city. Again I was surprised at how organised and disciplined everything was. Taking off was not a normal feeling. Again I felt lonely, as if I had left something in that working room. We all felt the emotion of the emergency and that had linked us together. At the age of 30 years I went through a life experience.

During the flight back I didn't even try to structure my thoughts. Of course you recall the basics. That work is not the sole meaning of life and that you need to live out your own

mich Halbdunkel und Stille. Angekommen! Aber was für eine Enttäuschung! Keiner war da. Tatsächlich waren da verlassene Tische mit Papierstapeln, Notebooks, Tastaturen, Bildschirmen und privaten Photos. Die Tassen mit Kaffee, die hier und da auf den Tischen standen, sahen kalt und grau aus. Alles in allem ein unheimliches Szenario.

Nach einer Weile – es schien Jahre zu dauern – hörte ich Stimmen und Majima-san öffnete die Bürotür. Welch ein Willkommen, als sie sahen, dass ich gesund und unversehrt war! Sie hatten sich um mich gesorgt, als das Erdbeben begann und sie nichts von mir hörten. Die Erleichterung war groß und vor allem vergewisserten wir uns zunächst, dass wir alle in guter Verfassung waren. Telefon und Internet funktionierten, also konnten wir uns mit Familien und Kollegen in Verbindung setzen. Zum Glück waren sie alle wohlauf.

Das war Freitag, der 11. März 2011. Japan wird sich immer an diesen Tag erinnern.

Am Montag stand wieder das normale Leben auf der Tagesordnung. Es war essentiell, dass die Menschen eine Art Führung in dieser noch nie dagewesenen Erfahrung erhielten. Normalität ist ein effizientes Heilmittel gegen Katastrophen. Diejenigen, die in der Stadt lebten, kamen zur Arbeit. Die meisten Züge funktionierten nicht mehr und so mussten all die anderen das Internet von zu Hause aus nutzen, um sich mit ihren Teams und Büros in Verbindung zu setzen.

Wenn man die gesamte Situation bedenkt, erhielten wir ein unglaubliches Niveau an Produktivität aufrecht und alle Punkte unseres Arbeitsplans waren rechtzeitig bearbeitet worden. Natürlich ließ uns die Naturkatastrophe eng zusammenrücken.

Mein Mobiltelefon aus Shanghai funktionierte in Tokio nicht, also gaben mir meine Kollegen ein japanisches Telefon, dass Frühwarnungen vor Nachbeben anzeigte. Zehn Sekunden vorher hört man das Signal und es ist wichtig, es immer eingeschaltet zu lassen. Das erste Mal, als ich den

desires and goals. That message alone is a job for the rest of my life and I need to let it sink in. One thing is for sure: Being alive and in good health is a good thing.

Alarm hörte, war ich sehr nervös, hielt mich am Tisch fest und wartete. Als es dann tatsächlich zu beben begann, fühlte ich Erregung – nicht die künstliche, die man beim Achterbahnfahren verspürt. Das echte Leben ist anders.

Ich hatte vorgehabt, Tokio am Dienstag zu verlassen. Ursprünglich war mein Flug vom Narita Flughafen aus geplant, der fast eine Stunde Zugfahrt entfernt ist. Da die Gleise beschädigt waren, war dabei zu viel Unsicherheit im Spiel. Also halfen mir meine Kollegen, ein Flugzeug vom Haneda Flughafen aus zu bekommen, der viel näher an der Stadt liegt. Wiederum war ich überrascht, wie organisiert und diszipliniert alles gehandhabt wurde.

Der Abflug war kein normaler Abschied. Ich fühlte mich wieder einsam, als ob ich etwas in diesem Büro zurückgelassen hätte. Wir alle hatten die Notlage miterlebt und mitgefühlt und das verband uns. Im Alter von dreißig Jahren hatte ich ein einschneidendes Erlebnis. Während des Rückflugs versuchte ich nicht einmal, meine Gedanken zu ordnen. Natürlich erinnert man sich an Grundlegendes: Dass die Arbeit nicht das ganze Leben ist und dass man seine eigenen Wünsche und Ziele ausleben soll. Diese Botschaft allein ist eine Lebensaufgabe und sie muss erst einmal die Normalität erreichen.

Eins ist sicher: Am Leben sein und sogar gesund zu sein, ist eine großartige Sache.

Rajmund Pavla   Czech Republic

Dealing With Bicycles And Bytes

In 1995 we became one of the first SAP partners in the Czech Republic. To this day I still remember the meeting with J. Kubat, the first CEO at SAP in Czech Republic, which was held in a small mobile office on the outskirts of Prague. He said:

„Guys, you will no longer invoice customers for consultant work over three thousand crowns per day – but you will make out invoices for thirty thousand crowns!" This resulted in passionate discussions between him and our operational director about the absurdity of marketing statements.

Our company – then a small, almost family-owned company – embarked on a partnership with SAP with verve and enthusiasm. As the first partner to offer SAP implementatio we started to work for a leading bicycle manufacturer, the company Velamos Sobotín. This was a company with a long tradition in manufacturing bicycles, but at the time of post-revolutionary transformation in the Republic in terms of production and in terms of company management they were rather neglected. Manufacturing of bicycles in this company had its pre-war history, but in terms of innovation, variety in types of bicycles, production materials and components, some models still reflected their early days of being from a pre-war period. My concern, however, was to run the SAP system, and I was occupied with the processes of its deployment. Fortunately I didn't need to worry about the number of models of bicycles – did I?

In what turned out to be a long selection process, we studied each new, not previously used in module production management option. We finally decided to implement SAP. The negotiations and renegotiations had not been easy, in fact negotiations and subsequent agreement about implementa-

Software- und Fahrrad-Handel

1995 wurden wir einer der ersten SAP-Partner in der Tschechischen Republik. Noch heute erinnere ich mich an die Sitzung mit J. Kubat, dem ersten Geschäftsführer von SAP in Tschechien, die im mobilen Büro in einem Randbezirk Prags abgehalten wurde, wo er sagte: „Leute, ihr werdet nun keine Rechnungen mehr über 3 000 Kronen pro Tag für Beratertätigkeiten an Kunden schreiben, sondern ihr werdet Rechnungen über 30 000 Kronen ausstellen!" Dies führte zu leidenschaftlichen Diskussionen zwischen ihm und unserem Produktionsleiter über die Absurdität von Vertriebsprognosen.

Nach kaum einem Jahr ging unsere Firma – anfangs eher Familienbetrieb – mit Schwung und Enthusiasmus in die SAP-Mitbeteiligung. Als erster Partner, der für SAP in der Tschechischen Republik SAP-Implementierungen anbot, arbeiteten wir zu Beginn für einen führenden Fahrradhersteller, und zwar für Velamos Sobotín. Das war ein Betrieb mit einer langen Tradition in Fahrradherstellung, doch zur Zeit der postrevolutionären Umgestaltungen hinsichtlich Produktion und Firmenmanagement war er eher vernachlässigt worden.

Bereits vor dem Krieg wurden in diesem Betrieb Fahrräder gebaut und abgesehen von einigen Neuerungen, der Vielfalt der Radarten, dem Produktionsmaterial und den Einzelteilen spiegeln manche Modelle immer noch die Vorkriegszeit wider. Mein Anliegen war es jedoch, das SAP-System zum Laufen zu bringen, und so war ich mit Entwicklungsprozessen beschäftigt. Ich kümmerte mich nicht um die Modellpalette – leider!

Bei dem langen Auswahlprozess zogen wir vor jeder Präsentation neue Möglichkeiten in Betracht und gingen nicht nach dem früher angewandten Baukastensystem vor. Schließlich hatten wir mit unseren Visionen Erfolg und der Generaldirektor entschied sich für die SAP-Einführung, so wie ich es von

tion were quite heavy. However, we finally agreed that a satis-
fied customer would pay the high price needed to implement
such a system. The implementation proceeded relatively
smoothly even though just traveling to our customer meant
embarking on a ski trip! It was this way in winter, because the
company was located in the foothills of Jeseníky, where maintenance of roads was very poor – I am not sure whether this
has changed today. However, the SAP system as well as our
implementation of it worked perfectly there in the Czech
wilderness.

So GO LIVE ceremony was conducted in January, and really:
their bicycle production was controlled by the SAP system.
The only problem was that after submission of our invoices for
the implementation we did not receive the appropriate pay-
ments.

Several calls with the general director followed, then several
meetings. In March the result was still the same: the system
ran, our invoice had been approved – but payment had not
been made. Plus the reasons for non-payment were always different, sometimes more, sometimes less reliable. Even more
striking was that the price for the implementation of the system was approximately one third of our company's turnover –
so irrecoverable payment default would have meant the possible bankruptcy of our own young company.

At the end of March we received a balance sheet produced
from the perfectly functioning SAP system from the General
Director of Velamos. The result was clear. All Velamos had
were long rows of bicycles and stores full of them. Unfortunately most of these were „pre-war" models. „The money,
we haven't got", said Mr. Director, a smile on his face. „But we
have the bikes. – Do you want to see our price list?"

After 5 minutes of getting over this statement I said: „Okay,
show it to me!"

I couldn't know what I would cause with this answer. First, the
general director changed into a different person, the director

ihm erwartet hatte. Die Verhandlungen und Neuverhand-
lungen waren nicht einfach gewesen, eigentlich waren die
Verhandlungen und die anschließende Vereinbarung über die
Implementierung sogar ziemlich schwer gewesen. Aber schluss-
endlich einigten wir uns auf einen zu dieser Zeit unerhörten
Preis für die SAP-Einführung: Am Ende würde der zufriedene
Kunde, nachdem er das System in Betrieb genommen hat, die
gesamte Instandsetzung bezahlen.

Die Implementierung ging relativ zügig voran, nur war die
Anfahrt zu unserem Kunden eher ein Ski-Ausflug, zumindest
im Winter, denn die Firma war im Gebirgsvorland von
Jeseníky angesiedelt und der Zustand der Straßen war ziemlich
erbärmlich – ich bin nicht sicher, ob sich das heute geändert
hat. Das SAP-System sowie unsere Instandsetzung liefen jedoch perfekt dort draußen, im tschechischen Hinterland.

Die Einweihungszeremonie fand im Januar statt, und tatsächlich: Die Fahrradproduktion der Firma wurde von dem SAP-
System gesteuert. Das einzige Problem war, dass wir, nachdem
wir unsere Rechnungen für die Implementierung vorgelegt
hatten, nicht den entsprechenden Geldbetrag erhielten.

Mehrere Telefonate mit dem Generaldirektor folgten, dann
mehrere Sitzungen. Im März war das Resultat noch dasselbe:
das System lief, unsere Rechnung war unbeanstandet – doch
die Bezahlung war nicht erfolgt. Hinzu kam, dass die Gründe
für die Nichtbezahlung immer verschieden waren, manchmal
mehr, manchmal weniger glaubwürdig. Noch beeindrucken-
der war, dass der Preis für die Instandsetzung des Systems fast
ein Drittel unseres Firmenumsatzes betrug – also hätte ein un-
wiederbringlicher Zahlungsausfall den möglichen Bankrott
unseres eigenen jungen Unternehmens bedeutet.

Ende März, ausgerüstet mit einer Gewinn- und Verlustaufstel-
lung und einer Vermögensübersicht von Velamos, die ich von
dem einwandfrei laufenden SAP-System erhielt, stattete ich
der Firma einen Besuch ab und traf den Betriebsdirektor in
streitlustiger Stimmung an. Das Ergebnis lag auf der Hand.

of economic difficulties became a dogged businessman. During the evening he convinced me that the only alternative solution to „our common problem", as he put it, was the sale of about 2000 bicycles – „with the absolutely extraordinary margin of 30%", triumphed Mr. Director. „And you can choose any model you want in your marketing plan," he added as he left. Back in my office at our company almost the whole firm stood around, and everybody was waiting for my verdict, question marks in their eyes: Velamos paying – or not paying?

I said: „It's good, we got paid … somehow … but we're paid in bicycles."

After my complete explanation some employees were fainting in their offices, some employees, especially the cyclists amongst them, tapped on their head and pointed at me. One person, our business manager, said: „Well, that's great, finally it's a good product!"

That evening we considered a marketing business plan in which all employees were involved. It meant, we hired a shop opposite our office buildings from the following weekend. Traders who sold SAP were transferred to the position of bicycle dealers. Programmers had become deliverers of bicycles from trucks. Our economic department rented warehouses. We launched an advertising campaign on radio and on other media outlets. The result was that the company was, for about 14 days, dedicated to trade in bicycles.The large queues forming outside meant it was difficult for us to get our stock in and out of the warehouse. People where asking if we had enough bicycles for their whole family. Even dedicated bicycle dealers called saying they wanted to sell bicycles from Velamos too. During one month we sold almost every single bicycle. The resulting revenue has exceeded even the money that was owed to us by Velamos. This rescue operation even made money for the company which prompted Mr. Director of Velamos to call and say: „Come and see how SAP helps Velamos to function and how it lowered our stocks … By the way, your sales per-

Das gesamte Kapital, das Velamos in diesem Moment hatte, waren Lagerräume voller Fahrräder, Fahrräder en masse, und leider hauptsächlich solche von den „Vorkriegsmodellen".

„Das Geld haben wir nicht", sagte der Herr Direktor mit einem Grinsen im Gesicht. „Aber wir haben die Räder. – Möchten Sie unsere Preisliste sehen?"

Nach fünf Minuten, in denen ich einen Anfall bezwang, sagte ich: „Ok, zeigen Sie sie mir." Ich konnte nicht ahnen, was ich mit dieser Antwort bewirkte. Denn zunächst verwandelte sich der Herr Firmendirektor in eine andere Person: der Direktor mit wirtschaftlichen Schwierigkeiten wurde zum hartnäckigen Verkäufer. Bis zum Abend überzeugte er mich, dass die einzige Alternative zu „unserem gemeinsamen Problem", als das er es hinstellte, eine Übernahme von ungefähr 2 000 Fahrräder sei – „mit der absolut einmaligen Spanne von 30 %", triumphierte er: „Und Sie können jedes Modell auswählen, das sie für Ihren Vertrieb möchten", fügte er dem Abschied hinzu.

Zurück in meinem Büro stand nahezu die gesamte Firma um mich herum, jeder wartete auf mein Urteil, mit Augen, die ausdrückten: zahlt Velamos – oder zahlen sie nicht?

Ich versuchte, mir meinen Unternehmergeist zu bewahren, und meinte: „Es ist gut, wir werden bezahlt … irgendwie … aber wir werden mit Fahrrädern bezahlt."

Nach einigen weiteren Erklärungen wurden einige Angestellte in ihren Büros ohnmächtig, andere, besonders die Radfahrer unter ihnen, tippten sich an die Stirn und zeigten auf mich, vermutlich Experten für Velamos-Räder, wieder andere erzählten mir, dass sie wahrscheinlich ihre Familien nicht ernähren könnten. Unser Geschäftsführer sagte: „Nun, das ist nicht schlecht, immerhin ist es ein gutes Produkt!"

An diesem Abend beratschlagten wir über einen Marketing- und Vertriebsplan, in den alle Angestellten involviert waren. Konkret hieß das: Wir mieteten am darauffolgenden Wochenende ein Geschäft gegenüber unserer Bürogebäude. Händler, die SAP verkauften, mutierten zu Fahrradhändlern. Program-

formance was brilliant. I need somebody to fill the commercial director vacancy, are you interested?"

One of the last bikes I bought myself still hangs in my garage, a sign attached reading: „The last round of Velamosu."

Since then we have sold many software systems, but we will never forget how one small event can unite a team and accidentally change the whole future of everything.

mierer wurden zu Fahrradtransporteuren und -auslieferern mit LKWs. Wir pachteten Warenhäuser, eine Werbekampagne im Radio, eine im Fernsehen wurde gestartet. Das Unternehmen verschrieb sich 14 Tage lang ganz dem Fahrradhandel. Bald standen die Leute vor unserem Geschäft Schlange und der Güterverkehr reichte nicht aus, um die Anlieferungen aus den Fahrradlagern zu bewerkstelligen. Freunde fragten unsere Angestellten, ob wir Räder vorrätig hätten, sie bräuchten welche für den weiteren Familienkreis. Fahrradhändler riefen an und wollten ebenfalls Räder von Velamos verkaufen.

Bis zum heutigen Tag frage ich mich, wie eine Werbekampagne die Meinung von Menschen und den Verkauf von Restbeständen so komplett verändern konnte. Während des Verkaufs der Räder, in den alle Beschäftigten und Vertriebsleiter miteinbezogen waren, endete eine Geschäftssitzung mit den folgenden Worten: „Sind wir mit SAP schon fertig? Naja, dann gehe ich in den Laden und verkaufe ein paar Fahrräder – damit ich heute endlich irgendetwas verkaufe."

Im Laufe eines Monats verkauften wir fast den gesamten Vorrat an Rädern. Die erzielten Einnahmen übertrafen sogar unsere Forderungen an die Firma Velamos, sodass die Rettungsaktion mit einem Gewinn einherging. Sein Ende fand das Ganze mit dem Anruf des Herrn Direktors von Velamos, der sagte: „Kommen Sie, schauen Sie, wie nützlich SAP für Velamos ist und wie es unser Lager reduziert hat … Ihre Verkaufsaktion war brillant. – Bei mir ist übrigens die Stelle des Marketingchefs frei, wären Sie nicht interessiert?"

Eines der letzten Fahrräder kaufte ich selbst. Es hängt immer noch in meiner Garage, versehen mit dem Schild: „die letzte Rate von Velamos."

Seither haben wir viele Software-Systeme verkauft, doch voller Bescheidenheit vergessen wir nie, wie ein kleines Ereignis ein Team zusammenschweißen und zufällig die gesamte Zukunft von allem verändern kann.

Thomas Stig Nielsen　　　　　　　　　　　　　　*Denmark*

IT Evolves With Your Business – Choose It!

Directly after finishing my master of science degree at university – a combination of engineering and business studies which prepared me well for my current position with itelligence – I felt sure that I would become a consultant.

I liked the challenge of going out and meeting people from different companies, yet was aware of my lack of experience. So I realised I needed the touch and feel of what was going on in different companies and the way those companies would make use of their IT support to make decisions, to seize their possibilities and opportunities. I found that initial IT efforts in the company's cradle are purely in the financial area and that as the company grows the need for more than just finance also grows substantially.

Considering that Operations drive finance, the need for IT in the Operations Area grows with the company. While at first I was most fascinated by the technological side of the IT business, now that I know what IT support is capable of, I see that the main issue is to help a company move into the right direction, to realise what they could do within their business, to see the whole range of possibilities their IT background provides them with, and to go for what is needed.

The fundamental challenge many companies face is the constrained IT strategy they have had since the start-up of the company. Many have not challenged the IT strategy and only seek to improve when the old IT platform is running out of support or new business areas cannot possibly be pursued because of constraints in the current IT platform. The main challenge for me is the fact that in many companies, IT is often perceived as a useful tool, that one can plug into one's computer and look for an equally useful guy to make it work

IT wächst mit Deinem Geschäft
– Leg' los!

Gleich nachdem ich meinen Master of Science an der Universität abgeschlossen hatte (eine Kombination aus Ingenieurs- und Wirtsschaftsstudium, die mich sehr gut auf meine gegenwärtige Stellung bei itelligence vorbereitet hat), war ich mir sicher, dass ich als Berater arbeiten würde.

Mir gefiel die Herausforderung, mich hinaus zu begeben und Menschen aus verschiedenen Unternehmen zu treffen; dennoch war ich mir meines Mangels an Erfahrung bewusst.

Also war ich mir auch darüber im Klaren, dass ich meine persönlichen Erfahrungen in verschiedenen Firmen machen musste, um mehr darüber zu lernen, wie diese Unternehmen ihren IT-Support nutzten, um Entscheidungen zu fällen, um ihre Möglichkeiten und alle Gelegenheiten zu nutzen. Ich erkannte, dass die Bemühungen um IT, die am Anfang einer Unternehmensentwicklung stehen, sich nur im Finanzsektor abspielen, und dass sich, während eine Firma wächst, auch das Bedürfnis nach einem IT-System entwickelt, das über die Finanzabwicklung hinausgeht.

Zunächst war ich hauptsächlich fasziniert vom technischen Aspekt des IT-Business, seit ich aber weiß, welche Möglichkeiten IT bietet, ist mir klar, dass der Schwerpunkt auf der Hilfe für Unternehmen liegt, sich in die richtige Richtung zu bewegen, ihnen klarzumachen, was sie mit ihrem Unternehmen erreichen können, ihnen die ganze Bandbreite ihrer Möglichkeiten vor Augen zu führen, die ihnen ihr IT bietet, und sie zu ermutigen, sich notwendigen Änderungen zu öffnen.

Die größte Herausforderung, der sich Unternehmen gegenübersehen, ist eine begrenzte IT-Strategie aus den Tagen der Firmengründung. Viele haben die IT-Strategie nicht auf den Prüfstand gestellt und kümmern sich lediglich um Nachbesse-

for them – whereas my task is to make sure that IT gives the customers valuable and helpful insight into their own business. While many companies start out from requirements based on what they already do, an Itelligence expert will need to dig into what is actually required. The questions we ask in this connection will be: Are we doing well when we serve our customers? Are we doing well in making the most profitable decisions? Sometimes in this context you have to put up with a lot of opposition and make an extra effort to convince your customers of what their company really needs.

Basically, leaders are pursuing one of two strategies. The reactive strategy „IT supports our business" – or the proactive strategy – „IT provides agility to remodel our business". Those who deliberately choose the proactive strategy have clear advantages over the reactive. And even more, the reactive companies tend to define how everything should work in IT, instead of using the vast possibilities in the standard systems of today.

Thus, the IT budget is spent trying to model the old business requirements into a new IT platform – leaving you with less of an opportunity to pursue new business and change your business model. To give you a typical example: recently we have been working with a renowned Norwegian pharmaceutical company – they started out with requirements based on how they had done business up to then.

After several workshops and meetings, however, they found they wanted to remould their requirements, stating:

„We didn't know what was possible!"

They found that IT was able to work on their supply issues as well as on their cost issues instead of just serving as a bookkeeping tool. So far, they simply had not realised that here was a solution not just for tracking their costs but also for working out how to transport their products from country to country. The challenge is showing our customers what they really need. To provide solutions for different customers in different stages

rungen, wenn die alte IT-Plattform nicht länger durch Updates unterstützt wird oder neue Unternehmensbereiche aufgrund der begrenzten IT nicht ausgebaut werden können.

Für mich ist die hauptsächliche Herausforderung die, dass IT schlicht als nützliches Werkzeug gesehen wird, das man in seinen Computer einstöpselt. Meist sehen sich Unternehmen nur nach einem nützlichen Typen um, der dieses Werkzeug in Gang bringt – dagegen wäre sicherzustellen, dass IT den Kunden Einsicht in ihre Unternehmensstruktur bringt!

Viele Firmen beginnen damit, ihre Bedürfnisse auf der Basis dessen, was sie bisher getan haben, zu definieren; ein itelligence-Experte muss dagegen eruieren, was tatsächlich benötigt wird. Dabei stellt man Fragen wie: „Sind wir bei der Unterstützung unserer Kunden erfolgreich? Sind wir erfolgreich dabei, die profitreichsten Entscheidungen zu treffen?"

Da muss man sich auf einige Gegenwehr einstellen und sich besonders bemühen, seine Kunden davon zu überzeugen, was ihr Unternehmen wirklich braucht. Im Prinzip verfolgen die meisten Leute in der Chefetage eine der beiden folgenden Strategien: Die „re-aktive" Strategie „IT unterstützt unser Unternehmen" und die „pro-aktive" Strategie „IT stellt uns Flexibilität zur Verfügung, um unser Unternehmen zu gestalten."

Diejenigen, die sich bewusst für die pro-aktive Strategie entscheiden, haben gegenüber den Befürwortern der re-aktiven Strategie klare Vorteile. Mehr noch: die re-aktiven Unternehmen neigen dazu, vorzugeben, wie das IT-System funktionieren soll, statt die ungeheuren Möglichkeiten der Standardsysteme von heute zu nutzen. Dies gilt übrigens für alle funktionellen Aspekte des Unternehmens. So wird das IT-Budget darauf verwendet, die alten Anforderungen des Unternehmens in eine neue IT-Plattform umzuwandeln, was bedeutet, man verschenkt Chancen auf neue Geschäftsmöglichkeiten und das Business-Modell zu überarbeiten. Typisches Beispiel: Vor kurzem haben wir mit einem bekannten Pharmazeutikunternehmen aus Norwegen zusammengearbeitet. An-

of their IT development with IT services and management services – this challenge still holds a strong fascination for me. So far this passion for my job has led me to work in many northern countries – Sweden, Norway, Finland as well as in Denmark. Prior to joining Itelligence, I was working for Vestace which is now part of the Itelligence family. I felt privileged to take part in the biggest, fastest roll-out in SAP history so far – we covered 42 countries in two and a half years. During this roll-out we worked in America, Europe, Asia, sometimes covering several continents in as many weeks. This experience, though stressful (I would be working on the West Coast of the USA in one week while staying in India in the next) was a real eyeopener for me. Luckily my wife was very supportive, though my children tended to miss me terribly. I would never have dreamed that

countries which we expected to be tough customers, difficult to deal with – since they were far away, far removed from the western way of dealing with things – actually proved to be quite pliable. India and China especially, were both forthcoming as well as welcoming. They gave us great feedback and it was a pleasure to work there. Countries we thought would be easy to handle did prove to be harder to tackle after all: Especially in North America and the Southern Part of Europe, where we had to deal with the locally established strong leadership culture and put in a lot of effort in order to pursue our goals and give our customers what they needed.

By now I have gained a lot of expertise in how to handle our customer's concerns. I always recommend the proactive companies to define the critical competences and processes that define their business, and then leave the rest to be handled with vast options in the standard systems. And the reactive companies are recommended to invest in more spreadsheets instead of wasting money on new IT platforms. Patience and tact as well as a talent for negotiating are essential for this part of our business – as well as a high tolerance level for stress.

fangs definierten sie ihre Anforderungen danach, wie sie ihr Unternehmen zuvor geführt hatten. Nach verschiedenen Workshops und Meetings stellten sie aber fest, dass sie ihre Anforderungen abwandeln wollten, was sie folgendermaßen begründeten: „Wir wussten nicht, dass so etwas möglich ist!" Sie hatten erkannt, dass IT sowohl ihren Nachschub als auch ihre Finanzen regeln konnte, statt lediglich als eine Art Buchhaltungstool zu dienen. Bisher war ihnen einfach noch nicht klargeworden, dass hier sowohl eine Lösung vorlag, um ihre Kosten aufzulisten, sondern auch um zu planen, wie sie ihre Produkte länderübergreifend verschicken konnten.

Die Herausforderung, unseren Kunden zu zeigen, was sie wirklich brauchen, Lösungen für verschiedene Kunden auf verschiedenen Stufen ihrer IT-Entwicklung vorzuschlagen – komplett mit IT-Service und Management – ist für mich ungemein faszinierend. Bisher hat mich diese Leidenschaft für meinen Beruf in diverse nordeuropäische Länder geführt – Schweden, Norwegen, Finnland wie auch Dänemark.

Bevor ich bei itelligence anfing, als ich damals noch bei Vestace arbeitete, das nun auch zur itelligence-Familie gehört, hatte ich das Privileg, am größten, schnellsten Roll-out in der bisherigen SAP-Geschichte teilzunehmen. Damals nahmen wir uns in zweieinhalb Jahren 42 Länder vor. Während dieses Roll-outs reisten wir nach Amerika, Europa, Asien – manchmal arbeiteten wir jede Woche auf einem anderen Kontinent. Obwohl dies anstrengend war – manchmal arbeitete ich während einer Woche an der Westküste der USA und in der nächsten Woche in Indien – öffnete es mir wirklich die Augen.

Zum Glück unterstützte mich meine Frau sehr – auch wenn meine Kinder mich arg vermissten.

Ich hätte mir niemals träumen lassen, dass Länder, die wir für problematische Kunden und schwierig im Umgang hielten, (da sie weit entfernt waren und nicht an westliche Geschäftsphilosophie gewöhnt), sich tatsächlich als sehr umgänglich erwiesen. Besonders Indien und China waren sowohl zuvor-

My secret in this is that I never get stressed – like many of my Itelligence colleagues I believe that working out is a good counterweight and can relieve you of stress – therefore I love running and cycling. My family also plays a major role: relaxing with my kids is one of my favourite past-times. And when I relax I really relax. While I still like to go out and meet friends, on weekends I also just like to go home and take it easy there. So I can keep up the high energy level needed to perform my tasks at work. In a way this kind of balance is also represented in my job: you have to know when to relax, to let a customer point out his needs and requirements, and when to act, when to dig into matter, to deal with problems to provide the best IT has to give to business.

kommend als auch entgegenkommend, man gab uns dort großartiges Feedback, und es war eine wahre Freude, dort zu arbeiten. Dagegen waren Länder, die wir für zugänglich hielten, doch deutlich diffiziler als angenommen: Besonders in Nordamerika und Südeuropa mussten wir uns mit den ausgeprägten und kulturell verankerten Führungsstrukturen auseinandersetzen und viel Mühe investieren, unsere Ziele zu erreichen und unseren Kunden das zu geben, was sie brauchten.

Inzwischen habe ich im Umgang mit den Bedenken der Kunden viel Erfahrung gesammelt. Ich empfehle den pro-aktiven Unternehmen immer, die Fähigkeiten und Abläufe zu beschreiben, die ihr Business definieren und dann den Rest mit ungeheuer großen Optionen in den Standardsystemen organisieren zu lassen. Den re-aktiven Unternehmen empfehle ich immer, in Spreadsheets zu investieren, statt Geld an neue IT-Plattformen zu verschwenden. – Geduld und Taktgefühl sowie ein Talent zum Verhandeln sind für diesen Teil unseres Business essentiell – man braucht aber auch eine hohe Stresstoleranz.

Mein persönliches Geheimnis dabei ist, dass ich mich nie stressen lasse – wie viele andere meiner Kollegen bei itelligence glaube ich, dass Sport ein gutes Gegengewicht zur Arbeit ist und Stress abbauen kann – daher liebe ich es zu laufen und radzufahren. Und mich mit meinen Kindern zu entspannen, ist immer noch meine Lieblingsbeschäftigung.

Und wenn ich entspanne, dann richtig: Obwohl ich auch gerne ausgehe und mich mit Freunden treffe, bleibe ich am Wochenende auch gerne zu Hause und ruhe mich aus. So kann ich auch das hohe Energieniveau halten, das ich brauche, um meine Aufgaben im Beruf auszuführen.

In gewisser Weise spiegelt sich diese Balance auch in meinem Job wider: man muß wissen, wann man sich entspannt, um den Kunden seine Bedürfnisse und Anforderungen vorbringen zu lassen, und wann man handeln muss, sich in die Materie vertiefen muss, um mit Problemen fertig zu werden und das Beste zu bieten, das IT der Wirtschaft zu geben vermag.

Starting Signals

Imagine, you have your office on the fourth floor in a building just a stone's throw away from the Kremlin. Yes, everybody assumes, you are one of those amazingly wealthy Russian business people and customers constantly knock at your door. Well, we had been in a slightly different position.

A young company in the starting blocks

It was 2003, when itelligence opened its Moscow branch close to the governmental area with the famous Red Square, and the unique Saint Basil's Cathedral. Vladimir Putin was in the middle of his first presidency. We never got hold of him, only experienced even more traffic disaster, when important politicians from all over the world visited the historical part of Moscow. In the beginning itelligence Russia took care of roll out projects and functioned as the base for global cooperation. That meant we were involved in processes and implementation without sitting in the driver's seat. It was understandable that management felt like a horse in the traps for most business deals and had the strong desire to take a more creative and responsible role. At that time I was manager at SAP CIS and supported our young partner itelligence Russia wherever it was possible. I strongly believed in the expertise and commitment of the German company and wanted them to succeed. I ended on later moving to this young company. It was in the second half of 2004 when we had the first chance to prove both our competency and tenaciousness.

Startschuss

Es ist eine imposante Vorstellung, sein Büro im vierten Stock direkt neben dem Kreml zu haben. Jeder denkt sich sogleich: Ah, das ist einer von diesen steinreichen russischen Geschäftsmännern, dem die Leute die Tür einrennen mit Aufträgen. Aber unsere Situation war doch sehr anders gewesen.

Eine junge Firma am Start

2003 eröffnete itelligence seine Moskauer Niederlassung nahe dem Regierungsviertel um den Roten Platz bei der berühmten Basilius Kathedrale. Vladimir Putin stand mitten in seiner ersten Legislaturperiode, wir bekamen ihn nie zu sehen, nur das Verkehrschaos nahm ständig durch die internationalen Politikgrößen zu, welche das historische Moskau sehen wollten. Zum Einstieg nahm sich itelligence Russland aller Einführungsprojekte an, war Brückenkopf für die globale Einbindung. Das heißt wir nahmen einstweilen noch an Prozessen und Implementierungen teil, ohne das Steuer in der Hand zu halten, so dass unser Management sich bei den meisten Geschäften an der kurzen Leine fühlte und endlich selbst loslegen wollte. Ich selbst war zu diesem Zeitpunkt Manager bei SAP CIS und half unserem Neuling itelligence Russland wo immer möglich. Ich war fest überzeugt von der Expertise und Entschlossenheit des deutschen Stammhauses und freute mich an dessen Fortschritten. Dann wechselte ich zu dem jungen Tochterunternehmen – und da tat sich in der zweiten Hälfte 2004 die erste Chance auf, sowohl Wettbewerbsfähigkeit als auch Zähigkeit des Teams unter Beweis zu stellen.

This could be the entry ticket

In 1994 a rapidly growing young company in the field of frozen food planned to introduce a uniform environment for planning, accounting, managing and analysing all major business processes at a facility. Produkty Pitania knocked at our door and asked for an offer. I still think of the day when my telephone rang and it was their financing manager. He briefly explained who he was and what their business was about, he knew, that he didn't need to go into to much depth. Everybody in Russia knew that company and its ready-to-cook products. They were, and still are the largest manufacturer of frozen convenience food headquartered in Moscow with production sites in Kaliningrad; that meant some 1,250 km away in the Baltic exclave, settled between Poland and Lithuania – a quite different culture in the far north-western part of Russia. They were about to build their third facility and he was in charge of makings things run smoothly. While listening to him on the phone I outlined an agenda in my mind: Who in our team should attend the first meeting? What information about them is essential to start a proposal? Whom on their side should we personally talk to? I like that moment of nearly physical excitement, when you feel the opening of a window to potential business. For months we had been talking about a strategic reference client in Russia. This should be it. I was convinced this would help us with further opportunities. Volume and concept were remarkable enough to attract attention and on the other side could be handled by our own team. It should become a milestone for the young company. However, before that turned into reality, we had a long and rough way to go. On a clear and cold day in November 2004 we printed hand outs with our corporate presentation for the briefing session and called the cab to drive three kilometres to the headquarters of Produkty Pitania. We had heard that on their side all the key players would be around the table, CEO

Die Eintrittskarte

1994 nahm sich eine junge, aufstrebende Firma im Bereich Tiefkühlkost vor, eine einheitliche Darstellung aller ihrer Planungs-, Buchhaltungs-, Management- und sonstigen Daten zu den wichtigsten Geschäftsprozessen einzuführen: Produkty Pitania klopfte an unsere Tür und wollte ein Angebot dafür. Wie heute erinnere ich mich an den Anruf des dortigen Finanz-Managers, der kurz erklärte, wer er sei, welches sein Geschäft wäre – gerade genug für einen präzisen Einblick. Jederman in Russland kannte diese Firma und ihre Fertiggerichte. Sie sind und waren schon damals der größte Hersteller von gefrorenen Convenience-Produkten mit Sitz in Moskau und Produktionsstätten in Kaliningrad, also gut 1.250 km weit draußen in der Baltischen Exklave zwischen Polen und Litauen – eine ziemlich andersartige Kultur in jenem nordwestlichen Teil Russlands. – Sie waren damals dabei, ihre dritte Niederlassung aufzubauen, und er hatte Sorge dafür zu tragen, dass alles reibungslos laufen würde.

Während ich ihm am Telefon zuhörte, hatte ich bereits den Plan im Kopf: Wer von uns müsste am ersten Treffen teilnehmen? Welche Daten brauchen wir von ihnen für ein Angebot? Mit wem bei ihnen sollte ich mich näher unterhalten? Diesen Moment der körperlichen Anspannung liebe ich sehr, wenn man das Fenster zu einem Neugeschäft aufstößt. Monatelang hatten wir über eine strategisch tragfähige Kundenreferenz für Russland gesprochen. Hier war sie. Ich war sicher, sie würde Chancen eröffnen. Das Projekt waren dazu angetan, uns gute Aufmerksamkeit zu sichern, und war doch von unserem Team zu bewältigen. Ein Meilenstein für unsere junge Firma. Nun lag aber erst einmal ein langer und harter Weg vor uns, so dass wir an einem klaren, kalten Tag im November 2004 Arbeitsblätter für Präsentation und Briefing ausdruckten und ein Taxi zum drei Kilometer entfernten Sitz von Produkty Pitania nahmen. Wir hatten gehört, dass auf ihrer Seite alle führen-

and CFO, IT manager, the logistic manager, and the financial manager. What an opportunity for us, to introduce Itelligence worldwide and to the team in Moscow. Such a global network still impresses, especially with our broad background of expertise in various market segments and company sizes. Reading their reactions and questions I could feel, that they had been well informed about us. What is life without competition? Did we really think we were the only ones on the turf? In that first introductory meeting we heard about a serious competitor, who were also involved. Today we know that we had taken the challenge to compete with Oracle, at that time the unquestionable market leader in the IT segment in Russia. Retrospectively it reminded me a little bit of David against Goliath. Since the identity of the other company was kept behind the curtain for a long time, that didn't change our agenda. Only prior to the final decision did the CEO tell me, against whom we had gained ground and confirmed my initial assumption.

Diving deep into the sea of concept and strategy

After the briefing we worked day and night to tailor an offer with all required features. That process alone was hard work. When writing a quote you dive down in your prospect's structure, market and needs. You mentally enter the client's locations, go through the involved processes, and consider all possible improvements and angles for an efficient IT platform. Additionally the offer has to keep within budget restrictions and raise awareness for potential savings. It is nearly half the work of developing the final content of the deal. Everybody in the team was glad (and a little bit proud), when we submitted the offer within a record time. In Russia doing business goes is in keeping with tradition. Therefore we didn't expect them to sign in the first place. What an optimistic idea! Discussing, going back and forth, reducing here and adding there – that

den Köpfe am Tisch sitzen würden, CEO und CFO, IT-Manager, Logistik- und Finanz-Chef. Was uns eine schöne Gelegenheit gab, das globale Netzwerk von itelligence zu repräsentieren. Ein so ausgeprägtes Netzwerk hinterlässt noch jedesmal seinen Eindruck, besonders unsere intensive Vertrautheit mit diversen Marktsegmenten und Firmengrößen. Als ich ihre Anmerkungen und Fragen las, war klar, dass sie bestens über uns informiert waren – hatten wir geglaubt, die einzigen für sie zu sein? – In diesem ersten Einführungstreffen erfuhren wir von einem ernstzunehmenden Konkurrenten, der ebenfalls präsentierte. Heute weiß ich, dass dies Oracle war, damals der unumstrittene Marktführer IT in Russland, und rückblickend war es ein wenig wie bei David und Goliath! In unserer damaligen Unwissenheit aber gingen wir unbeirrt unsere Agenda an, und erst ganz am Ende benannte der CEO unseren Konkurrenten.

Tief eingetaucht ins Meer der Konzepte und Strategien

Nach dem Briefing arbeiteten wir Tag und Nacht, um ein maßgeschneidertes Angebot mit allen angeforderten Spezifikationen vorzulegen. Schon das war ein Paket. Wenn man seine Preise aufschreibt, taucht man in seine eigenen Planungen ein, in den Markt, die Bedürfnisse, geht im Geist durch die Abteilungen des Kunden, seine Geschäftsabläufe, veranschlagt auch mögliche Weiterentwicklungen und Blickwinkel, um eine effiziente IT-Plattform zu ersinnen. Trotzdem soll das alles im Rahmen des Budgets bleiben und noch Einsparpotentiale entdecken lassen – man entwickelt schon zur Hälfte die endgültige Form des Ganzen, und jeder im Team war zufrieden (und auch stolz), als wir dieses Angebot in wahrer Rekordzeit abliefern konnten. Nie im Leben hätten wir erwartet, dass sie es umgehend annehmen würden. Nichts da! Das übliche Hin und Her, ein Gezerre um Minderung hier, Zusätzliches dort – und das kann Wochen gehen. Aber kurz

was the usual game and they played it extensively. Soon after we had handed over the offer, the telephone rang. This time it was the IT manager. „Excellent!" was my first thought when I heard his voice. „Now we are into detailed talks." Indeed, he explained their comments and requests in detail and on a professional level. It was not only about money – which is an understandable topic out of whatever way you look at it – they thought also in terms of content and strategy. Additionally they articulated their demands in a way in which we could translate those directly into the concept. Somehow the officially unknown competitor implicitly was part of all discussions.

Negotiation –
an efficient assessment for a relationship

What they did tell us were the details about their changed expectations. Based on that we could imagine the alternative offer and got an impression of the other's moves. However, consulting happens based on a clear strategy and not with one eye on the competitor's input. The fact that they kept back the identity of the other company made us positive that ours was also protected. All in all it was a pleasure to communicate with the people from the convenience food company. Already at that time we had a good relationship with management from the convenience food company. Without explicitly mentioning the details they told us about the alternative proposal from the American company.

Their signals made me confident that we walked on a line of trust. There was no time to lose. We went back, reconsidered the requested issues, adapted the entire concept to the new requirements, and turned in a new offer. The answer came right away. The anonymous competitor had decreased prices, proposed new solutions, and added some advantages. Did we really wonder about that? Our prospective customer evaluated each

nach Abgabe des Angebots klingelte das Telefon. Der IT-Manager. „Ausgezeichnet!" dachte ich, als ich seine Stimme erkannte: „Jetzt sprechen wir über Details." Und tatsächlich erklärte er mir detailliert ihre Kommentare und Anforderungen auf professionellstem Level. Es ging nicht nur ums Geld – das tut es immer, egal aus wessen Sicht –, sondern sie dachten auch schon über Inhalte und Strategien nach. Zudem formulierten sie ihre Ansprüche so, dass wir diese direkt konzeptionalisieren konnten. Wobei stets der unbekannte Mitbewerber im Hintergrund an den Diskussionen teil hatte.

Verhandlung –
eine hocheffiziente Bewertung von Beziehungen

Was sie uns im Kern darlegten, waren ihre geänderten Erwartungen. Hieraus konnten wir auch auf das konkurrente Angebot schließen und erkannten die Vorgehensweise auf der anderen Seite. Aber Beratung geschieht immer auf Grundlage einer klaren Strategie und nicht, indem man nach Aktionen seines Wettbewerbers schielt. Alles in allem war es ein echtes Vergnügen mit diesen Leuten aus der Welt der Fertigkost zu sprechen. Wir hatten bereits eine angenehme Beziehung zum Management aufgebaut, ohne dass sie uns irgendetwas von den alternativen Vorschlägen der Amerikaner erzählt hätten, und dies waren Signale eines soliden Vertrauens. Es gab keine Zeit zu verlieren. Wir setzten uns hin, erwogen die erforderlichen Punkte, prüften das Gesamtkonzept im Licht der neuen Anforderungen, gaben ein neues Angebot ab. Und die Antwort kam umgehend. Der ungenannte Konkurrent hatte die Preise gesenkt, neue Lösungen vorgschlagen, einige Preisvorteile herausgestellt. Konnte uns das wundern? Unser zukünftiger Kunde erwog jeden Vorschlag Punkt für Punkt, wog die Pros und Kontras beider Angebote ab. Und selbstverständlich wussten sie dabei um ihre Attraktivität für uns als „Neuling" am Markt und andererseits um die Interessen des

proposal in a subject oriented way and weighed out the pros and cons of the two quotes. Of course they were in a perfect position knowing about their attractiveness for us as a „newcomer" on the one side and the interest of the established market leader on the other. To this day I highly appreciate that they didn't exploit that situation and had kept an objective position. David against Goliath – „small is beautiful".

For several weeks that dominated our thinking. Goliath worked with heavy artillery. They mostly cut prices or changed the concept in order to make it a cheaper solution. We spent hours and in the end days in meetings explaining the advantages of our software and processes. I was so close to the structure and organisation of the company, I could have drawn the entire operation blindfolded. Whenever we came from a meeting or had sent a new proposal we would wait for the phone to ring. Our competitor wanted to flex his muscles and teach us the lesson about „Who is the leader".

It was in February 2005 when the situation came to a turning point in our team and we decided to withdraw from the competition if it had kept going the way it had. As much as we needed such a customer in Russia, as much as our team wanted to bring in the harvest of all our offers and proposals and concepts – we kept our sense of profitability and entrepreneurial responsibility: In a quiet moment I told one of the key members of our soon-to-be customers on the phone, that the offer he had received some minutes ago would be our final one. That was all but an easy call. I was absolutely sure that „the other one" would proceed in the familiar way and intentionally force a decision to finally break the deadlock. The team had done a terrific job in going back and forth, grabbing new ideas, and developing additional advantages. That had been a masterpiece in flexibility and commitment. They deserved an answer. Right away!

etablierten Marktführers. Bis heute schätze ich es sehr, dass sie das damals nicht ausnutzten und ihren klaren Blick behielten: David gegen Goliath – „Small is beautiful"!

Über Wochen beherrschte uns dieser Gedanke. Goliath arbeitete mit schweren Geschützen. Sie kürzten Preise oder änderten das Konzept, um billigere Lösungen bieten zu können. Wir verbrachten Stunden und Tage in Meetings, um unsere Software und ihre Vorzüge darzulegen. Ich war dadurch so dicht an ihrer Organisationsstruktur, dass ich sie im Schlaf hätte aufmalen können. Und nach jedem neuen Angebot lauerten wir auf das Klingeln des Telefons, während unser Kontrahent die Muskeln spielen ließ und uns zu zeigen versuchte, wer hier der Platzhirsch war.

Es war Februar 2005 geworden, als die Sache an einem Wendepunkt stand, da unser Team erwog, sich aus diesem Wettkampf zurückzuziehen, sollte er so weitergehen. So sehr wir einen solchen Kunden auch für Russland brauchten, so sehr wir auch die Früchte all unserer Mühen für Angebote, Vorschläge, Konzepte einfahren wollten – so behielten wir doch die Verhältnismäßigkeit und unternehmerische Verantwortung im Auge: In einem ruhigen Moment verriet ich einem Entscheider bei unserem Fast-Kunden am Telefon, dass das Angebot, das er kurz vorher erhalten habe, unser letztes sein würde. Kein leichtes Gespräch. Und ich war mir sicher, die andere Seite würde wie gehabt weitermachen und sich durchsetzen. Unsere Mannschaft hatte einen grandiosen Job gemacht, war beweglich gewesen, hatte neue Ideen aufgegriffen und Zusatznutzen eröffnet, ein Meisterstück an Flexibilität und Entschlossenheit – sie verdiente nun eine Antwort. Jetzt gleich!

Startsignal

Diese Antwort kam einige Tage später, gegen Ende Februar. Jack Frost hatte die russische Hauptstadt noch fest im Griff,

Starting signal

The answer came some days later towards the end of February. Jack Frost still had a firm grip on the Russian capital. Management of Produkty Pitania was apparently tired of solutions based mainly on price cuts and signed the contract – with us. What a relief! After weeks if not months of fighting we almost couldn't believe that we achieved our goal. Being Russians we know how to celebrate and allowed ourselves a rewarding evening in a – yes, Russian – Restaurant. The other morning we started right away. There wasn't much time to lose. After such a long period of negotiation the time available had diminished and we pushed our foot down on the accelerator. Vacations? Postponed. Weekends? Cut in half. The implementation took place in the Baltic seaport so we knew the flight schedules from Moscow to Kaliningrad and back to Moscow by heart. The good aspect of such an intense time of discussion is that we knew the situation of the customer inside out. Our contacts at the company had appreciated our clear concepts and the involved employees were highly supportive in the processes. Fortunately the excitement of the negotiations stopped with the decision and turned into an efficient working atmosphere. After an intense three month period of development and preparation we accomplished the first milestone with the business blueprint according to SAP methodology. Half a year later we implemented the first stage. The customer seemed to value our contribution. At the end of March 2005 – basically one month after signing the contract – they presented the project, the objectives, and their further intentions in a press conference together with us. More opportunities followed, where we could demonstrate the partnership and address other mid-sized companies.

Today our customer from the convenience food market still relies on our services. Our offices are no longer close to the Kremlin. We had moved into a business area two kilometres

die Führung von Produkty Pitania war allmählich Lösungen, die schlichtweg auf Preisreduktionen bestanden, sichtlich müde, und zeichnete den Vertrag – mit uns!

Welch eine Erleichterung! Nach all dieser Zeit des Kämpfens fassten wir es noch kaum, dass wir am Ziel waren. Als Russen verstehen wir durchaus zu feiern, und wir gönnten uns einen ordentlichen Abend, selbstverständlich in einem sehr russischen Restaurant. Und am Morgen danach ging es los. Es gab keine Zeit mehr zu verlieren. Nach so langem Verhandeln waren die Zeitbudgets knapp geworden, und wir gaben Gas. Reisen? Gestrichen. Wochenenden? Halbiert. Die Implementierung fand im Baltischen Seehafen statt, so dass wir den Flugplan Moskau – Kaliningrad und zurück bald auswendig wussten. Der angenehme Aspekt einer derart langen Zeit des Debattierens war es, dass wir die Situation des Kunden bereits durch und durch kannten. Wir waren als Gesprächspartner in der Firma akzeptiert, und die involvierten Mitarbeiter kamen uns in den Prozessen hilfreich entgegen. Glücklicherweise endeten auch die Spannungen aus den Verhandlungen und wendeten sich in eine effiziente Arbeitsatmosphäre. Nach drei intensiven Arbeitsmonaten hatten wir den ersten großen Schritt bewältigt, einen Geschäftsplan nach SAP-Methode. Nach einem weiteren Halbjahr implementierten wir die erste Stufe. Und der Kunde schätzte ganz offenbar unseren Einsatz. Ende März 2005 – gerade einmal einen Monat nach Vertragszeichnung – gaben sie das Projekt, seine Leitlinien und ihre zukünftigen Absichten bekannt, in einer gemeinsamen Pressekonferenz mit uns. Mehrere solcher Gelegenheiten folgten, bei denen wir uns als Partner beweisen und neue mittelständische Firmen adressieren konnten.

Noch heute verlässt sich unser Kunde aus dem Markt der Fertigmenüs auf uns. Unsere Büros liegen nicht mehr nahe am Kreml, wir sind in ein Geschäftsviertel zwei Kilometer vom Moskauer Zentrum entfernt umgezogen. Die Kunden genießen den Ausblick auf historische Gebäude, auch wenn sie

away still in the centre of Moscow. Customers enjoy the view of the historic buildings; even though considering all the „political traffic" they complained that it took them too long to get there. For the team of itelligence Russia, that success story intravenously administered a motivating injection for further business in our target markets. Experiencing such negotiations meant that the colleagues formed an even tougher team – which definitely is an advantage in the Russian market. Having said that, I wouldn't go so far and feel grateful to Produkty Pitania for that training. They turned out to be very supportive as a reference customer and over years presented on several SAP events with prospects. Leaning back and reviewing that time from a healthy distance, I don't want to miss a minute. There may be easier ways for a market entrance; and with that milestone alone we took the chance to prove it.

sich über „all den politischen Verkehr" beklagen, in dem sie auf dem Weg zu uns stecken bleiben. Für das itelligence-Team Russland war diese Erfolgsstory wie eine direkte Injektion in die Lebensader zu unserem Zielmarkt. Eine solche Verhandlung zu durchleben schweißte die Kollegen zu einem noch stärkeren Team zusammen – was ein echter Pluspunkt auf dem russischen Markt ist. Ich möchte nicht ganz so weit gehen, mich bei Produkty Pitania für das harte Training zu bedanken … aber sie boten immer ihre Unterstützung als Referenzkunde und traten über die Jahre hinweg auf diversen SAP-Events mit uns auf. Wenn ich mich jetzt ein Momentchen lang zurücklehne und diese Zeit aus gesundem Abstand betrachte, so möchte ich doch keine Minute davon missen. Es mag andere Wege zu einem Markteintritt geben, aber einzig mit einem derart wuchtigen Grundstein konnten wir uns wirklich unter Beweis stellen.

Alexander Baev   **Russia**

Our Understanding of „Meeting"

Russia is a big country, cluttered with huge companies and SAP implementations of enormous size. Lots of large and small consulting firms, even thousands of freelancers compete and cooperate in this market. And companies will fail or gain projects, people will surge back and forth between companies. Everything is important in this game – knowledge of business and expertise along with technological skills, a good amount of psychology, the art of making friends, being tough or making people feel comfortable around you. – For me all this started in early 2003 right after graduating from university, when I was about to open a door to an itelligence office …

Today, eight years later, I can say that itelligence Russia never used to be your average consulting firm: For itelligence had a culture of its own. This is a result of the right kind of people, displaying the right kind of values, joining each other. They enjoy spending time together, feel comfortable sharing an office, like to cooperate on a project or at the clients' place and even over the weekend.

A short story for starters: A woman, twenty-odd years of age, stemming from a different generation of the late Soviet period – she was one of four consultants at our office. Next to her another woman, completely different, a young girl, ambitious, who had only just arrived in Moscow to launch her carrier. She left the company after four months, loudly remarking within earshot of the management and everyone else: „You do not value me enough – and that is why I am leaving." The management was annoyed on hearing her remarks, we did not like what she was saying, but that was our private concern. Anyhow, finally the other woman in our team told us: „Guys, she is leaving. Let's get her a small gift in remembrance of the days we spent together." And that is what we did.

Unsere Vorstellung von „Geschäftstermin"

Russland ist groß und hat riesige Unternehmen mit SAP-Anwendungen von gigantischer Größe. Zahllose große und kleinere Beratungsfirmen und selbst Tausende von Einzelkämpfern wetteifern in diesem Markt. Sie verlieren und gewinnen Aufträge, die Mitarbeiter wandern zwischen diesen Firmen hin und her. Alles ist wichtig und bedeutsam in diesem Spiel, Wissen um Geschäfte, technologische Expertise, psychologische Fertigkeiten, die Kunst des Kontakte-Knüpfens, Härte oder Menschenfreundlichkeit – und all das fing für mich früh 2003 an, direkt nach dem Uni-Abschluss, als ich die Tür zu einem itelligence-Büro öffnete …

Ich kann heute, und das ist acht Jahre später, durchaus sagen, dass itelligence Russland niemals eine durchschnittliche Beratungsfirma gewesen ist: Denn itelligence hat seine eigene Kultur. Sie ist Ergebnis des Zusammenfindens der richtigen Leute mit richtigen Werten. Sie genießen das Zusammensein, fühlen sich im gemeinsamen Büro und Projekt und Kundengespräch ebenso wohl wie im gemeinsamen Wochenende.

Ein kurzes Beispiel zum Anfang: Eine gewisse Dame, damals paarundzwanzig, also andere Generation, späte Sowjet-Zeit – sie war Beraterin bei uns. Neben ihr eine andere Dame, völlig verschieden von ihr, junges Ding, ambitioniert, eben aus Moskau gekommen, um Karriere zu machen. Die nun verließ die Firma nach vier Monaten, indem sie den Managern und überhaupt allen lauthals kundtat: „Ihr schätzt mich nicht genügend – und deshalb gehe ich!" Die Geschäftsführung war verärgert, das so zu hören, man mochte diesen Stil nicht, aber das war Privatangelegenheit. Wie auch immer, es war die andere Dame aus unserem Team, die uns empfahl: „Leute, sie geht! Lasst uns ein kleines Geschenk kaufen, als Erinnerung an die Zeit mit uns!" Und so machten wir's.

That was wise. And it reflects relations within our team: Relations will help us to fight for the clients, force them to value us as a team and win local projects. Because again and again it is the quality of the product that sells – but it is also the team, whose strength and knowledge and reliability induce the clients to decide on working with us. A good example had been established by a major Russian investment bank which invested in Modis, a first national mono-brand hypermarket chain, selling fashionable clothes for the whole family: founded in 2006, in 2009 Modis was re-structured, both products and company structure turned towards the West. So they chose SAP as best western software, and they were looking for the best IT team to accompany them – guess who got the job?

Does it seem strange to start with people leaving us? No. Sometimes people left the company, others joined us, a natural sort of flow - as long as at the end of the day we can state that culture, care and comfort will make us different (and special) in comparison to our competitors. For many people who left it was not an easy decision to make, therefore we still are in touch with many of them. And some of those who leave become high level managers in the end, as Julia Davydova, who was head of Siemens SAP practice, a partner, or Mikhail Aleshin, who later on became head of IT for the government of Moscow – level of minister, with direct boss head of Moscow …

Still, a consultant's life is like a novel. It is different every time. And that is the reason why people like our profession. And it's definitely true for Russia.

Another nice story that happened recently is about a VW project. VW was the first company considering establishing an own production plant for the Russian market in a village 200 kilometres from Moscow. Soon other automobile manufacturers followed, Volvo settled, PSA Peugeot-Citroen, Mitsubishi, quite international. Therefore a sales company showed up

Das war klug. Und es spiegelt die Beziehungen in unserem Team wider: Diese Bezüge helfen uns in der Arbeit für die Kunden, zwingt sie auch, uns als Ganzes zu würdigen und gewinnt uns lokale Projekte. Denn immer setzt sich Produktqualität durch – aber es sind auch diese Qualitäten des Teams, seine Kraft und Kenntnisse und Verlässlichkeit, aufgrund derer sich Kunden für uns entscheiden. Neulich erst gab eine der führenden russischen Investmentbanken ein Beispiel dafür, als sie in „Modis", eine der ersten nationalen Handelsketten mit Kleidermoden für die gesamte Familie, investierte: Die war 2006 gegründet, wurde 2009 restrukturiert, sowohl in Produkten wie auch Firmenstruktur sehr westlich orientiert – und so entschied man sich für SAP als eine der besten westlichen Softwares und schaute sich entsprechend nach einem der führenden IT-Beraterteams westlicher Prägung um – na, wer war das wohl?

Es mag seltsam sein, eingangs vom Austritt von Mitarbeitern zu sprechen. Aber nein, hin und wieder verließen uns Leute, andere traten dazu, das ist natürliche Bewegung, solange wir unsere Kultur, unsere Sorgfalt, unsetrn Umgang wahren, der uns vor Mitbewerbern auszeichnet. Für viele, die uns verließen, war das keine leichte Entscheidung, mit vielen davon halten wir gute Beziehungen aufrecht. Und viele von ihnen werden hochrangige Führungspersönlichkeiten, so wie Julia Davydova, die in die Leitung der SAP-Anwendungen bei Siemens ging, einem Partner von uns, oder wie Mikhail Aleshin, der später Kopf der IT in der Stadtverwaltung von Moskau wurde – ministeriale Stelle, sein unmittelbarer Chef ist die Führung von Moskau.

Eine tolle Geschichte trug sich jüngst in einem VW-Projekt zu. VW beschloss, einen eigenen Produktionsstandort für den russischen Markt in einer Stadt 200 km von Moskau aufzuziehen. Rasch zogen andere Automobil-Hersteller nach, Volvo siedelte sich an, PSA Peugeot-Citroen, Mitsubishi, sehr international alles. Also etablierte man ein Verkaufsbüro mit

with a richly representative office, lots of highly paid and very experienced managers, full of MBAs and ambitions. They facilitate huge sales and manage huge cash flows – I think that in German culture an engineer is considered as much more important in business than an employee working for IT, finance or other departments. And I think the same applies for Russia. The same hierarchy could be observed during the Soviet era, and the times of the Tsars. This is definitely similar. So the plant in Kaluga was made headquarters by Germans, with sales in Moscow – like a mother company. – Kaluga: the ambitious Russian outer space projects had their cradle there, as Konstantin Ziolkoski, father of the Eastern attempt to reach the Earth's orbit, founded his Physics Laboratories in Kaluga in the 1890s. The then small town, corner stone from the 14th century, important during Napoleonic Wars, became one of the Russian science centres, pride of the nation in Soviet days, a quickly developing, wealthy industrial area since the 1990s, long history and melting-pot of many cultures:

Now we were successful in winning SAP tender for Kaluga four years ago. And the question appeared how to manage it all with only 7 consultants hired on their projects. Of course, the solution was to hire a subcontractor.

After some time of searching we found a nice company, let us call it N*, run by a very charismatic manager – not a manager in the common sense, but more like an artist. He was a well organized kind of person, but not a professional, completely different from us in terms of what I call culture, care and comfort – extremely different culture. However, together with this new subcontractor we extended the number of people involved in our project. It seemed that both of us knew how many consultants should come to the plant – we didn't even think about discussing it. When I asked the manager I received the answer: Let us bring in our consultants. – Well, that's artists for you!

reichlich repräsentativen Räumlichkeiten, jeder Menge hoch-
bezahlter Manager mit wuchtiger Sachkenntnis, MBAs und
großen Ideen. Sie wollten mächtige Verkäufe unterstützen
und verwalteten mächtige Geldflüsse – ich denke, es ist in der
deutschen Kultur auch so, dass in der Geschäftswelt ein
Ingenieur für weit wichtiger gehalten wird als ein IT- oder
Finanz-Verwalter oder ähnliche Leute. Und ich meine, in
Russland ist das ähnlich, durch die Sowjet-Ära hindurch wie
schon im Zarenreich. Ganz ähnlich. Deshalb wurde der Betrieb in Kaluga als deutsche Zentrale verstanden, die Ver-
kaufseinheiten in Moskau als Muttergesellschaft. – Kaluga
also: Die ambitionierten russischen Weltraumprojekte hatten
hier ihre Wiege stehen. Konstantin Ziolkowski, im Osten der
Vater der Idee, Menschen in die Erdumlaufbahn zu schicken,
hatte hier in den 1980ern seine physikalischen Labors gegründet. Die damals beschauliche Stadt, Gründungssteine aus dem
14. Jahrhundert, war in den Napoleonischen Kriegen bedeutsam, wurde dann zu einem der russischen Forschungszentren
und zum Stolz der Sowjet-Zeit, bevor es in den 1990ern das
rasant aufstrebende Industrie-Areal wurde – eine lange
Geschichte und ein Platz vielfältiger Kulturen:
Und vor vier Jahren gewannen wir die SAP-Betreuung für
Kaluge. Und die Frage tauchte auf, wie das alles mit gerade
einmal 7 Beratern, die auf das Projekt entfielen, möglich sein
sollte. Natürlich mussten wir Unterverträge eingehen.
Nach einiger Zeit des Suchens fanden wir eine nette Firma,
nennen wir sie N*, mit einem charismatischen Manager – keiner im üblichen Sinne, mehr eine Künstlernatur. Er war gut
organisiert, wenn auch kaum professionell, ganz anders als wir
in Hinsicht auf Dinge wir Kultur, Sorgfalt und Bemühen –
eine völlig andere Kultur. Aber gemeinsam mit diesem Sub-
Unternehmer steigerten wir die Zahl der Leute auf diesem
Projekt, und wir wussten beidseitig, wieviele Berater wir an
der Produktionsstätte brauchen würden – wir diskutierten das
nicht einmal explizit. Als ich mich vergewissern wollte, war

Early one cold morning, 8 a.m., the first day of the contract, 200 kilometres from Moscow, we arrived with five of our own consultants plus the sales guy. It was he who went inside – and returned twenty minutes later: „Let's go and have a fag!" he said. I do not smoke – but I followed him. Whispering, the consultant said: „No one in there has been expecting us!" And Ruslan, our sales manager, quietly added: „N* brought their people 2 days ago – and they are working, right now – in there!"

We agreed on taking away some N* consultants and built a consolidated team. And we worked. We were professional – they were artistic. And we competed. Good for the customer who knew about who was to be the contractor and who sub-contractor. But we were fighting a two-front war, we fought for the problems to be solved, and we fought about parts of the work to be done. Artistic N* built up on IT director, quite clever for an artist – we built up on Finance Director and Chief Accountants, while I myself worked as FI consultant.

Then there were ex rate losses on our subcontractor as we had contracted to be paid in local currency, whereas our subcontractor N* was to be paid in Euro. Now we had to downsize the team and IT entered into a new contract. But we were left in the dark about all these matters. All this turned out to be totally unusual. So up came the day when the customer finally had to say which consultants were to remain on the project and which were to leave. But again: no information, no decision. Instead they opened a paper in one of the emergency sessions, and on this list all our consultants were in RED, subcontractors' in GREEN. We all were stunned. What was that supposed to mean?

„Stop!" Ruslan frankly declared. This was not fair! We stated that the entire project was going to fail – without our intelligence team exclusively – An exhaustingly long talk of the financial director and IT director followed, again without results. That night, I did not go to sleep, time was running out,

die Antwort: Wir bringen einfach unsere Leute mit! – Naja, Künstler eben!

In der Morgenkälte um 8 Uhr am ersten Tag des Projektes fanden wir uns 200 km von Moskau entfernt zu fünft plus unserem Verkaufsmann ein. Der ging hinein – und nach 20 Minuten kam er wieder heraus: „Lasst uns Eine rauchen!", sagte er. Nun rauche ich nicht – aber ich folgte ihm. Er flüsterte geheimnisvoll: „Hier erwartet uns kein Mensch!" Und Ruslan, unser Verkaufsmanager: „N* hat vor zwei Tagen seine Leute hergebracht – und die arbeiten nun da drinnen!"

Wir beschlossen, einige der Berater von N* abzuziehen und formierten ein gemeinsames Team. So arbeiteten wir. Wir, die Profis – sie, die Künstler. Und begannen miteinander zu konkurrieren. Das war nicht schlecht für unseren Kunden, der Vertragspartner und Sub-Unternehmer im Wettlauf sah. Aber wir hatten nun zwei Fronten, wir kämpften mit den inhaltlichen Problemen, und kämpften zudem um einzelne Arbeitspakete. Die Künstler von N* benannten einen IT-Direktor, was ziemlich clever war für Künstler – wir beriefen Finanzdirektor und Chef-Buchhalter, ich figurierte als FI-Berater.

Dann gab es Kurs-Einbrüche, jedenfalls für unseren Sub-Unternehmer, denn während wir in lokaler Währung bezahlt wurden, hatten wir mit N* Bezahlung in Euro vereinbart. Wir mussten dadurch das Team verkleinern, und die IT machte einen neuen Vertrag. Man ließ uns aber ohne jegliche Information hierüber! Das lief aus dem Ruder, so dass der Tag kam, an dem der Kunde würde sagen müssen, wer von den Beratern nun im Projekt bleiben sollte, wer es verlassen sollte. Aber wiederum gab es keine Infos, keine Entscheidung. Stattdessen entfalteten sie in einer Krisensitzung einfach ein Papier mit einer Liste aller anwesenden Berater – unsere Leute sämtlich ROT, die von N* alle GRÜN markiert. Wir glaubten es kaum. Was sollte das?

„Genug!" sagte Ruslan in aller Klarheit, das alles ging nicht! Wir ließen alle wissen, dass das gesamte Projekt kippen würde

the actual work nowhere near done. The next evening, in a cabinet of the customer's IT manager, with Ruslan on the phone, we openly announced: We will not provide you with any other consultants than those who belong to our own staff! The very next morning we were back in Moscow, as we felt the serious need to leave all this behind. And so I received a call. The client? No. It was the subcontractor, as our secretary told us. So what? None of us took the phone. Everybody knew we had to start the project if the work was to be done.

Nothing happened. For the next two days, at least. On the third day it happened: The client affirmed our team, and even conceded a transition period! – And now we have been working in Kaluga for four years. We have been doing usual work and special jobs beside this. One of the youngest itelligence teams, we became part of itelligence's great Delta project, we often go to Berlin – and to Bielefeld. Eight years now – a short history, so far, but in a very amiable culture.

ohne ein reines itelligence-Team. – Eine entnervend lange Sitzung zwischen Finanzdirektor und IT-Direktor folgte. Aber wieder ohne Ergebnis. Ich schlief in dieser Nacht überhaupt nicht, die Zeit lief uns davon, die angefangene Arbeit stand still. Am Morgen darauf saßen wir in einem Nebenraum des Kunden mit dessen IT-Manager, Ruslan am Telefon zugeschaltet, und wir brachten es auf den Punkt: Wir würden hier nichts mehr mit Dritten unternehmen, nur noch mit unserer eigenen Mannschaft!

Der nächste Morgen sah uns zuhause, in Moskau, denn wir machten ernst, dies alles hinter uns zu lassen. Da kam ein Anruf herein. Der Kunde? Nein. Es war der Sub-Unternehmer, wie unsere Sekretärin uns zuflüsterte. Was tun? Nichts, keiner nahm den Anruf entgegen. Allen war klar, jetzt müssten wir anfangen, wenn das Projekt noch etwas werden sollte.

Aber nichts geschah. Jedenfalls für zwei Tage lang. Am dritten Tag passierte es: Der Kunde bestätigte unser Team – räumte sogar eine Projektverlängerung ein! – Und nun sind das vier Jahre, seit denen wir in Kaluga arbeiten. Wir haben ganz gewöhnliche Jobs gemacht und ganz verrückte. Wir sind eines der jüngsten itelligence-Teams weltweit, nehmen am Delta-Projekt teil, fliegen oft nach Berlin – und nach Bielefeld. Seit acht Jahren inzwischen, was eine eher kurze Geschichte ist – aber sie findet statt in einer sehr, sehr freundlichen Kultur!

Well, this is it!

I was sitting in the middle of an empty warehouse on a Friday night thinking about the next few days. The warehouse was in central Bradford, England, and is in one of the most industrial areas in the UK. There is a very large Eastern European community in this area. IS was a brand new purpose built warehouse that was still being built as we were trying to implement the project! There was thousands of warehouse bins, a brand new workforce and a new computer system. I picked this story because I wanted to show that we consultants are still normal people, we still worry that things just might not work, we work very long hours to help our customers and most of all, we really care that the projects are a success – but we are human, so don't always have all of the answers and some things are just out of our control!

This was the biggest project that our company had ever taken on. It was brand new IS Retail, and none of us had worked with it before. It was a really fast moving mail order company that could dispatch up to 10,000 customer orders a day. There was no room for anything to go wrong. It is also one of the projects that I am most proud of as we pulled hard as a team and delivered even more than we thought possible. The implementation began approximately 5 years ago. I've got to be honest, I wasn't really sure that it would all work with the new figures. Of course we had done all the required testing steps but could SAP really get over 10,000 orders a day out of this warehouse? The customer was a leading mail order clothing supplier. Orders were picked in the warehouse and dispatched through numerous routes to the end customer. There were many different combinations of offers and promotions that were way outside anything that we had ever seen before. We had some serious issues: The customer would not volume

Das war's dann!

Ich saß an einem Freitagabend mitten in einem leeren Lagerhaus und dachte über die nächsten Tage nach, mitten in Bradford, England, wo sich eines der größten Industriezentren von
Großbritannien befindet. In dieser Gegend gibt es eine sehr
große osteuropäische Gemeinde. Das Lager war brandneu und
sogar noch im Bau, als wir das neue Projekt einführten. Dort
standen Tausende von Lagercontainern, es gab eine neue Belegschaft und ein neues Computersystem.

Bei dem damaligen Projekt handelte es sich um das größte
Projekt, das unsere Firma je durchgeführt hatte. Es ging um
einen brandneuen IS Einzelhandel, und niemand von uns
hatte je mit diesen Kunden zusammengearbeitet. Unser
Auftraggeber war ein wirklich flottes Mailorder-Unterneh-
men, das in der Größenordnung von 10 000 Kundenbestel-
lungen pro Tag operieren konnte. Es gab keinen Spielraum für
Misserfolge. Es ging hier um eines der Projekte, auf die ich
besonders stolz bin, da wir uns als Team sehr ins Zeug legten
und mehr erreichten, als wir für möglich gehalten hatten.

Die Einführung fand vor etwa fünf Jahren statt. Um ehrlich zu
sein, ich war damals nicht wirklich sicher, dass mit den neuen
Zahlen alles funktionieren würde. Natürlich hatten wir die
notwendigen Tests durchgeführt, aber konnte SAP wirklich
über 10 000 Bestellungen pro Tag ausliefern lassen?

Bei dem Kunden handelte es sich um ein führendes Mailorder-
Unternehmen, das Kleidung vertrieb. Die Bestellungen wurden
in dem Lagerhaus zusammen- und auf zahlreichen Wegen dem
Endkunden zugestellt. Es gab verschiedene mögliche Kombinationen von Bestellungen und Verkaufformen, die jenseits von
allem lagen, was wir je zuvor zu Gesicht bekommen hatten.

Wir waren mit ernsthaften Problemen konfrontiert: der Kunde wollte keinen Umsatztest durchführen. Mit der Einstellung

test – we had problems with customer commitment from the word „go": The IT department would not invest in separate hardware and installation costs to set up the environment for the volume test. And they are also a low cost operation and therefore using staff for non- productive tasks was seen as a waste of money. We were using bleeding edge scanning technology which had not really been tried and tested in the UK. Using hand held scanning devices that were attached to the pickers wrists on a band, and that had a fingertip scanner, they could pick and scan using the same hands. This was the alternative to the usual manual pick note processes. Every single RF, Radio Frequency transaction, had been coded from scratch. The volumes were massive. The speed of the picks was horrendous.

It had been difficult to calculate this speed, as it depended upon number of item lines per order, number picking on shift and timing of dispatch loads – but it was in the region of 10,000 customer orders per day, with a picker picking approximately 40 orders per hour. Approximately 20 pickers per shift did not have English as their first language, out of a workforce of approximately 100. Plus, the customers were unavailable to help over the weekend. They had moved the implementation date several times and our old consulting manager had changed his holidays so many times that this time it was impossible for him. Our Managing Director stepped in to support us but he had no hands-on knowledge of the project and certainly no warehouse specific knowledge. Our Lead Consultant also had to step up to Project Manager as well as deal with the ordering end of the operation which was just as painful! We were only a team of 6 people covering all business operations. My problems were shared by all the other consultants in their areas of expertise. Within the hour we would be starting a stock check of the entire warehouse! Thousands and thousands of products using scanners and interfacing software that was barely out of the box.

des Kunden hatten wir von Anfang an Schwierigkeiten; die IT-Abteilung wollte nichts in separate Hardware und Installationskosten investieren, um den Hintergrund für den Umsatztest zu schaffen. Und der Kunde arbeitete außerdem mit geringen Kosten und sah daher Mitarbeiter für nicht-produktive Aufgaben als Geldverschwendung an.

Wir nutzten die verdammte Edge-Scanning-Technologie, die bis zu dieser Zeit in England nicht wirklich getestet war. Indem sie von Hand bediente Scanning-Geräte nutzten, die am Handgelenk der Arbeiter befestigt und mit einem Fingerscanner ausgestattet waren, konnten sie gleichzeitig Waren auswählen und einscannen, ohne die Hand wechseln zu müssen. Diese Technik ersetzte das Eintippen. Jede einzelne RF, Radio-Frequenz-Transaktion, war von Anfang an neu codiert worden.

Der Umfang war riesig, die Auswahlgeschwindigkeit extrem. Es war schwer gewesen, diese Geschwindigkeit einzuschätzen, da sie auf der Anzahl Objekte pro Bestellung fußte und auf dem Timing der Lieferungen – 10 000 am Tag, wovon jeder Picker 40 pro Stunde bearbeitete. – Für die meisten Mitarbeiter war Englisch nicht die Muttersprache, wegen der engen Räumlichkeiten gab es etwa 20 Picker pro Schicht, insgesamt belief sich die Zahl der Mitarbeiter auf 100. Hinzu kam, dass der Kunde uns wochenends nicht unterstützen konnte. Er hatte den Zeitpunkt für die Einführung mehrfach verschoben, und unser altgedienter Consulting Manager hatte seine eigenen Ferien oft genug gecancelt. Unser Direktor sprang ein, aber er kannte sich weder mit dem speziellen Projekt noch mit Lagerhauslogistik aus. Unser leitender Consultant avancierte ebenfalls zum Projektmanager, musste sich mit den Bestellprozessen des gesamten Vorganges befassen, was genauso mühsam war! Wir waren ein Team von nur sechs Leuten, die alle Vorgänge abdecken mussten. Alle anderen Consultants mussten auf ihrem jeweiligen Expertengebiet dieselben Probleme durchleben wie ich.

Innerhalb der nächsten Stunde mussten wir eine vollständige Inventur beginnen: Tausende, ja Abertausende Produkte er-

I was sat next to a bank of them charging up. I kept looking at them – begging them to work. The warehouse staff would be arriving in 30 minutes, expecting us to fit these devices and train them. This would allow them to check every garment in the warehouse and send messages directly back to SAP. We would then need to reconcile it all before we could load the stock into SAP, reconcile again and then start the ordering process ... Crikey! Keep everything crossed!! I was so nervous! I had been doing this job for over 12 years and every bone in my body said it should work! It must be like what a boxer feels – just before he enters the ring for a beating! I knew I had days of no sleep and extraordinary stress to come.

Everyone thinks that a „SAP Consultant" can mend anything (they should do! you know what they earn, I hear them saying). I hoped that I had the ideas and the answers!! I would have certainly earned my living this week. I just can't tell what it felt like to be in charge, to steer the whole process, to be substitutional boss for such a big workforce in foreign surroundings – very very scary but character building. You have to dig very deep in these situations. I was lucky that I had the support of a great team! Then they started pouring in, all expectant and excited. The scariest moment of the whole project was when the mainly Eastern European workforce strolled in and it seemed like there was hundreds of them. They were very amiable and excited to be working in a new warehouse with the new scanners. There was a whole expectant buzz waiting for the first set of orders to come through. They started to fix on their scanners and they were all speaking in a different language and sometimes asking me questions and forgetting that I only spoke English. I really didn't want to let them down. They were so lovely ... They were arguing amongst themselves on who could pick first and fastest! The first challenge was to fit these finger mounted bar code readers to each member of staff and to teach them how to carry out a stock take. Then you remember that most of them don't

fassen, mit eben erst ausgepackten Scannern und Software –
also unerprobt. Die Belegschaft würde in 30 Minuten eintreffen und erwarten, dass wir die Geräte anpassten und ihnen die
Benutzung erläuterten. Dies würde es ihnen ermöglichen,
jedes Kleidungsstück im Lagerhaus zu überprüfen und ihre
Nachrichten direkt SAP zu übermitteln. Wir würden dann
alles in Einklang bringen, bevor wir den Bestand ins SAP ein-
geben könnten, wiederum vereinheitlichen und dann den Be-
stellprozess starten ... Wahnsinn, drückt uns die Daumen!
Ich war so nervös! Ich arbeitete seit über 12 Jahren in diesem
Job und jede Faser meines Körpers war sich sicher, dass es
klappen würde. So musste sich ein Boxer fühlen – bevor er vor
dem Kampf in den Ring steigt! Ich wusste, dass ich in den
nächsten Tagen keinen Schlaf bekommen und extrem großen
Stress durchmachen würde. Jeder glaubt, dass ein SAP-Con-
sultant alles hinbekommen kann. (Das sollten sie ja auch! Ihr
wisst ja, was die verdienen – ich kann die Kommentare förmlich hören!) Ich hoffte, dass ich die richtigen Ideen und vor
allem die richtigen Antworten hatte! Ich würde in dieser
Woche sicherlich meinen Lohn voll und ganz verdienen.
Ich kann kaum sagen, wie es sich anfühlte, diese Verantwortung zu tragen, den ganzen Prozess zu lenken, für so viele
Mitarbeiter ein Vizechef zu sein und das in einer fremden Umgebung – sehr, sehr beängstigend, aber gut für den Charakter,
man muss in solchen Situationen sehr tief gehen. Ich hatte
Glück, dass mich ein so großartiges Team unterstützte!
Dann begann alles hereinzuströmen, erwartungsvoll, richtig
aufgeregt. Der unheimlichste Augenblick des ganzen Projekts,
als die mehrheitlich osteuropäische Belegschaft hereinkam – es
schien, als ob es Hunderte wären. Sie waren sehr zugänglich
und ihrerseits aufgeregt, in einem neuen Lager mit neuen Scannern arbeiten zu können. Es herrschte ein lautes, erwartungs-
volles Summen im Raum, als alle auf das Eintreffen der ersten
Bestellungen warteten. Die Mitarbeiter legten ihre Scanner an,
alle sprachen verschiedene Sprachen. Manchmal fragten sie

speak English as a first language. So you are going to have to teach them with their own language on the scanner. I hope I can remember which option is which as neither Polish or Romanian are my first or even fifth language! This was the moment, when help arrives. Some colleagues, team mates of ours, turned up to make sure I was OK! Immediately I felt better ... We were all such good friends as well as colleagues and I knew that they would do whatever it took to help me out.

Then someone printed all of the picking documents twice. The customer, from his home 20 miles away, was looking around the system, and with so little training in it, clicked on a button which he didn't realise sent all of the pick notes through to the printer in the warehouse. These are the delivery notes which go in the parcel to the customer and therefore we spent hours working out what delivery notes were duplicated and which orders had already been despatched! I would think that many customers managed to get twice what they ordered that week – what a bargain!

No sleep, I literally stayed awake and working for nearly three days before the warehouse manager sent me in a taxi to a local hotel, as I was too tired to drive. While I was there I had a quick nap and got back to work as soon as I could. My sister drove 50 miles each way from home to bring me clean clothes! Finally, on day two, the customer turned up. But that was even worse, as the customer IT manager simply had the impression that everything was going well. He had told the team he was going out for his breakfast and he would be back in an hour! He didn't even offer any of us a cup of coffee and we had worked our butts off for him ... not even a thanks ... I was very angry – at least till I understood: This man saw everything working in perfect order: Why should have he be worried or scared? He must have been thinking: „This is it!"

I am now working in the ByDesign Practice for itelligence as the Practice Manager which I really enjoy. I have always worked in IT as my qualifications are all in Computing

mich etwas und vergaßen dabei, dass ich nur Englisch spreche. Ich wollte sie natürlich nicht enttäuschen. Sie waren alle so wunderbar ... Untereinander wetteiferten sie darum, wer am schnellsten und als erster arbeiten konnte!

Die erste Herausforderung war es, diese Barcode-Reader, die am Finger getragen werden, anzubringen und den Mitarbeitern beizubringen, wie sie den Bestand erfassen sollten. Dann fiel einem wieder ein, dass die meisten von ihnen keine englischen Muttersprachler waren. Also musste man sie mit ihrer eigenen Sprache im Umgang mit den Scannern unterrichten. Ich hoffte damals, mich erinnern zu können, welche Option welche sei – weder Polnisch noch Rumänisch ist meine Muttersprache – oder selbst meine fünfte Fremdsprache!

In diesem Moment traf Hilfe ein. Einige unserer Kollegen, Mitglieder unseres Teams, tauchten auf, um sicherzugehen, ob es mir gut ging! Sofort fühlte ich mich besser ... Wir waren alle gute Freunde, nicht nur Kollegen, und ich wusste, dass sie alles tun würden, um mir beizustehen.

Dann druckte jemand alle Dokumente zweifach aus: Der Kunde hatte von daheim, 20 Meilen entfernt, das System inspiziert und einfach eine Taste gedrückt, die, ohne dass er es wusste, alle Auswahldokumente durch den Drucker des Lagerhauses jagte. Dabei handelte es sich um die Lieferscheine, die in die Pakete an die Kunden gehörten, also ver brachten wir Stunden damit auszusortieren, welche Lieferscheine doppelt vorhanden und welche Bestellungen bereits abgeschickt worden waren! Ich würde sagen, dass in dieser Woche viele Kunden ihre Bestellung doppelt erhielten – ein Schnäppchen!

Kein Schlaf, ich blieb buchstäblich fast drei Tage wach und arbeitete durch, bevor der Lagerhausmanager mich mit einem Taxi in ein nahegelegenes Hotel schickte, da ich zu müde zum Fahren war. Dort machte ich ein schnelles Nickerchen und kehrte dann zur Arbeit zurück, sobald ich konnte. Meine Schwester fuhr sogar fünfzig Meilen hin und fünfzig Meilen zurück, um mir frische Kleidung von zu Hause mitzubringen!

Science and Business Studies. I have worked with SAP for nearly 18 years, starting out as a junior SAP programmer with Nestlé. I then moved on to Diagonal consulting and then worked for Chelford for the last 6 years. Chelford were acquired by itelligence last year and therefore they have just inherited me! SAP is a great way to utilise both my IT and business knowledge in one job! I love meeting people and helping them run their businesses using the latest technologies and best practices.

I live on a little farm in Lincolnshire with my two horses, dog, cats, chickens and new arrivals: three sheep called „Tom, Dick and Harry". I spend all of my spare time competing with my horses at various competitions. All of my experiences in all of the projects that I have worked on with itelligence and SAP have been challenging in their own ways. Now, moving on to "cloud" technology is great, as the products are always evolving and allowing you to grow with them. Maybe I am just getting old ...

Am zweiten Tag tauchte der Kunde auf. Aber das war noch schlimmer, da deren IT-Manager den Eindruck hatte, dass alles gut liefe – und dem Team, bevor er zum Frühstück aufbrach, mitteilte, dass er in einer Stunde zurückkomme. Er bot nicht einmal einem von uns eine Tasse Kaffee an, dabei hatten wir uns für ihn halb tot geschuftet … nicht einmal ein Dankeschön! Ich war sehr ärgerlich – wenigstens, bis ich es verstand: Der Mann sah, dass alles funktionierte und in perfekter Ordnung war. Warum hätte er sich Sorgen machen oder Angst haben sollen? Er musste sich denken: „Na bitte, es läuft!"

Ich arbeite jetzt im ByDesign Practice für itelligence als Practice Manager – das macht mir wirklich Spaß. Ich habe immer in der IT gearbeitet, da meine Qualifikationen alle im Bereich Computer Science und Business Studies liegen. Seit fast 18 Jahren bin ich bei SAP, habe dabei als Junior-Programmiererin für Nestlé angefangen. Dann ging ich über zu Diagonal Consulting, und danach habe ich sechs Jahre für Chelford gearbeitet. Chelford wurden letztes Jahr von itelligence akquiriert und daher haben sie mich sozusagen geerbt!

SAP ist eine fabelhafte Art, sowohl meine IT-Kenntnisse, als auch mein Wirtschaftswissen in einem Job zu nutzen! Und ich liebe es, Menschen zu treffen und ihnen zu helfen, ihr Unternehmen zu leiten, indem wir die neuesten Technologien und optimalen Praktiken anwenden.

Ich lebe in Lincolnshire auf einer kleinen Farm, mit meinen zwei Pferden, einem Hund, einer Katze, den Hühnern und den Neuankömmlingen – drei Schafen namens „Tom, Dick und Harry". Meine Freizeit bringe ich damit zu, meine Pferde bei den verschiedensten Wettbewerben vorzuführen.

Alle meine Erfahrungen in allen Projekten, an denen ich mit itelligence und SAP gearbeitet habe, waren auf ihre Art Herausforderungen. Mich jetzt einer „Cloud"-Technologie zuzuwenden, ist großartig, da die Produkte sich immer weiter entwickeln und einem ermöglichen, mit ihnen zu wachsen. – Nur werde ich vielleicht allmählich alt …

A Days Long Journey
On My Way To Austrian SMBs

4.30 a.m. Getting up, shower, quick breakfast. The house is still silent, my family still asleep. Our cat returns, hungry after her night out in the great outdoors. Tired and demanding – she gives me that sort of look. No souvenir for me this time – no mouse, no frog.

All right, some food for the cat's bowl, envying her a bit. She'll be slumbering peacefully on her blanket for hours. I'm going to spend the next four and a half hours driving to Salzburg.

I have to visit a medium-sized business which decided to work with itelligence a couple of weeks ago.

This is still new, fresh, like this morning. Everything is still possible, still undecided. Outside the sun is rising. It's going to be a nice drive from Vienna to Salzburg. Start the car and off we go. Less traffic at this time of the day, the rush-hour will not start until later.

And I've got time to look back at my life for a while.

Now I've been in the IT-market for more than 30 years. It used to be called EDV – long ago, before internet and PC came along.

I started after receiving a rather mixed sort of education – started as an EDV operator. We still had punch-cards, air-conditioned rooms for our large-capacity computers, noisy printers, punchers who punched patterns into cards, stacks of them and boxes full of them – madness from today's point of view. Every smart-phone of today would outsmart the gigantic IBM 370/158 we used back then – but back then, it was special!

A year later, I became a software engineer; my programming languages were Assembler and PL/1. They kept me company

Eines Tages lange Reise
über Land und zu der Kundschaft

4.30 Uhr früh. Aufstehen, duschen und ein schnelles Frühstück. Im Haus ist es still, die Familie schläft noch. Da kommt
unsere Katze namens *Puppe* nach Hause, die nach einer Nacht
im Freien hungrig ist. Sieht mich müde und fordernd an. Diesmal ohne Maus oder Frosch als Mitbringsel. OK, Futterschüs-
sel füllen und ein wenig beneiden: *Puppe* wird die nächsten
Stunden gemütlich auf ihrer Decke schlafen. Vor mir liegen
viereinhalb Stunden Autofahrt in den Süden von Salzburg.
Ziel ist ein mittelständisches Unternehmen, das sich vor einigen Wochen für itelligence entschieden hat. Das ist alles noch
frisch, wie dieser Morgen, alles ist noch möglich, offen. Draußen geht langsam die Sonne auf. Das wird eine schöne Fahrt
von Wien nach Salzburg. Auto starten, und los geht's. Im
Radio die Morgensendung von Radio Wien, die werde ich für
die nächsten zwei Stunden hören. Um diese Zeit ist noch
nicht viel los, der Morgenverkehr beginnt erst ein wenig später. Und ich habe Zeit, ein wenig zurückzuschauen.
Jetzt bin ich schon mehr als 30 Jahre in der IT-Branche. Früher hieß das noch EDV. Das war lange vor Internet und PC.
Begonnen habe ich nach einer eher durchwachsenen Schul-
ausbildung, ich fing mein Berufsleben als EDV-Operator an.
Da gab es noch Lochkarten, klimatisierte Großrechnerräume
und laute Drucker, Lochkartenstanzer, die Muster in die Lochkarten hackten, ganze Stapel und Schachteln voll davon, ein
Wahnsinn aus heutiger Sicht. Jedes Smartphone würde heute
den damaligen, riesigen IBM 370/158 locker übertrumpfen,
aber damals war das schon was! Nach einem Jahr wurde ich
Programmierer, Assembler und PL/1 hießen damals meine
Programmiersprachen und sollten mich für viele Jahre beglei-
ten. Und waren eine gute Schule – EDV von der Pike auf.

for many years and gave me a good command of the matter –
EDV from scratch.

Kilometre 110 – Melk

By now the sun is shining and the convent of Melk can be
seen on the right in the early morning fog.
On my way I passed a company producing waffle irons – a SAP
client for many years and global market leader in this area –
your typical MSB client.
Right now I'm overtaking a lorry belonging to a well-known
paper-manufacturing company, another SAP client.
The radio presenter announces some traffic jams, but by now
Radio Vienna can hardly be heard anymore. I choose a CD,
Bob Seger, starting with „Still the same".
That's fine for him – my last few years were anything but „the
same". After eleven years I left my first employer, joined a big
insurance company as EDV systems analyst – and came across
SAP for the first time.
We were looking for a new accountancy system and finally
picked SAP R/2, because one could talk to them immediately
and solve problems in a friendly and open way. I was the project manager and met SAP as a medium-sized business. In 1989
they had about 20 employees in Austria. Walldorf itself used
to be of moderate size. Among others, I used to talk to Klaus
Tschira, one of the SAP founders, on a regular basis.

Kilometre 200 – Linz

The Alps can already be seen quite well from here. Right on
top, the first snow sparkles in the sun.
Before you reach Linz, on the left of the motorway, there is a
producer of baking additives. Their impressive glass front
close to the motorway shelters an SAP-client distributing to
international markets.

Kilometer 110 – Melk

Mittlerweile scheint schon die Sonne, und das Stift Melk liegt rechts neben der Autobahn im Frühnebel. Auf dem Weg bin ich an einer Waffelmaschinenfabrik vorbeigefahren, langjähriger SAP-Kunde und Weltmarktführer in seinem Bereich. Typischer Mittelstandskunde. Und gerade überhole ich den LKW eines renommierten Papierherstellers, auch SAP-Kunde. Der Moderator in Radio Wien meldet die ersten Verkehrsbehinderungen, aber der Empfang wird schwächer. Ich wähle eine CD, Bob Seger, die mit „still the same" beginnt. Der hat gut singen: Für mich waren die letzten Jahre alles andere als immer wieder das Gleiche. Ich habe nach elf Jahren meinen ersten Arbeitgeber verlassen und bin zu einer großen Versicherung als EDV-Organisator gegangen. Und dort erstmals auf SAP gestoßen. Wir suchten eine neue Anlagen- und Finanzbuchhaltung und haben uns schlussendlich für SAP R/2 entschieden, mit denen konnte man direkt reden, Probleme partnerschaftlich und offen angehen. Ich war Projektleiter und lernte die SAP als mittelständische Firma kennen. Knapp 20 Mitarbeiter hieß das im Jahr 1989 in Österreich, und auch Walldorf war damals noch überschaubar. Unter anderem war damals Klaus Tschira, einer der SAP-Gründer, mein regelmäßiger Gesprächspartner.

Kilometer 200 – Linz

Die Alpen sind schon gut zu sehen. Ganz oben glitzert schon der erste Schnee. Kurz vor Linz auf der linken Seite liegt ein Backmittelhersteller, mit seiner imposanten Glasfassade liegt er direkt an der Autobahn, international tätig und SAP-Kunde.
Oberösterreich ist ein klassisches Mittelstandsland mit einer Vielzahl an innovativen Unternehmen. Viele sind Hidden Champions, haben ihre ganz speziellen Nischen besetzt, und

North Austria is the typical sort of MSB country; here you will find many innovative companies, many of them Hidden Champions, occupying their very own special niches. Many switched to SAP software during the last ten years.

Instead of Bob Seger, my CD player hosts Gary Moore right now, in between more traffic jam alerts – none of them concerning me, thank goodness.

I spent five years working for the insurance company, completed the SAP implementation. At the same time studied at the business college in Vienna.

SAP wanted to know whether I would like to face a new challenge, working for them as a consultant. I didn't have to think twice and switched from the big insurance company to (at that time) small SAP in Austria (about 30 employees).

Shortly afterwards, the new R/3 software was introduced: company software without the large capacity computer, client/server architecture – back then it wasabsolutely awesome.

Because of my personal history, I joined the personnel management team. At first I worked as a PR consultant, later as the first HR consultant of Austria. We were all ready to go; R/3 was supposed to become the new MSB software. But it turned out that during the first years big business mostly was willing to buy R/3, using it on a wide basis and thereby helping it to succeed. That was the beginning of SAP's rapid growth in Austria and on the international market. And I experienced everything first hand!

My first project took place in an Austrian paper-manufacturing company; we implemented HR with the 1.1F release. It was the first HR project in history – absolutely unique and a great challenge. My own personal success during this time, however, was the birth of my son. I took a break from the project – my best break ever.

Just now I passed the paper manufacturing company mentioned above. Right after leaving Linz, on the left of the motorway, one can perceive the steaming chimneys.

viele haben sich in den letzten zehn Jahren für SAP-Software entschieden. Gary Moore hat Bob Seger im CD-Player abgelöst, dazwischen Staumeldungen – Gott sei Dank nicht auf meinem Weg. Ich habe fünf Jahre bei der Versicherung verbracht, habe die SAP-Einführung abgeschlossen und nebenbei an der Wirtschafts-Uni in Wien studiert. Dann hatte mich SAP gefragt, ob ich Interesse hätte, als Berater bei ihnen eine neue Herausforderung anzunehmen.

Ich habe nicht lange überlegt und bin von der großen Versicherung zur damals kleinen – knapp 30 Mitarbeiter zählenden – SAP in Österreich gewechselt. Das war kurz vor dem Start der neuen R/3 Software: Unternehmenssoftware ohne Großrechner, Client / Serverarchitektur – das galt damals als spektakulär. Aufgrund meiner Vergangenheit bin ich ins Team Personalwirtschaft gekommen und war vorerst PR-Berater und dann der erste HR-Berater in Österreich. Da war Aufbruchstimmung zu spüren, R/3 sollte die neue Software für den Mittelstand werden. Die Geschichte hat aber gezeigt, dass in den ersten Jahren gerade Großunternehmen R/3 einkauften, breit einsetzten und damit zu seiner Erfolgstory verholfen haben. Das war der Beginn des rasanten Wachstums der SAP – sowohl in Österreich als auch international. Und ich war hautnah dabei. Mein erstes Projekt lief in einer österreichischen Papierfabrik, und wir haben HR mit dem Release 1.1F implementiert. Es war das erste HR-Projekt weltweit und eine echte Herausforderung. Mein größter Erfolg während der Zeit dieser SAP-Einführung war aber die Geburt meines Sohnes, die hat mir eine Pause im Projekt vergönnt – meine schönste Pause. Gerade bin ich an dieser Papierfabrik von damals vorbeigefahren, gleich hinter Linz, links neben der Autobahn, kann man die Schornsteine und die daraus aufsteigenden Dampfwolken sehen. Mittlerweile gehört das Unternehmen einem großen internationalen Konzern – aber „mein" HR läuft dort nach wie vor.

By now the company is part of a big international holding of companies – but they are still using „my" HR.

Kilometre 270 – Mondsee

Salzkammergut, perfect for a holiday, all the history of the Austrian empire … Wouldn't it be great to have some break-fast, sitting in a little outdoor café close to the lake – but there's no time.

The weather is lovely, some boats are already out on the lake. I take a short break at the motorway restaurant, surrounded by tourists' cars, caravans and buses. The lake is sparkling in the sun, reflecting the mountains. Another 120 kilometres to go …

After joining SAP, I worked first as HR consultant, then as HR sales executive – altogether seven years, until I undertook the task of running the SAP MSB department.

MSB and SAP – that's a real success story of SAP and their partners.

Especially in Austria. From the beginning, we spread the message on the market: „SAP will work for SMB as well as for big business – it's the right software for you." Many new partners – mostly German – have moved to Austria; itelligence among them. And itelligence was going to play a major role in my personal history. We developed solutions for many different industrial sectors and more and more MSB decided to use SAP. Most of them I visited myself – together with my SAP partners. So I got to know many interesting and powerful companies. Producers of farm machines, of machines for the processing of skis, of injection moulding devices, of machines for glass work, wood-processing companies and service com-panies – everything a country and its people can come up with: the complete national economy and the wide range of many different companies.

All of them were very successful, international players stem-ming from Austria. Most of them became SAP clients, but

Kilometer 270 – Mondsee

Salzkammergut, Urlaubsgegend, k.u.k. Historie. Jetzt im Gastgarten direkt am See sitzen mit einem kleinen Frühstück – geht leider nicht. Es ist Urlaubswetter, die ersten Boote sind schon auf dem See. Ich mache kurze Rast an der Autobahngaststätte, umgeben von Urlauberautos, Wohnwägen und Reisebussen. Der See glänzt in der Sonne, die Berge spiegeln sich im See – noch knapp 120 Kilometer habe ich vor mir. Bei SAP habe ich nach sieben Jahren HR, vorerst als Berater, dann als Sales-Verantwortlicher, die Aufgabe übernommen, den Mittelstandsbereich der SAP zu leiten. Mittelstand und SAP – das ist eine echte Erfolgsgeschichte der SAP gemeinsam mit ihren Partnern. Und in Österreich ganz besonders. Von Anfang an haben wir gemeinsam die Botschaft auf den Markt gebracht: „SAP ist nicht nur für Großunternehmen, sondern auch für den Mittelstand die richtige Software." Viele neue Partner – vor allem deutsche – sind nach Österreich gekommen, unter anderem auch itelligence. Und die sollte in meiner Geschichte noch einen wichtigen Platz einnehmen. Lösungen für die unterschiedlichsten Branchen sind entstanden, und immer mehr mittelständische Unternehmen haben sich für SAP entschieden. Bei fast allen war ich gemeinsam mit SAP-Partnern und habe eine Vielzahl von interessanten und dynamischen Unternehmen kennengelernt. Landmaschinenhersteller, Erzeuger von Ski-Bearbeitungsmaschinen, Spritzgussmaschinen, Glasbearbeitungsmaschinen, holzverarbeitende Betriebe, Dienstleistungsunternehmen – alles, was so ein Land und seine Leute hergeben, die gesamte Volkswirtschaft dieses Landes und die bunte Palette der unterschiedlichsten Unternehmen. Dabei alle sehr erfolgreich, international tätig und eben aus Österreich. Die meisten wurden SAP-Kunden, manche aber leider auch nicht. Ich habe viel darüber gelernt, wie mittelständische Unternehmen arbeiten, wie sie an Projekte herangehen. Wie unterschiedlich

unfortunately some of them didn't. I learned a lot about the SMB functioning, how SMB companies approach new projects. How the SAP partners and their employees operate on the market – a wide range of challenges, people and their different approaches.

Kilometre 310 – Salzburg

I don't remember, how often I have commuted from Vienna to Salzburg – usually on my way to SMB. On my way to a partner, a client or a potential buyer.

A wood-processing company close to the motorway, exuding plumes of smoke – another SAP client.

To the left are mountains, covered in snow; Salzburg and the castle Hohensalzburg in the foreground. Gorgeous weather. No Salzburg drizzle. And only 45 minutes to go.

During my years as SMB executive I helped to introduced new SAP solutions into the market – SAP All-in-One and SAP Business One.

New partners specialised in solutions for small and medium sized business and found new reference customers for SAP. Being so successful, SAP became smarter, bigger, but also more international over the years.

More and more meetings, even more conference calls and a huge amount of documentation – everything a big business needs. How about me – did I need this? What did I need? What I liked most about this job used to be the one-on-one interviews, supported by curiosity and mutual respect – that was what it was all about, wasn't it? After more than 16 years working for SAP, I decided it was time to try something new. I switched to one of the local SAP partners – a very successful Austrian SAP consulting partner, focusing on major customers. I seemed to need this change at the time. Two years later, however, I realised that I wanted to return to MSB – that's where I belong till today.

SAP-Partner und deren Mitarbeiter am Markt agieren. Eine bunte Palette von Herausforderungen, Menschen und ihren unterschiedlichen Lösungswegen.

Kilometer 310 – Salzburg

Ich weiß nicht, wie oft ich schon die Strecke von Wien nach Salzburg gefahren bin – meist auf dem Weg zum Mittelstand. Zu einem Partner, zu einem Kunden oder zu einem Interessenten. Holzindustrie mit dicken Rauchschwaden direkt an der Autobahn – auch ein SAP-Kunde. Schneebedeckte Berge auf der linken Seite und davor die Stadt Salzburg mit der Festung Hohensalzburg. Postkartenwetter. Kein Salzburger Schnürlregen. Und nur noch 45 Minuten zu fahren. In den Jahren als Verantwortlicher für den Mittelstand bei SAP habe ich auch neue SAP-Lösungen in den Markt begleitet, SAP All-in-One und SAP Business One. Neue Partner haben sich auf Lösungen für Klein- und Mittelbetriebe spezialisiert und haben viele Referenzkunden für SAP gewonnen. SAP wurde mit dem Erfolg im Laufe der Jahre immer smarter, größer, aber auch immer internationaler. Immer mehr Meetings, noch mehr Telefonkonferenzen und ein umfangreiches Berichtswesen, alles, was ein großer Konzern braucht. – Und ich, brauchte ich das? Was brauchte ich selbst? War für mich nicht immer das Gespräch an der vordersten Front wichtig gewesen, das gerade von der Neugierde und dem schönen gegenseitigen Respekt in den Verhandlungen getragen wird? Ich habe mich nach mehr als 16 Jahren bei SAP entschlossen, etwas Neues zu machen und bin zu einem lokalen SAP-Partner gewechselt. Ein sehr erfolgreicher österreichischer SAP-Beratungspartner mit Fokus auf Großkunden. Das schien ich damals zu brauchen. Nach weiteren zwei Jahren habe ich jedoch eingesehen, dass ich wieder zurück wollte, zuück in den Mittelstand – dort bin ich besser aufgehoben.

Kilometre 380 – finally there

After a four-hour-drive, I'm finally here. I wonder whether my cat is still asleep? My aim is hidden in a small valley, surrounded by ski resorts, close to the river Salzach: a medium sized business which has decided a couple of weeks ago to implement SAP with our help. We agreed to spend the whole day on a preliminary meeting – start slowly, focus, be diligent. Right from the start: talk to each other, listen to each other, commit to each other, respond to each other.

That's how to cooperate. For more than six months now I've been working for itelligence Austria. I'm responsible for the Austrian branch. „Back to the roots" – many people said that when they heard that I was going to switch to another SAP-partner – itelligence. Back to the medium sized business. Back to the companies worth dealing with. The tables have turned: I'm on the SAP-Partner's side. Now it's up to me to carry out what I've been getting across to the SAP-partners for years. Now I am back in a medium sized business reminding me of my first years with SAP. Itelligence, its dedication, its employees reflect the virtues which many years ago have supported SAP in growing and succeeding. For the next years, I will do my utmost to contribute my experience and knowledge, to add to the success of itellegence in Austrian MSB.

The beginning looked promising already – but there is still so much to do.

Homeward bound

Eight hours later I'm on my way home. By the time I will arrive, it will be late again. I will have listened to at least two CDs, probably David Sanborn and Dolores O'Riordan. Afterwards, I'll be listening to Radio Vienna again.

Back home, dark already. The cat is outside, well rested, on the prowl for anything that moves.

Kilometer 380 – am Ziel

Mehr als vier Stunden Autofahrt liegen hinter mir, ich bin angekommen. Ob unsere *Puppe* noch schläft? In einem versteckten Tal, umgeben von Ski-Gebieten, direkt an der Salzach, liegt mein Ziel. Ein mittelständisches Unternehmen, das sich vor einigen Wochen entschlossen hat, mit itelligence die SAP-Implementierung durchzuführen. Geplant für den ganzen Tag ist eine Projektvorbesprechung – langsam rangehen, konzentriert, gründlich. Vor allem von Anfang an miteinander sprechen, aufeinander hören und eingehen, sich austauschen. So lässt sich eine Zusammenarbeit anpacken. Seit mehr als sechs Monaten bin ich mittlerweile bei itelligence in Österreich. Ich bin für die Geschäftsstelle in Österreich verantwortlich. „Back to the roots" haben mir viele gesagt, als sie hörten, dass ich zu einem anderen SAP-Partner – zur itelligence – wechsle. Zurück zum Mittelstand. Zurück zu den Unternehmen, die es wert sind. Diesmal auf der anderen Seite, auf der Seite eines SAP-Partners. Jetzt liegt es an mir, das zu realisieren, was ich jahrelang den SAP-Partnern vermittelt habe und ich bin wieder in einem mittelständischen Unternehmen gelandet, das mich an meine ersten Jahre bei SAP erinnert. Das mit seinem Engagement und seinen Mitarbeitern das widerspiegelt, was die SAP vor vielen Jahren groß gemacht hat und erfolgreich werden ließ. Ich werde in den nächsten Jahren alles daran setzen, meine Erfahrung und mein Wissen für den Erfolg der itelligence im österreichischen Mittelstand einzubringen. Der Start war vielversprechend – es gibt noch viel zu tun.

Heimfahrt

Acht Arbeits- und Gesprächsstunden später geht es nach Hause. Es wird wieder einmal spät sein, wenn ich ankomme. Es werden mindestens zwei CDs abgelaufen sein, wahrschein-

Just the news flash on TV, I'll just catch Zeit im Bild 2 (a local news program): Nothing special has happened. Greece again, never-ending strikes and protests, people not talking to each other, you know the drift. Austrian politicians talking at cross-purposes – we've seen that before as well. And the national team has lost another football match ...

That was it for today. The forecast predicts bad weather for the next few days. Rain, fog. There will be traffic jams and accidents. And finally, the sun again.

Tomorrow I'll be at the office, the day after, on my way to another client. The medium sized business is worth it, success and successful SAP-projects are worth it.

On the road again.

lich David Sanborn und Dolores O'Riordan, dann kann ich Radio Wien empfangen. Wieder zu Hause, es ist schon dunkel. *Puppe* ist unterwegs, ausgeschlafen und auf der Jagd nach allem, was sich bewegt. Noch kurz die Nachrichten im Fernseher, Zeit im Bild 2 geht gerade noch: Hat sich nichts besonderes getan.

Es geht wieder um Griechenland, endlose Streiks und Demonstrationen, keiner redet da mit dem andern, kennt man. Die österreichischen Politiker reden aneinander vorbei, auch nichts Neues. Und die Fußballnationalmannschaft hat wieder ein Spiel verloren.

Und das war's dann für heute. Für die nächsten Tage ist schlechtes Wetter angesagt, Regen, Nebel. Wird wieder Staus und Unfälle geben. Und irgendwann wieder Sonne. Morgen ist Bürotag, übermorgen geht's wieder zu einem Kunden. Der Mittelstand ist es wert, die Erfolge und erfolgreiche SAP-Projekte sind es wert. On the road again.

„There Is No Cold!"

Sometimes in your business life you will come across a huge new project that will prove an uphill-struggle all the way through, more of a challenge than you ever thought it could be and as exciting as a gigantic match lasting several years and involving team members from all over the world! One of those gigantic matches happened to come my way and we had to fight hard and long till we finally won the cup.

A huge American life-science company investing in emerging markets planned to introduce a new ERP system at its Hungarian daughter company. This would be a pilot project, since the company had used other ERP systems (not SAP-based) before and it would have been too expensive to implement this system in projects intended to be carried out in other countries.

The Hungarian company had become the headquarter for emerging markets in the Middle East and Africa, and needed a logistic system to organise their storage and distribution tasks – a cheaper solution was sought which could then be introduced to other countries where there was no production. Their choice was SAP Business One, which can also be connected with other big SAP solutions, so that subsidiaries can be linked to headquarters.

This new project was now going to show how SAP would work for this purpose, to try SAP in a small company and – in case of success – to make it possible to transfer it from Hungary to other CEE countries.

Since the project was a pilot project, they decided to follow and manage it from the USA, building an international team involving business analysts, project managers from the USA and key-users from Hungary, with contract discussions and signature coming from the USA HQ. In case of a positive result

„Nein, es ist nicht kalt!"

Manchmal begegnet einem während seiner Karriere ein neues Großprojekt, das auf seiner ganzen Länge ständigen Einsatz fordert, sich als eine größere Herausforderung erweist als zunächst angenommen und das so aufregend ist wie ein ungeheuer wichtiges Endspiel, das jahrelang dauert und dessen Teams aus aller Welt rekrutiert werden!

Auch ich geriet in eines dieser aufregenden Endspiele hinein und wir mussten lange und hart darum kämpfen, bis wir schließlich den Cup gewannen:

Eine riesige amerikanische Life-Science Firma, die in Entwicklungsmärkte investierte, wollte bei ihrer ungarischen Tochterfirma ein neues ERP-System einführen. Es handelte sich um ein Pionierprojekt, da erstens die Firma bisher ein anderes, nicht auf SAP beruhendes ERP-System genutzt hatte und da es zweitens zu teuer gewesen wäre, dieses System in Projekte einzubinden, die in anderen Ländern ausgeführt werden sollten.

Die ungarische Firma hatte sich zur Kommandozentrale für Entwicklungsmärkte im Nahen Osten und in Afrika entwickelt und benötigte ein logistisches System, um ihre Lager- und Verteilungsaufgaben zu organisieren. Man suchte nach einer billigeren Lösung, die dann in anderen Länder, wo es keine Produktionsstätten gab, eingeführt werden sollte. Die Auftraggeber wählten SAP Business One, das auch mit anderen großen SAP-Systemen kombiniert werden kann, so dass sich die Tochterunternehmen an die Kommandozentrale anbinden lassen.

Dieses neue Projekt sollte nun zeigen, ob SAP dieser Herausforderung gewachsen wäre; man wollte SAP in einer kleinen Firma einführen und – falls erfolgreich – es möglich machen, das System von Ungarn in andere CEE-Länder zu überführen. Da es sich bei dem Projekt um ein Pilotprojekt handelte, beschloss man, es von den USA aus zu verfolgen und zu leiten,

they intended to implement SAP in other countries (daughter companies) – first in the Czech Republic and Poland, then in the emerging markets of the Middle East and Africa where the distribution of life-science products would take place, even though there was no production site which was situated there. They also intended to take into consideration SAP as the new worldwide ERP system which should then replace the actual legacy system.

After selecting SAP the main issue was to find an SAP partner on the local market which, beside the technical skills, had the capability to handle this approach and was able to work with an international team.

This was their main focus and after a short sales demo and a preliminary offer the decision was made in a rather short time.

At that time I had had 17 years of ERP experience in SMB, having started with Itelligence in July 2000 as a country sales manager (immediately after the merger of APCON and SVC). Working with all kinds of different people has always been one of my fortes – being a social person, closely attached to my family and to friends with whom I enjoy my various hobbies – curiously most of them linked to the element of water – swimming and water polo mainly. Maybe the buoyancy and adaptability of this pleasant element represents also some of the virtues needed in dealing with demanding customers!

In the case of the life-science project mentioned above, we expected that after decision making, the contract signature would take a few days – as usual – and the project related work would start in a few weeks – but not in this case!

As mentioned, the customer was a huge life- science company and it was an American company. A huge company has different, more structured and sophisticated processes compared to an SMB.

Even if the actual project scope was the implementation at a

indem man ein internationales Team aus Wirtschaftsanalysten, Projektmanagern aus den USA und Hauptnutzern aus Ungarn aufbaute, während Vertragsverhandlungen und die Endunterzeichnung über das Hauptquartier in den USA abliefen.

Sollte das Ergebnis des Projektes positiv ausfallen, plante der Auftraggeber, SAP auch in anderen Ländern in Tochterunternehmen einzuführen – zunächst in Tschechien und Polen, dann in den Entwicklungsmärkten im Nahen Osten und in Afrika, wo die Life-Science-Produkte vertrieben werden sollten, aber keine eigenen Produktionszentren existierten. Außerdem plante man, SAP als das neue weltweit verwendbare ERP-System in Erwägung zu ziehen, das dann das bisher genutzte System ersetzen sollte.

Nachdem man SAP ausgewählt hatte, war das Hauptanliegen, auf dem örtlichen Markt einen SAP-Partner zu finden, der sowohl die technischen als auch die organisatorischen Fähigkeiten mitbrachte und mit einem internationalen Team arbeiten konnte. So gerieten wir ins Blickfeld der Auftraggeber, und nach kurzer Verkaufsdemo und einem Vor-Angebot fiel die Entscheidung relativ schnell zu unseren Gunsten.

Zu dem Zeitpunkt hatte ich 17 Jahre Erfahrung mit ERP in SMBs und war seit Juli 2000 direkt nach dem Zusammenschluss von APCON und SVC bei itelligence als Country Sales Manager tätig. Eine meiner Stärken war es immer, mit allen möglichen unterschiedlichen Menschen zusammenzuarbeiten. Ich bin ein sozial veranlagter Mensch, dem Familie und Freunde sehr nahestehen, mit denen ich meine verschiedenen Hobbies teile. Meist sind diese Hobbies mit dem Element Wasser verbunden – vor allem interessierte ich mich für Schwimmen und Wasserpolo. Vielleicht spiegeln der Auftrieb und die Anpassungsfähigkeit dieses wohltuenden Elements Wasser auch einige der Eigenschaften wider, die man im Umgang mit anspruchsvollen Kunden benötigt!

Im Fall des oben erwähnten Life-Science-Projektes erwarteten wir, dass die Unterzeichnung des Vertrages wie üblich nur

small SMB-sized daughter company, the work culture and general company culture brought into the project by the international team and by the American project management style, was something quite different compared to your usual SMB-sized local project. As an American firm, they brought with them another company and another work culture.

To add more difficulties, the life-science industry in general has stricter policies and rules of conduct which have to be considered at every step.

These regulations are based on laws concerning life-science industry production processes which are as strictly supervised as in the pharmaceutical industry. They produce instruments which will be used in hospitals and laboratories – so the regulations are as strict as those for food and drugs production and distribution, and applied to all processes. Due to these circumstances, instead of working on the project at hand we started, after a few weeks, to discuss contract terms and as time passed by we went deeper and deeper into discussion about what this meant from our point of view: employers' liability insurance, workers' compensation insurance, automobile liability, limitation of liability etc.

I found myself faced at the beginning with people from the customer IT department, followed by the purchasing and then the legal departments. The customer involved someone from the French subsidiary legal department in order to be familiar with European law.

I asked for support from our administration in Hungary and from our German HQ regarding legal and insurance topics and after half a year of tough discussions and work we signed the contract and started the project.

During these six months I sometimes felt that it would be better to give up, that there was no point in continuing. In this situation I kept repeating to myself an old saying used in winter time in the region I come from and where the thermometer would frequently drop below – 30 ° Celsius. I was born and

einige Tage in Anspruch nehmen würde und dass die Projektarbeit innerhalb der nächsten Wochen beginnen würde,
nachdem die Entscheidung einmal gefallen war. Aber nicht
bei diesem Kunden!

Das wirklich großes Life-Science-Unternehmen war ein ame-
rikanisches Unternehmen – und jedes einzelne Wort hatte
seine eigene besondere Bedeutung. Bei einem großen Unternehmen gibt es komplexere und anspruchsvollere Vorgänge
als im SMB-Bereich. Obwohl es sich bei dem anstehenden
Projektumfang um die Einführung bei einem kleinen Tochterunternehmen in SMB-Dimensionen handelte, so war doch
die Arbeitsatmosphäre und die allgemeine Atmosphäre im
Unternehmen, die das internationale Team und das amerikanische Projektmanagement einführten, doch ganz anders als
bei einem üblichen örtlichen SMB-Projekt. Als amerikani-
sches Unternehmen brachte der Auftraggeber seine ganz
andere Unternehmens- und Arbeitskultur mit ein.

Um das Ganze noch komplizierter zu machen, hat die Life-
Science-Branche generell strengere Auflagen und Verhaltens-
codice, die bei jedem Schritt berücksichtigt werden müssen.

Diese Gesetze werden so streng überwacht wie die Produk-
tionsprozesse der Pharmazeutik. Die Life-Science-Industrie
stellt Gegenstände her, die in Krankenhäusern und Laborato-
rien Verwendung finden – daher sind die Regelungen dort so
streng wie bei Nahrungsmitteln und Medikamenten.

Aufgrund dieser Umstände begannen wir – nach weiteren
Wochen! – statt mit der Arbeit am konkreten Projekt, die
Vertragsbedingungen zu diskutieren. Im Verlauf der Zeit ver-
tieften wir uns mehr und mehr in die Diskussion darüber, welche Punkte aus unserer Sicht dazugehörten: eine Haftungs-
versicherung für den Auftraggeber, Versicherungen für die Ar-
beitnehmer, Haftungsbeschränkungen etc.

Anfangs fand ich mich in Verhandlungen den Mitarbeitern
der Kunden-IT-Abteilung gegenüber, dann denjenigen der
Einkaufs- und dann der Rechtsabteilung. Der Kunde zog einen

raised in the Carpathian Mountains of Transylvania where most winters, for about four months, there would be not only lots of snow but also a very dry sort of cold. So one of our typical sayings went: „There is no cold, only weak men!" – meaning to me: „There is no difficult situation, only weak people" that cannot handle it! Keeping this in mind provided me with a source of new strength!

Apart from this hard work invested by both sides to finish the contract, the volume of the original project increased more than two times from the first offer to contract signature – and during the project work (due to changed orders) this amount was again more than doubled (not counting additional problems, lengthy discussions and the like). This increase to more than five times the initial budget was due to various discoveries during the discussion process where we realised there was a need for additional training, documentation in two different languages, extra discussion time, more administrative work and several changes requested by the customers etc. There was again another significant difference compared to the usual business culture in our SMB world, where the offer amount is understood by customers as their maximum expenditure no matter what circumstances arise.

The project start was a relief! I remember thinking that now we only had to concentrate on the work and due to our excellent implementation I would be able to relax. We built up our project team, nominating the most experienced consultants and developers, all fluent in English, plus one project manager for technical issues and myself as accountant manager. But halfwayduring the project, one month before the initially planned productive start, the main key-users left our project.

The start was delayed for two months – then, three weeks before the new productive start. On the „Go/No Go" meeting day, due to a delay in testing performed by the customer, everybody calculated there would be a new one-month delay. At this important milestone meeting we were all in all

Mitarbeiter der Rechtsabteilung der französischen Tochtergesellschaft hinzu, um sich mit europäischem Recht vertraut zu machen. Ich meinerseits bat um Unterstützung unserer Verwaltung in Ungarn und unserer deutschen Zentrale, um Rechtliches und Versicherungstechnisches zu behandeln.

Nach einem halben Jahr zäher Verhandlungen und Vorarbeiten unterzeichneten wir schließlich den Vertrag und begannen mit der eigentlichen Arbeit.

Während dieser sechs Monate hatte ich manchmal das Gefühl, es sei besser, einfach aufzugeben, eine Fortsetzung der Verhandlungen sei sinnlos. Dann wiederholte ich mir immer wieder ein altes Sprichwort, dass man in meiner Heimat verwendet, wo die Temperatur winters unter −30° Celsius sinkt.

Ich stamme aus den Karpaten in Transsilvanien, wo während der meisten Winter monatelang nicht nur hoher Schnee liegt, sondern auch eine sehr trockene Kälte herrscht, die wir, die wir daran gewöhnt sind, aber nicht so stark spüren, vor allem wenn kein Wind geht. Eine unserer typischen Redensarten heißt daher: „Kälte gibt es nicht, nur schwache Männer!" – was für mich heißt: „Es gibt keine schwierigen Situationen, nur Menschen, die nicht damit umgehen können."

Abgesehen von der harten Arbeit, die beide Seiten investierten, um den Vertragsabschluss zu ermöglichen, kam noch der Umstand erschwerend hinzu, dass sich der ursprüngliche Projektumfang vom ersten Angebot bis zur Vertragsunterzeichnung mehr als verdoppelte und dann während der eigentlichen Arbeit am Projekt aufgrund veränderter Kundenwünsche noch einmal um mehr als 100 % erhöhte (ohne zusätzliche Probleme, endlose Diskussionen etc. einzuberechnen). Dieser Zuwachs auf mehr als das Fünffache des ursprünglichen Projektvolumens beruhte vor allem auf verschiedenen Erkenntnissen während der Verhandlungen, als uns klar wurde, dass zusätzliches Training, eine zweisprachige Dokumentation, zusätzliche Zeit für Diskussionen, mehr Verwaltungsarbeit, verschiedene Änderungen auf Kundenwunsch etc. hinzukommen würden.

approximately 20 people from the US, France, India and Hungary. Thus all the team members, decision makers, sponsors involved in the project were present. The main functional departments voted „4:1" for „No Go".

In this situation I declared that we could not guarantee the same amount of involvement of our people in this project and the same amount of post productive support if the project was delayed for another month. This was because we had other scheduled work to attend to.

Our first goal had to be to differ from one dominant big customer that would take up more than 60 % of the revenue, to a more „relative" one with a stabile revenue and turnover increase. Our customers had expected us not to raise any objections against the new delay. So some decision maker interpreted my declaration as blackmail. The „air was frozen" at the beginning, minus 30 degrees would have seemed warm in comparison.

But: „There is no cold, only weak men …" – I kept repeating this in my mind.

Then the American project manager – who considered us as a trusted advisor and whom I had been involved with one day earlier – supported our plans and promised three weeks on-site support by him and his people, in order to finish the customer tests in time and to start as we had planned.

Due to the good atmosphere at work and the relations between our team members and the American project management they accepted our proposal. They understood that it would be better to invest three weeks worth of hard work and to start on time, even with a smaller scope, than to delay the project again for an uncertain amount of time.

Caused by the fact that some part of the customer's staff had not done their homework and that some parts of the project had not been tested 100 %, the SAP project remained to be used only for the subsidiary company – the originally planned, possible world- wide roll-out of SAP had been cancelled. (The

Wieder ein deutlicher Unterschied zur üblichen Unternehmenskultur der SMBs, wo die Kunden den ursprünglichen Umfang des Angebots als ihr maximales Budget für Ausgaben ansehen – unter allen Umständen! – Welch eine Erleichterung, als das Projekt endlich anlief! Ich erinnere mich daran, dass ich dachte, wir müssten uns nun nur noch auf die Arbeit konzentrieren. Da wir in der Ausführung hervorragende Arbeit leisteten, glaubte ich, mich nun entspannen zu können. Wir stellten unser Team für das Projekt zusammen, zogen die erfahrensten Berater und Entwickler hinzu, die alle fließend Englisch sprachen; dazu einen Projektmanager für technische Angelegenheiten und ich selbst als Accountant Manager.

Aber als das Projekt zur Hälfte abgewickelt war, einen Monat vor dem ursprünglich geplanten Start, verließen die Hauptnutzer unser Projekt. Der Start musste um zwei Monate verschoben werden. Drei Wochen vor dem neuen Starttermin, als wir ein „Go/NoGo"-Meeting abhielten, gingen wir alle davon aus, dass es sich wieder um einen Monat verzögern müsste, da es auf der Kundenseite zu Verspätungen bei Tests kam.

Bei diesem wichtigen Meeting – geradezu einem Meilenstein in der Projektgeschichte – waren wir insgesamt etwa zwanzig Leute aus den USA, Frankreich, Indien und Ungarn. So waren alle Mitglieder des Teams, die Entscheidungsträger und Sponsoren, die an dem Projekt beteiligt waren, anwesend. Die Hauptabteilungen stimmten mit „4:1" für „NoGo".

In dieser Lage erklärte ich, dass wir nicht mehr dasselbe Engagement unserer Mitarbeiter und denselben Umfang an anschließender Unterstützung garantieren konnten, falls das Projekt um einen weiteren Monat verschoben würde. Unser Kunde hatten erwartet, dass wir nichts gegen eine neue Verzögerung einzuwenden hätten. Einer der Entscheidungsträger interpretierte meine Eröffnung als Erpressung.

Anfangs war die Atmosphäre eisig, minus 30° Celsius wären einem dagegen direkt lau vorgekommen! Aber: „Kälte gibt es nicht, nur schwache Männer ..." – das sagte ich mir in Gedan-

customer in question is still working with this SAP programme which has been updated to a new version of SLE services.)

At that time, when the success of the project was at stake, the HQ IT-manager moved to Budapest for three weeks, coordinating customer site project management and testing, facilitating quick decision making processes.

The productive start was successfully accomplished and all of our team celebrated together, happy with our success. It is these possibilities of connecting with other people from an international background to create something new, something that will be bigger than just the sum of its parts that is so fascinating about my job. In such an environment, you often have to stand up for your own conviction, your way of doing things, you have to sometimes give your country a good „sell", showing international partners why working with Itelligence Hungary would be their best choice – and you have to be ready to adapt to the needs of your customers, to their own ideas and their way of working on a project. This need for flexibility will always keep you on your toes and help you to stay alert and ready for everything.

In 2005/6 I had the pleasure of working on the first Delta Team – the main motto being „Go international!". This meant dealing with the challenges of international cooperation. I have gained surprising insights concerning how to build up a project, how to handle problems if and when they occur and how to expand your vision as you go along. A „lesson learned": relationships between people has a crucial significance in any international project, not just in an SMB environment. Actually, sometimes the difference between different company cultures (especially when their size and main goals are considered) is bigger than that between different cultures in general. The difference between SMB and bigger companies may serve as an example: In SMB there will usually only be one or two key users and you will probably not have

ken immer wieder. Dann unterstützte der amerikanische Projektmanager, der uns als vertrauenswürdig ansah und den ich einen Tag zuvor hinzugezogen hatte, unsere Pläne und versprach, dass uns seine Leute drei Wochen lang vor Ort unterstützen würden, um die Kundentests rechtzeitig abzuschließen und das Projekt planmäßig anlaufen lassen zu können.

Aufgrund der guten Arbeitsatmosphäre und der Beziehungen zwischen unserem Team und dem amerikanischen Projektmanagement nahm der Kunde schließlich unseren Vorschlag an. Man sah ein, dass es besser sei, drei Wochen harter Arbeit zu investieren und pünktlich zu beginnen, selbst mit einem geringeren Projektumfang, als das Projekt erneut auf unbestimmte Zeit zu verschieben.

Da einige der Mitarbeiter des Kunden ihre Hausaufgaben nicht erledigt hatten und Teile des Projekts noch nicht zu hundert Prozent getestet waren, wurde das SAP-Projekt nur bei der Tochterfirma eingeführt – die ursprünglich angedachte mögliche weltweite Einführung des SAP-Systems war abgesagt worden. (Der Kunde arbeitet übrigens immer noch mit diesem SAP-Programm, das auf eine neue Version des SLE-Service upgedated wurde).

Damals, als der Erfolg des ganzen Projekts auf dem Spiel stand, zog der IT-Manager der Zentrale für drei Wochen nach Budapest, koordinierte das Projektmanagement und die Testreihen und ermöglichte so eine schnelle Entscheidungsfindung. Der Produktionsstart wurde erfolgreich durchgeführt und unser ganzes Team feierte, glücklich über unseren Erfolg.

2005/6 hatte ich die Freude, beim ersten Delta-Team mitzuarbeiten – das Hauptmotto war „Go international!". Als ich mich den Herausforderungen internationaler Zusammenarbeit stellte, gewann ich überraschende Einsichten in Bezug auf Projektaufbau, den Umgang mit Problemen und darauf, wie man eigene Visionen bewahrt und das Blickfeld erweitert.

Eine „Lektion fürs Leben": Persönliche zwischenmenschliche

any other end users, whereas, if you deal with a big company – especially from the States – there will be more of a team, sometimes up to five people even for a very small project. In one way, this may prove to be more complicated, but we found that dealing with this sort of company culture sometimes was – after all – easier than dealing with a relatively small local SMB company in Hungary – because of their relative approach to project culture. A larger company will expect that changes might be requested which might not have been included in the original budget. They will check your suggestions and, finding them reasonable, will be ready to invest more time and money in a adequate solution, whereas a smaller company will sometimes panic at the thought of additional time, refusing to pay for more than what they originally bargained for, even if this will mean having to cope with a less than adequate solution. In this situation, when you have to build bridges between different styles and cultures and especially if you cannot express yourself in such a sophisticated way as in your native language, the importance of EQ (emotional intelligence) is pivotal. While everyone may be in a separate world of their own, it is humanity that will link us together. As in my favourite hobby, water polo, much of the actual action will be happening beneath the surface, hidden from the outsiders' vision. Yet this hidden action will be crucial and without it, the match cannot be won!

Beziehungen sind von entscheidender Bedeutung bei jedem internationalen Projekt, nicht nur in SMB-Dimensionen.

Manchmal ist der Unterschied zwischen verschiedenen Unternehmenskulturen größer als der Unterschied zwischen verschiedenen Kulturen im Allgemeinen.

Der Unterschied zwischen SMB und größeren Unternehmen kann hierbei als Beispiel dienen: Während im SMB-Bereich meist nur ein oder zwei Hauptnutzer auftreten und man meist keine anderen persönlichen Kontakte hat als eben diese Endnutzer, wird bei der Arbeit mit einem großen Unternehmen – besonders aus den Staaten – eher ein Team antreten, manchmal bis zu fünf Personen, selbst bei sehr kleinen Projekten. Einerseits macht dies die Angelegenheit komplizierter, aber wir haben die Erfahrung gemacht, dass der Umgang mit großangelegter Unternehmenskultur manchmal doch viel einfacher war als der mit einer relativ kleinen, lokal situierten SMB-Firma in Ungarn. Dies lag an dem jeweiligen Ansatz zur Projektkultur.

Ein größeres Unternehmen wird erwarten, dass möglicherweise Änderungen nötig sein werden, die nicht im Budget vorgesehen waren. Ein kleineres Unternehmen dagegen wird in Panik geraten und sich weigern, mehr zu bezahlen als ursprünglich vereinbart, auch wenn sie mit einer unbefriedigenden Lösung leben müssen.

In einer solchen Lage muss man Brücken bauen zwischen verschiedenen Umgangsformen und Kulturen – und kann sich teilweise nicht einmal in seiner Muttersprache aussprechen. Dann ist die Bedeutung von EQ (emotionaler Intelligenz) nicht zu überschätzen. Während jeder Mensch eine eigene kleine Welt darstellt, so ist es doch die Menschlichkeit, die uns alle miteinander verbindet.

Wie bei meinem Lieblingssport, dem Wasserpolo, findet hier ein Großteil der tatsächlichen Aktionen unter der Oberfläche statt, ohne dass der Beobachter es sehen kann. Aber diese verborgenen Aktionen sind essentiell – und ohne sie kann man das Spiel nicht gewinnen!

The Editors

Herbert Vogel

was born in 1953. He studied electrical engineering at Paderborn University through 1975 and subsequently information technology in Berlin. He began his career as an EDP organizer at Blaupunkt in 1978. In 1980, Herbert Vogel accepted an offer from Bertelsmann, where he worked as a project manager. Three years later he made his move to Mohndruck, where he was promoted to department head purchasing/logistics in 1985. Herbert Vogel went out on his own as a freelance business consultant in 1987.

On June 21, 1989, Herbert Vogel and partner Wolfgang Schmidt joined forces and established S&P Consult, which was later re-named SVC AG and now operates under the name of itelligence AG.

Herbert Vogel has been the managing director and member of the company's board since its inception. He became the spokesman of the board of the SVC AG in March 1999 and after the merger was appointed spokesman of the board of itelligence AG.

Vogel has been Chairman of the Board of itelligence AG since January 2001.

Herbert Vogel

geboren 1953, studierte an der Universität Paderborn bis 1975 Elektrotechnik und im Anschluss daran in Berlin den Studiengang Informatik. Seine berufliche Laufbahn begann er

1978 als EDV-Orga-
nisator bei Blau-
punkt. 1980 wech-
selte Herbert Vogel
als Projektleiter zu
Bertelsmann und
drei Jahre später zu
Mohndruck; wo er
1985 Abteilungs-
leiter für Einkauf/
Logistik wurde. Seit
1987 war Herbert
Vogel als freiberuf-
licher Unterneh-
mensberater tätig.
Am 21. Juni 1989 gründete Herbert Vogel gemeinsam mit Wolfgang Schmidt die Firma S&P Consult, die sich später zur SVC AG und dann zur itelligence AG weiter entwickelte.

Herbert Vogel ist seit Gründung der Gesellschaft Geschäftsführer bzw. Vorstandsmitglied und seit März 1999 Vorstands-
sprecher der SVC AG und nach der Zusammeführung auch Vorstandssprecher der itelligence AG.

Seit Januar 2001 ist er Vorstandsvorsitzender der itelligence AG.

The Editors

Dieter Schoon

studied psychology and labor law at Bamberg University. He embarked on his professional career in 1992, when he initially joined Gemini Consulting, which was later named Cap Gemini Ernst & Young. He was a human resource and organizational development consultant. In 2000, he became the German head of human resources and organizational develop-

ment as well as marketing with newly established strategy consulting firm Cell Consulting. In 2003, Dieter Schoon accepted an offer in Dresden, where he assisted the senior management of Advanced Micro Devices (AMD) with its human resource and organizational planning of the new microchip plant Fabrik 36. In 2004 he became director of human resource management with itelligence AG in Bielefeld. Since that time Dieter Schoon has been Head of itelligence AG's HR worldwide and is in charge of its strategic and operational staffing issues.

Die Herausgeber

Dieter Schoon

hat an der Universität Bamberg Psychologie u. Arbeitsrecht studiert. Er begann seine Berufslaufbahn 1992 bei Gemini Consulting, später Cap Gemini Ernst und Young als Berater für die Themen Personal und Organisationsentwicklung. 2000 wechselte er als Deutschlandverantwortlicher für diese Themen und als Marketingchef zur neu gegründeten Strategieberatung Cell Consulting. 2003 ging Dieter Schoon nach Dresden, um die Geschäftsführung der Advanced Micro Devises (AMD) bei der Personal- und Organisationsplanung für das neue Mikrochipwerk Fabrik 36 zu unterstützen. 2004 wechselte er an die Spitze des Personalbereichs der itelligence AG in Bielefeld. Seit dieser Zeit ist Dieter Schoon bei der itelligence AG Head of HR worldwide und sowohl für die strategischen als auch die operativen Themen Personal verantwortlich.

Impressum

ISBN   978 3 86638 155 1

© axel dielmann – verlag
Kommanditgesellschaft in Frankfurt am Main, 2012
Alle Rechte vorbehalten

Satz und Gestaltung: Urs van der Leyn, Basel
Gesamtherstellung: Vestagraphics, Vosselaar, Belgien

Wir weisen gerne auf den vorhergehenden Band
Helden für den Mittelstand / Business Heroes in SMBs
hin (176 Seiten, 18 Euro, ISBN 978-3-86638-145-2), der zehn
IT-Berater im deutschen Mittelstand zu Wort kommen lässt –
ein begeisternder Band mit liebevoll erzählten Lebensläufen
und Karrieren, welcher neben der zweisprachig deutsch-
englischen Ausgabe auch ins Japanische übersetzt wurde.
Über das sonstige Verlagsprogramm informieren Sie sich am
besten über unsere Homepage

www.dielmann–verlag.de

oder auch gerne persönlich im Verlag

axel dielmann — verlag
Kommanditgesellschaft in Frankfurt am Main
Kranichsteinerstraße 23
D – 60598 Frankfurt am Main
neugier@dielmann-verlag.de
0(049 –) 69 – 9435 9000

Tom Saeys

Rajmund Pavla

Jennifer Roach

Jean-Yves Popovich

Leanne Gregson

Herbert Vogel
Dieter Schoon
Hans Schlegel
Ina Baum

Armin Frei